KB047682

자폐장애 조기개입 YES!

| 윤현숙 저 |

선생님과 엄마가 함께하는
놀이 기반 소집단 프로그램

학지사

프롤로그

「장애인 등에 대한 특수교육법」의 통과로 자폐성장애가 법정 특수교육 대상자에 포함된 지도 벌써 10여 년이 지났다. 이 법은 정서행동장애 범주에 어정쩡하게 포함되었다가 자폐성장애라는 독립적인 범주로 된 역사적인 사건으로 평가되어 발달장애의 교육뿐 아니라 치료 지원에 대한 근간이 되었다. 더 나아가 이 법을 기반으로「발달장애인 권리보장 및 지원에 관한 법률」이 제정되어 실행되고 있어 자폐장애로서는 사회적 안정망의 토대가 되었다.

이 책은 저자가 30여 년간 발달장애 아동을 접하고 도움을 주면서 필요한 소집단 프로그램을 고안한 것을 책으로 발간한 것이다. 실제 고기능 자폐장애나 아스퍼거장애를 치료하거나 교육하다 보면, 조기개입을 위해 적극적인 프로그램이 필요하다. 흔히 교수적 수정이라고 불리는 이 방법은 사회화 초기에 개입하는 부모나 치료사, 어린이집 교사들에게는 익숙하지만, 실행하기는 번거롭고 어려운 일이다.

자폐장애 아동의 발달은 개인차가 심하고 긴 시간이 필요하기 때문에 반복적인 프로그램이 필요하다. 짜여진 구조화 프로그램은 효과적이지만, 지능이 높고 발달영역의 변화가 큰 창의적인 아동의 경우는 싫증을 내기 쉽다. 이를 보완하기 위하여 치료사나 교사들은 목적은 같으나 내용을 자주 바꾸어 흥미롭게 진행해야 한다. 그러나 아동을 실제로 다루는 임상가라면 반복학습, 참신성의 두 마리 토끼를 동시에 잡을 수 있는 프로그램을 고안하는 것이 쉽지 않은 일임을 안다. 따라서 구조화와 참신성의 두 가지 요소를 만족하면서도 체계적이고 창의적인 활동 프로그램이 제시되어 있다면, 제시된 순서대로 진행하면 좋을 텐데 하는 바람이 있었다. 이 책은 이러한 목적하에 이루어진 것이다.

DSM-5는 더 이상 하위 유형으로 발달장애를 구분하지 않고 자폐성장애라는 범주 안에 고기능자폐, 아스퍼거장애, 분류하기 어려운 전반적 발달장애를 포함하였다. 사회적 의사소통, 행동상의 장애를 핵심 특성으로 보이지만, 정도나 기능 면에서는 서로 다른 특성을 보인다. 자폐성 장애는 특성이 다양하고, 앞으로의 변화 가능성 또한 천차만별이어서 프로그램도 다양하게 고안하고, 지원해야 한다.

특히, 일대일 개별치료나 교육에 익숙한 임상 장면에서, 자폐장애의 사회성을 개발하기 위해서는 집단활동이 유용하다. 이를 위해 고도의 인지기능을 개발하고, 사회적 상호작용과 사회적 규칙을 지원하기 위해서는 더욱 그러하다. 따라서 본 프로그램은 3~4명의 소집단용 프로그램으로 고안되어 생각의 원리와 사회성 기능을 촉진하도록 개발되었다. 익숙한 놀이를 기반으로 구성하여 마음이론과 문제해결 기술을 훈련하도록 말이다.

모쪼록 이 책이 발달장애를 돕는 교사, 임상 전문인과 가족에게 도움이 되기를 바란다.

감사의 글

이 책은 많은 이의 손을 거쳐 세상에 빛을 발하게 되었다. 우선 기꺼이 아이들의 일거수일투족을 관찰하고 가정학습으로 연계시켜 준 본 프로그램의 대상 아동과 가족에게 진심으로 감사함을 전하고 싶다.

또 까다로운 감독자의 온갖 요구를 묵묵히 따라와 준 특수교사, 언어치료사, 작업치료사, 물리치료사, 심리치료사, 임상체육교사 등 특수교육 및 관련 서비스 전문인에게 진심으로 고마움을 전한다.

프로그램 하나하나를 고안할 때마다 그에 맞는 내용을 아동들에게 전달하고 직접 제작한 자료, 적용하던 많은 선생님들이 기억에 생생하다. 고안된 프로그램을 검증하는 단계에 들어갔을 때 혹시나 했던 마음은 희열로 바뀌었다. 프로그램을 고안했던 그 해는 2002년 월드컵이 있던 해로 '세계'를 가르칠 때 참으로 유용하였다.

어느 때는 즉흥놀이 과정으로 축구놀이가 진행되었는데 때로는 히딩크 감독으로, 때로는 영국의 베컴 선수로 강요(?) 당하기도 하였고 그들은 아이들로부터 골 세리머니를 요구당하기도 하였다.

너무도 멋진 아이들이 지금 잘 성장하고 있기를 바란다.

첫해 4명의 아동으로 고안했던 프로그램은 이후 17년에 걸쳐 다른 전문적인 선생님에게 역할을 바꿔 가며 적힌 프로그램대로 활용하도록 하였다. 선생님들이 특수교사이든, 심리치료사이든, 언어치료사이든 심지어 체육 담당 선생님이든 상관없이 진행하는 데 손색없음을 알았다. 또한 초기 고안은 5~6세 학령 전 아동으로 시도하였으나 이듬해는 3~4세 연령으로 낮추어 진행하였고, 그다음 해는 초등학생을 대상으로 진행하였음에도 역시 효과적임을 임상적으로 검증하였다. 2005년 대학 강당에 섰을 때는 임상가들이 처한 위치에서 이 프로그램이 지속되었다. 국내 「특수교육 진흥법」이 「장애인 등에 대한 특수교육법」으로 법령이 바뀌고, DSM-5 진단기준이 바뀌어 그동안 하위 유형으로 구분하여 설명하던 맥락은 더 이상 필요가 없어졌다. 오직 수요자인 아동과 부모, 전문인이 의미 있을 뿐이다. 따라서 이 교재는 연령과 전문인의 전문성에 관계없이 약간의 교수-학습 프로그램에 대한 방향성만 있다면 얼마든지 학생들의 수준에 따라 재고안할 수 있음을 알려 주고 있다.

이 책은 자폐스펙트럼장애 아동 중 아스퍼거장애와 고기능 자폐장애 아동을 위해 내용 수정을 유도하는 프로그램을 다루고 있다. 고기능 자폐아동은 아스퍼거장애 아동보다 생각능력이나 함께하는 일에는 더욱 구체화하고 반복해야 하는 노력이 따른다.

언제나 이 자리에 있기까지 자폐장애 및 정서행동장애에 관심을 갖게 해 주신 은사님들께 감사드린다. 대학원 석사학위 과정의 김태련 교수님(원고를 시작한 당일도 아이코리아 회장님으로 계시면서 손수 커피를 타 주시고 어려움을 겪는 아이들의 미래를 논하셨다), 그리고 박사 과정 지도교수이신 전 연세대학교의 정보인 교수님이 계신다. 은사님은 사소한 행동문제 하나하나도 놓치지 않도록 하는 꼼꼼함을 안내하셨다.

홍강의 교수님을 잊지 못할 것이다. 어느 특강 장면에서 우연히 자폐장애에 대한 열정 어린 열강은 일생을 자폐 및 발달장애의 길로 가도록 이끌었다. 서울대학교 부속병원 시절, 음으로 양으로 도움을 주시던 일은 현장을 잠시 뒤로하고 후학 지도에 힘을 쓰고 있는 현 캠퍼스 생활에서도 문득 다가오곤 하였다. 지난 학회 장면에서 뵈었을 때 말없는 눈빛의 격려는 30년 전의 그 모습으로 한결같은 기둥이 되었다.

박사 후 과정의 서울대학교의 곽금주 교수님은 언제나 자율성 있게 프로그램을 고안하고 검증하는 데 지원을 아끼지 않으신 분이다. 오랜 기간 동안 이론과 실제를 검증하는 과정에서 상황을 투명하게 들여다볼 수 있도록 탁류를 맑게 하는 역할을 충분히 하신 분이다.

학부 시절부터 스승으로, 때로는 동료(선생님 말씀이)로 밀어주고 당겨 주시며 아껴 주셨던 한국성서대학교 조윤경 교수님께 이 자리를 빌려 감사드린다. 앞으로도 임상과 현장에서 건강과 행복이 함께 하시기를…….

이종숙 교수님, 조경자 교수님, 박랑규 교수님, 전성일 교수님, 남민 교수님, 이경숙 교수님, 이외 언급 드리지 못한 수많은 교수님들, 동료들, 선배님들, 후배님들 모두에게 하나님의 사랑과 평안이 있으시기를…….

사랑하는 가족을 빼뜨릴 수 없다. 성장하느라 안간힘을 쓰는 승현이는 벌써 대학을 졸업하고, 엄마의 모교에서 대학원 생활을 훌륭하게 마치고, 이제는 어엿한 고등학교 선생님이 되었다. 언제나 큰일을 작은 일로 여기게 하는 남편은 이번 일도 탱크처럼 밀어붙였다. 조건 없이 지켜보아 주신 부모님(그 사이 작고하신 아버님이 그립다), 시모님(시아버님 또한 항상 그립다), 그리고 형제자매들! 언제나처럼 그 자리에서 감싸 주시고 아껴 주심에 진심으로 감사드린다.

학지사 김진환 사장님을 만난 것은 행운이었다. 소박한 외모에 열정을 가지고 현장에 필요한 책을 마련하자는 전화 한마디에 먼 길을 달려와 주셨다. 비록 시작이 반임을 강조하고 미완의 작품을 손에 쥐어드렸음에도 언제나 완성도를 위하여 유머러스한 촉진을 잊지 않으심에 감사드린다. 바쁜 원고를 불평 없이 좋은 책으로 만들어 주신 편집부 김순호 이사님, 이세희 선생님과 이하 직원 선생님들에게도 지면을 빌려 감사함을 전한다.

들어가며

국내에 TEACCH가 처음 소개되었던 1985년은 자폐장애가 국내에서 처음 진단되기 시작한 지 6년째 되던 해이다. 이 해는 이화여자대학교 특수교육학과 대학원 석사논문 주제인 PEP에 대한 소개가 이루어진 해이기도 하다. TEACCH는 미국에서 구조화 기술을 주 치료 방향으로 설정한 대표적인 프로그램인데, 자폐장애를 진단받은 아동들이 도움 줄 기관을 찾아 애쓸 무렵 서울대학교에서 자폐월례회를 주관하고 집중적으로 훈련하면서 각광을 받았다. 임상교사, 부모, 학자들이 합심하여 월 1회 협의회를 구성하고, 각종 치료기법, 교육기법, 부모교육, 미국의 최신 이론을 소개하면서 때로는 세계적으로 유명한 학자를 섭외하였다. 자폐장애교육이 태동되어 치료기법이나 교육기법에 목말라 있던 임상가들에게 단비가 되었다. 1993년 캐너 50주년은 세계적인 학자가 교육이나 치료기법을 안내하기 위해 서울대학교 병원에 몰려들었다. 응용행동분석, 사회적 이야기 기법, 감각통합, PECS, 플로어 타임 기법, 심지어 홀딩 세러피까지 등장했다. TEACCH 연수를 위해 미국 현지에서 훈련 받은 국내 임상가가 나타났고, 학회 수준으로 발기하자는 결의를 이끌어 냈다. 이러한 노력으로 지금의 자폐학회가 국내 최초의 다학문영역 학회로 발전했고, 폐간의 위기에 있었던 자폐학회지가 연구재단 등록 학회지로 등재되는 장족의 발전을 이루어 냈다.

TEACCH가 우리나라에서 유독 각광을 받은 이유는 개인적 가치가 중요한 미국에 비해 우리나라의 집단문화, 획일화 문화가 한몫했다. 우리나라 교육은 TEACCH에서 핵심 개념으로 삼고 있는 구조화와 맥을 같이한다. 우리나라 교육에서 중요하게 여기는 장소, 시간, 교재, 단체 활동 등은 개별화교육이 최우선시되는 미국의 문화와 비교할 때 강점을 가진다. 히가시 학교 프로그램의 효과를 미국 저널에서 환호하고, TEACCH 프로그램이 아시아 각국에 확장시킨 것도 그 맥락과 다르지 않다.

더구나 진단평가용으로 PEP 검사를 개발하여 표준화에 준한 대접을 받은 것도 자폐장애의 다양화와 복잡성 때문에 특수교사뿐 아니라 의사, 간호사, 임상심리사, 발달심리사, 언어치료사, 사회복지사, 법조인, 세무전문가, 회계인, 공학도 할 것 없이 필요로 하는 다영역적인 접근의 필요성 때문이다. 현재는 PEP-R이 국내에서 여전히 표준화에 준하는 대접을 받으면서 교육 현장 및 임상에서 사용되고 있다. 아쉬운 점이 있다면, PEP-R은 나이에 따라 개발되어 있는데, AAPEP 같은 청소년 및 성인용의 경우에는 우리나라 교육과정의 경직성으로 인해 효용성 있게 사용되지 못하고 있는 것이다. 향후 특수교육가와 재활학도들에게 이 또한 도전이 있어야 할 것이다.

특히, CARS 같은 진단적 도구를 사용하여 자폐 정도를 측정하고, 학술지에 사용할 정도의 증거 기반 실제로 도움을 줄 수 있으니, 앞으로도 구조화 기술은 국내에서 핵심 개념으로 취급해야 될 것이다.

장애가 심할수록 나이에 걸맞은 교재나 방법을 적용하되, 눈높이에 맞는 교육이 필요한 법이다. 현재 능력에 기반을 둔 발달 접근과 일상생활 적응능력인 기능적 접근이 그것이다. 본문에서는 결국 더불어 살아가기 모토의 지역사회 훈련을 위한 생태학적 접근의 틀에 발달과 기능 접근을 포함하여 구체적이고 과학적인 방법을 행동적 접근에 녹여 냈다. 교육내용으로는 발달에 걸맞은 인지 접근과 사회성 접근을 사용하였으며, 그 참조의 틀은 구조화 기술이다. 일명 에스-빌의 구조다. 약칭 YES!다.

새로운 10년을 맞이하며 자폐장애의 조기개입을 정리했다. 출판문화의 선구자로, 전문가들에게 먼저 다가서는 김진환 사장님과 김순호 이사님, 이세희 편집 선생님께 감사드린다.

2020. 1. 1.
새로운 10년을 맞이하며
윤현숙

차례

제1부

자폐장애 이해

1. 자폐장애의 개념
2. 가족들이 자주 호소하는 자폐장애 증상 및 개입
3. 자폐장애 쉽게 발견하기
4. 자폐장애 돕기
5. 문제기반학습(PBL)을 통해 개입방법 조사 체험하기

1. 자폐장애의 개념

자폐장애는 사회적 상호작용과 의사소통 및 행동장애를 보이는 신경발달장애이다. 우리나라 특수교육을 관장하는 「장애인 등에 대한 특수교육법」(2007) 제15조에서 특수교육대상자 10가지 유형에 자폐장애를 포함하고 있고, 이를 시행하기 위한 「장애인 등에 대한 특수교육법 시행령」(2007)에는 다음과 같이 정의하고 있다.

> 사회적 상호작용과 의사소통에 결함이 있고 제한적이고 반복적인 관심과 활동을 보임으로써 교육적 성취 및 일상생활 적응에 도움이 필요한 사람
>
> [별표] 특수교육 대상자 선정기준(제10조 관련)

이 장에서 지칭하는 조기개입은 조기에 발견, 선별, 진단, 중재 과정을 통칭하는 것으로서, 특정 시기나 연령을 지칭하지는 않지만 빠르면 빠를수록 좋다. 흔히 말하는 조기개입은 학령기 이전을 말한다.

어린 시절 자폐장애 아동은 가족이나 선생님들에게 곤란을 주는 장애이다. 보통 가정이나 어린이집 같이 초기 사회화의 주요 장면에서는 외모의 이상이나 감각상의 이상이 있어서 누구나 알아차리는 증상이 나타날 때 쉽게 인식할 수 있다. 그러나 자폐장애는 신체상 별다른 어려움을 보이지 않아서 특별히 장애로 느껴지지 않는다. 오히려 발육이 빠르고, 적극적으로 활동한다고 여기기 때문에 더욱 그렇다. 더구나 자폐장애 아동은 보통 말이 늦고 사용을 잘 하지 않지만, 다른 아이들도 말은 늦는 경우가 있어서 특별히 장애로 느끼지 않는다. 말을 사용하지 않는 특성은 아이러니하게도 말을 사용해야 알아차릴 수 있는 반향어나 말의 고조, 리듬, 장단 같은 문법, 형태소, 의미론, 화용론 등을 파악할 수 있는데, 언어발달이 지연되어 나타나지 않음에 따라 문제가 없다고 인식하기 쉽다. 가족의 입장에서는 그저 말이 늦고 과묵한 아이일 뿐이다.

그러나 사소한 변화에도 심하게 떼를 써서 가족들의 일상생활이 심하게 방해받을 정도로 심각해지게 되면 대개 가족은 무엇인가 이상하다는 것을 알아차리고 병

원에 방문하게 된다. 더구나 최근처럼 국내외 정보를 인터넷으로 손쉽게 접하고, 사용할 수 있게 된 지금은 더 이상 진단에 시간을 쏟느라 낭비할 필요가 없다. 그만큼 시기를 놓친다는 것은 부모의 죄책감을 키우는 결과가 되어 심리적 스트레스를 유발하는 원인이 가중된다. 문제는 인식이 더디면 진단이 늦어지고, 늦어진 진단은 개입을 지연시키는 결과를 가져오게 되는데, 행동문제가 심각해진 이후에 2차적인 장애는 더 큰 문제를 초래할 수 있다.

일단 다른 아이들에 비해 눈을 마주치지 않고, 불러도 돌아보거나 대답하지 않으며, 신체 접촉을 거부하고, 자주 잃어버린 경험이 있는 아동이 있다면, 자폐장애로 의심하고 자세히 살펴볼 필요가 있다. 문제가 있는데 없다고 생각하고 아무런 조치를 취하지 않았을 때 발생되는 문제는, 문제가 없는데 있다고 생각하여 발생되는 불리함과는 비교할 수 없는 차이다. 전자는 결과적으로 조기개입을 하게 되므로 혹자는 영재교육을 받았다고 환호하는 만큼이나 발달을 위해 효과적인 반면, 후자는 중요한 결정적 시기를 놓쳐 가족으로 하여금 죄책감을 느끼는 심리적인 어려움을 더해 아동의 발달에 어려움을 초래하기 때문이다.

따라서 다음과 같은 문제가 나타나면 자세히 관찰하였다가 가까운 소아정신의학과나 보건소, 교육지원청 특수교육지원센터에 의뢰하도록 한다.

1) 사회적 상호작용에 어려움을 보이는 아동

사회성은 자폐장애의 핵심 장애이다. 인간이 살아가는 데 사회성만큼 중요한 게 없기 때문이다. 자폐장애 아동은 나이에 따라 사뭇 다르게 증상이 나타난다. 이웃집 아기에 비해 엄마의 얼굴을 보고 미소 짓지 않으면 자세히 지켜볼 필요가 있다. 낯가림이 시작될 때 아무렇지도 않게 반응하거나, 불빛이나 자신의 주먹 쥔 손을 하루 종일 바라보고 사람에게 관심을 보이지 않는다면, 소아과에 방문했을 때 질문해 보기 바란다. 돌잔치로 떠들썩할 때 사람보다는 케이크나 리본 끈, 촛불에 관심을 보이는 것에도 자세히 관찰한다. 불러도 대답이 없거나 돌아보지 않으면 좋아하는 텔레비전 프로그램이나 초콜릿 껍질 소리를 내고 반응을 하는지 지켜본다. 걸어 다닐 무렵에 엄마의 반응을 살피면서 걸어가는지, 무턱대고 걸어가다가 엄마의 손을 놓치지는 않는지 살펴본다. 불안감을 느끼면서 앞서가는지, 돌아보며 엄마가 어디까지 오고 있는지 상황을 보면서 걷는지를 관찰한다. 지나치게 웃는지, 지나치게 우는지, 전반적으로 상황에 둔하게 반응하는지, 다칠 때 '호~' 해 달라고 위로를 구하는지 살펴본다. 외식을 위해 식당에 갔을 때 다른 사람의 눈치를 살펴보는지, 다른 사람의 평가에 엄마에게 편을 들어달라고 눈빛으로 말하는지를 본다. 어린이집이나 유치원에 입학했을 때 또래에 비해 심하게 우는지, 달래도 달래지지 않은지, 혹은 지나치게 무관심하게 잘 분리되는지를 살핀다. 규칙을 지키는 데 있어 지나치게 고집을 피워 선생님을 어렵게 하는지 신경을 써서 본다. 이름을 물었을 때 대답을 하는지, 놀이 친구에게 관심을 보이는지 살펴본다.

사회성은 함께 했을 때 그 빛을 발한다. 사회성은 더불어 살기 기술이기 때문이다. 두 사람만 모여도 규칙이 있어야 질서가 유지되므로, 함께 하는 다양한 활동을 고안하여 도움을 주어야 한다. 함께 놀이를 통한 조기개입이 필요한 이유이다.

이상을 살펴보고 사회성에 어려움을 보인다면 가까운 소아정신의학과나 교육지원청 특수교육지원센터, 보건소에 문의하여 도움을 받도록 한다.

2) 의사소통에 결함이 있는 아동

의사소통은 말, 언어를 포함하여 중요한 생존의 수단이다. 자폐장애는 말을 의사소통으로 사용하기 어려운 장애이다. 의사소통을 위해 말을 어느 정도 이해하는지 살펴보아야 한다. 이웃집 아기에 비해 말귀를 알아듣는지를 관찰한다. 이름을 부르면 자신인지를 아는지, 간단한 심부름을 시켜 보면 이해하면서 행동하는지 관찰을 통해 알 수 있다. 만일 이해를 못했다면 눈치를 살피면서 제대로 하고 있는지를 아기 자신이 확인하는지를 살펴본다. 처음에는 간단한 지시를 한다. '가져 와', '갖다 놔', '불 꺼', '컵 줘' 같은 익숙한 물건이나 사람을 사용한다.

반향어를 사용하는 것이 어색하게 느껴질 것이다. 반향어는 메아리처럼 상대방이 하는 말을 그대로 좇아 말을 하는 증상으로, 즉각 반향어와 지연반향어로 이해하면 된다. 즉각 반향어는 말을 하는 즉시 따라 하는 것으로, 단어나 문장 심지어는 끝말의 받침만 따라 하는 경우도 있다. 반향어는 이상한 특성으로 자폐장애의 이상성을 설명하는데 사용되어 왔는데, 최근에는 반향어 자체로도 다양한 기능이 있는 것으로 알려져 있다. 지연 반향어는 언젠가 들었을 법한 엄마, 아빠가 야단치는 소리,

텔레비전 광고, 노래, 지하철 안내멘트 등을 상황과 맥락에 관계없이 반복하는 증상으로 나타난다. 말의 길이가 늘어날수록 반향하는 문장의 길이가 늘어날 수 있다.

어색하게 느껴지는 자폐 증상 중에는 소프라노처럼 높은 음조로 말을 하거나 설명을 해야 할 때 끝을 올리는 경우도 종종 관찰된다. 음의 리듬이나 끊어 말하기, 책을 읽듯이 말하기 같은 어조상의 어려움을 살펴서 반복되는지를 지켜보도록 한다.

때로는 사람의 말을 발달시키지 못하는 아동도 있을 것이다. 간단한 엄마, 아빠, 밥, 우유 등을 비슷하게 표현하기도 하는데 이마저도 표현하다가 사라지는 증상을 보이기도 한다. 반면에 의사소통을 위해 소리를 지르거나 심하게 떼를 쓰는 형태로 소통을 하기도 하므로, 주의 깊게 관찰한다. 흔히 음성상동행동으로 알려진 입술이나 혀 놀이를 할 때, 소리나 음향을 반복하기도 하고, 기괴한 음성을 내는 특성을 보이기도 하므로 세심하게 관찰하였다가 진단을 위해 방문할 때 자세히 설명하여 도움을 받도록 한다.

3) 제한적인 관심을 보이는 아동

자폐아동을 양육하거나 교육초기에 가장 당황하는 것은 관심사가 제한되어 있기 때문이다. 보통 아기는 세상에 대한 호기심이 강해서 누워 있을 때는 모빌이나 사람에게 관심을 보이고, 다양한 장난감에 흥미를 느끼기 마련이다. 그런데 자폐장애 아동은 사람에 대한 흥미가 적을 뿐 아니라 독특한 관심을 보인다. 숫자에 집착하거나 블록을 일렬로 나열하는 증상을 보인다. 치약을 짜거나 세제를 짜 놓기도 하고, 일정한 노래를 반복적으로 틀어 놓기도 한다. 숫자에 집착하는 아동이 자동차 번호판에 매달려 위험하게 자동차 앞으로 뛰어가기도 한다. 버스 번호판을 보기 위해 도로로 뛰어드는 아찔한 순간이 자주 있을 것이다. 자동차에 대한 관심은 동그란 모양에 관심으로 이어져서, 바퀴를 찾아 손바닥으로 굴리기도 하며, 특정한 페이지를 반복하여 읽어달라고 하는 모습은 흔히 관찰되는 자폐장애 증상이다. 제한된 관심사가 교사에게 중요한 것은 다양한 학습이 필요한 발달기에 한정되어 있어서, 아동이 집착하는 물건이나 활동이 아니라면, 다양한 학습으로 이끌기 어렵다. 부모나 선생님은 집착하는 관심사를 찾아내어 발달로 이어 주도록 해야 한다.

4) 반복적인 관심을 보이는 아동

전 국민을 자폐장애에 관심 갖게 했던 영화 〈말아톤〉에서 어린 초원이의 등장을 생각해 보자. 같은 것을 고집하는 특성을 보여 골목길 앞에서 떼를 쓰는 초원이를 보았을 것이다. 얼룩말에 관심을 보여 동물의 왕국을 기다리고 기린이나 얼룩말을 찾아다니다가 놀이공원에서 잃어버린 상황이 기억날 것이다. 초원이처럼 반복적인 관심을 보이는 아동 때문에 매일의 일상생활에 어려움을 보이는 가족의 이야기는 흔히 보이는 자폐장애의 특성이다.

반복적인 특성은 의미 없는 일에 집착하여 물건이나 사람에 집착한다. 방안 가득히 낙서하기도 하고, 물건을 배열하기도 하며, 특정한 동작을 반복하기도 한다. 눈장난을 반복적으로 하여 꿈질거리는 행동을 반복하거나 장난감 일렬로 나열하기, 신발장에 신발을 반복적으로 정리하기, 엘리베이터의 모든 숫자를 누르기 등 헤아릴 수 없이 많은 반복성을 보인다.

5) 자폐장애 특성으로, 일반적인 학습 방법으로 배우기 어려운 아동

학습은 새로운 것을 받아들여 알고 있는 개념과 일치시키는 과정을 통해 확대된다. 자폐장애는 같은 것을 고집하려는 특성 때문에 학습에 어려움을 갖는다. 우연히 아동의 관심사가 학습의 목표와 맞아떨어지면 잘 배울 수 있으나, 대부분은 그렇지 않다. 아동은 단순 반복적인 자극에 매달리거나, 원하는 관심사를 반복하면서 재미를 얻을 수 있으나 대부분의 학습은 그렇지 못하기 때문이다. 의식적이고 반복적인 일에 몰두하는 사례로, 루틴 형성이 있다. 대부분의 아동이 아침에 밥 먹고, 어린이집이나 유치원, 학교 버스에 올라타서 하차하고 교실에 들어간다. 신발장에 신발을 바꿔 신고, 자리에 앉는다. 수업시간에 수업을 하고, 쉬는 시간에 논다. 허락을 받고 화장실에 가고, 신호음에 따라 다시 제자리에 앉는다. 점심시간에 밥을 먹고 친구랑 놀며, 하원을 하고, 방과 후에는 놀거나 방과 후 학습을 하기 위해 어린이집에 남거나 학원으로 가기도 한다. 물론 집에서 동생이랑 신나게 놀기도 한다.

이러한 일련의 과정 안에서 일어나는 학습은 때로는 자연스럽게 일어나기도 하지만 가정 안에서의 교육, 어린이집이나 유치원에서의 교육에 의해 비교적 순조롭게 일어난다. 하지만 자폐장애 아동은 자신의 관심사에 따라 행동하고 새로운 학습을 습득하기 위해 필요한 발달에 한계가 있어서, 보통의 아동들이 일상생활 안에서 자연스럽게 습득할 수 있는 루틴 형성에 어려움을 갖는다.

자폐아동은 때로는 심한 행동장애로 비치기도 하고, 주의력결핍 과잉행동장애로 비치기도 한다. 사회적 상호작용이 필요한 과제에 어려움이 있고, 추상적 개념 형성에 어려움을 보인다. 마음이론이나 실행기능에 어려움이 있어서 가벼운 개념 형성부터 어려운 추상적 개념까지 어려움을 보이므로, 자폐장애 증상을 완화시키면서 학습전략을 짜야 한다. 이러한 이유로 조기에 진단하여 조기개입하는 것이 필수불가결하다.

TIPS 자폐영재

이 책의 도움 글을 자폐영재로부터 시작한다. 그 이유는 이 책의 대부분의 지면을 약점을 알리고 도움 방법을 모색해야 하기 때문이다. 약점을 알려 도와주려고 보면, 자폐장애는 어렵고 힘든 아동이라는 생각을 갖게 하기 쉽다. 자폐장애를 마치 딴 세상 이야기처럼 취급하는 경우가 더러 있다. 심지어 화성에서 온 외계인 취급을 하는 경우조차 있을 정도로 기이하고 어렵기 때문이다. 그러나 자폐아동 역시 우리가 가르치고 잘 돌보면 얼마든지 일상생활이 가능하고 심지어 어떤 영역에서는 보통의 발달을 하고 있다고 자부하는 비자폐인들보다 훨씬 훌륭한 강점이 있다는 점은 굳이 강조할 필요가 없는 세상이 되었다. 불편하고 다를 뿐이지 틀린 것이 아니다.

최근에 매체에서는 자폐장애 출신의 음악가나 예술가들을 어필하고 있다. 그림 그리기 반복행동을 보였던 아동이 성장하면서 독특한 그림을 그려 훌륭한 예술작품이 되었다고 소개된 자폐 출신의 화가, 찰흙으로 벽에 바르고 온갖 가구에 칠하고 다녔던 자폐아동이 그 일에만 몰두하여 도예가가 되었다는 스토리, 음성상동행동을 보였던 아동이 기억력이 비상하여 판소리 훈련을 반복했더니 심청가를 완창했다는 국악가, 하루 종일 상동행동을 보이며 음을 흥얼거리고 지연반향어를 보였던 아동이 노래만 듣고도 청음능력을 발휘하고, 그 자리에서 피아노 연주를 했다는 피아노 연주자, 말로 의사소통은 어렵지만 악상이 떠오르면 하루에도 여러 곡을 작곡하게 되었다는 작곡가, 바이올린, 첼로, 비올라 같은 고난이도 활동을 교회에서 자원봉사단에게 눈에 띄어 훈련을 했더니 훌륭한 오케스트라 단원이 되었다는 연주가 소식들이 넘쳐난다. '자폐장애에도 불구하고'라는 수식어가 붙은 주인공으로 말이다.

서번트 신드롬이라는 신조어를 만들어 대다수의 자폐인 당사자나 가족에게 또 다른 어려움을 갖지 않기를 바란다. 그런 면에서 아동의 강점을 조기에 발견하고 개입하여 도울 일이다. 어느 광고에서 강조하듯, 자폐장애는 주인공이 아니라 이웃이고 싶다.

6) 자폐장애의 특성으로 일상생활 적응에 도움이 필요한 아동

자폐장애는 일상생활 적응이 어렵다. 일상생활은 적응능력이라고도 하는데, 생활에 필요한 능력을 의미한다. 자폐장애의 사회적 상호작용상의 어려움은 적응기술 중 자신의 이름, 전화번호, 주소, 부모 이름, 동네, 나라에 대한 전반적인 지식을 다루는 사회적 지식부터 친구 사귀기, 대인관계 형성 및 유지 등의 사회성 기술, 사회적 규칙 등 핵심 기능을 어렵게 한다. 흔히 자조기술이라고 알려져 있는 먹고 입고 배설하고, 가정생활을 다루는 능력에 어려움을 보여서 독립적으로 살아가는 데 전반적인 도움이 필요하다. 의사소통 기능 측면의 장애 또한 일상생활에 어려움을 초래하는데, 소통을 위한 몸짓 개발부터 말을 이해하고 표현하며 사용에 전반적인 어려움을 보인다. 학습전반은 의사소통 기술과 크게 다르지 않으므로, 또래에 비하여 의사소통 기술이 어렵다면 반드시 전문가의 도움을 받아, 다만 늦는지 왜곡된 발달이 있는지를 선별해야 한다. 일상생활 적응을 위해 돈을 관리하거나 시간관리 등의 자기관리 기술이 필요하다. 각 과정은 나이가 들어가면서 더욱 중요한 기술이므로 또래에 비해 가진 어려움의 정도를 파악하고 적절하게 도와야 한다. 그밖에도 놀이 조작활동이나 이동기술, 공간이동 등의 발달을 점검하고 조기개입해야 한다.

7) 상상 놀이의 어려움으로 생각기술을 배우기 어려운 아동

영유아 시기는 놀이를 통해 학습한다고 해도 과언이 아니다. 성인도 아동의 눈높이에 맞추어 놀다 보면 아동의 상상성이 얼마나 뛰어난지 알 수 있다. 특히, 이 시기는 놀이를 통해 세상을 알아가는 단계이므로 놀이의 양이나 질이 부족하다면 심각하게 생각해야 한다.

자폐장애는 자신의 방식으로 세상을 탐색하고 배우므로 일반적인 방식으로 놀이를 돕기에는 제한이 있다. 대부분의 행동은 문제로 비춰지게 되어 하루 종일 뒤치다꺼리하고, 반응을 이끌어 내기 위해 온갖 에너지를 사용하게 되어 정작 질적인 놀이 지원을 하고자 할 무렵에는 지쳐 쓰러지게 된다. 이것은 가정의 부모형제뿐 아니라 보육교사, 영유아교사, 특수교사 등도 크게 다르지 않다.

상상 놀이를 돕기 위해서는 다양한 상상성을 유발하는 개념 형성이 우선되어야 한다. 그러나 대부분의 자폐장애 아동은 개념 형성에도 어려움이 있거나 일반적인 방식의 학습을 쉽게 배우기 어려워서 개념 형성과 상상 놀이를 병행할 필요가 있다. 놀이치료뿐 아니라 놀이교육이 필요한 이유다. 엄마, 아빠에 대한 개념 형성은 엄마, 아빠에 대한 상상을 이끌어 줄 수 있고, 엄마, 아빠에 대한 가상 놀이는 엄마, 아빠에 해당되는 옷차림, 요리하기, 설거지하기, 청소하기, 빨래하기 같은 집안 살림, 회사생활, 화장놀이, 외출, 쇼핑, 조명등 갈아끼우기 등의 활동을 연상할 수 있는 것이다. 상징 놀이 검사 등의 진단검사는 이러한 내용을 기반으로 이루어져 있어서 상상성의 발달이 추상적 언어나 개념 발달에 필수적이므로 선별하고 진단하여 조기개입하도록 한다.

TIPS 캐너 신드롬(Kanner' Syndrome)

1943년 소아정신과 의사 캐너(Kanner)가 자폐장애를 처음 학계에 보고한 것으로서, 초기 영아기 자폐증(early infantile autism)을 의미한다. 이 증상은 첫째, 태어나면서부터 사람이나 상황에 대해 정상적인 방법으로 관계를 맺지 못한다는 점, 둘째, 의사소통을 목적으로 언어를 사용하지 못한다는 점, 셋째, 동일성을 유지하려는 강박적인 욕구를 가지고 있어서 자발적인 행동을 다양하게 하지 못한다는 점이다. 또한 놀이는 상동적이고 반복적이어서 창의적이고 사회적인 기능이 결여되었다고 하였다. 현재 자폐장애의 진단의 기준이 되고 있는 DSM-5(2013)는 이 증상이 모태가 되었다.

2. 가족들이 자주 호소하는 자폐장애 증상 및 개입

최근에 진단기준으로 삼고 있는 자폐장애는 사회적 의사소통과 행동장애로 나누어 설명한다. 이 절에서는 자폐장애의 연속선상에서 사회적 의사소통장애와 행동장애 측면으로 종류에 대하여 살펴본다. 어린이집 선생님이나 가정에서는 각 증상이 비슷해 보이지만 다른 특성임을 알 수 있다. 상황별로 증상을 파악하여 맞춤형으로 개입할 수 있다.

1) 사회적 의사소통의 하위 유형에 따른 자폐장애 증상 및 개입

(1) 사회성 유형에 따른 자폐장애 증상 및 개입

보통 자폐장애는 구석에서 혼자 놀고 다가오면 소리 지르며 자신의 세계에만 박혀 있는 아동이라는 인식이 있다. 이러한 인식은 실제 자폐장애를 자폐장애가 아니라고 인식하기 쉬워 조기발견이나 조기개입을 어렵게 하는 요인으로 작용하고 있다.

자폐장애는 대체적으로 사회성 특성에 따라 크게 네 가지 유형으로 나눈다.

① 무관심한 자폐장애

초기 단계의 자폐장애를 말한다. 이 유형은 다른 사람에 관심이 없고 혼자 놀기를 즐긴다. 눈맞춤을 피하거나 시선을 멍하니 두고 있다. 돌보는 사람 너머 먼 곳에 자주 시선을 응시하므로 딴 세상에 사는 듯한 느낌을 갖게 한다. 안아 주는 것을 거부하기도 하고, 만일 원하지 않았는데도 안긴다면 심하게 버티고 몸을 활처럼 휘어서 빠져 나가기 일쑤이다. 부모나 선생님들에게 심한 좌절을 안겨 주는 자폐장애 유형이다. 우리나라에 처음 자폐증이라는 진단이 소개된 『자아를 찾은 아이 딥스』는 천재 반응성 애착장애 소년의 한동안 보이는 자폐적 성향이라고 할 수 있다. 초반부 딥스의 묘사 중 주로 다가가면 거부하고, 소리 지르며 피하고, 책상에 기어 들어가 혼자 앉아 있는 모습은 이 단계의 자폐적 모습이라고 이해하면 무리가 없다.

② 수동적인 자폐장애

사람과 함께 있기를 즐겨 하지는 않지만, 오라고 하면 와서 놀이를 하거나 활동을 하는 자폐장애이다. 보통 이 단계만 해도 다른 사람과 일부 놀이가 가능하고, 다른 사람의 상황을 살피고 있어서 무관심한 아동에 비해 사회성을 돕기에 좋다. 자유 놀이 시간에 다른 친구들과 어울리게 하면 효과적으로 도울 수 있다. 딥스가 점차 세상에 나오면서 다른 친구들이 노는 모습을 물끄러미 쳐다보다가 다가가거나 오라고 하면 못 이기는 듯 참여하는 모습의 묘사는 이 단계를 이해하는 데 도움이 된다.

③ 적극적이나 이상한 집단

사람을 좋아해 보여 때로 자폐장애가 아니라고 생각하기 쉬운 자폐장애이다. 오히려 상황과 맥락에 맞지 않게 다른 사람을 움직이려고 하고, 아동 특유의 방법으로 활동에 개입한다. 때로는 낯가림이 없다고 생각하기 쉽다. 가족들은 자폐장애가 의심되니 병원에 찾아가 보도록 추천하면 절대로 그렇지 않다고 생각한다. 오히려 사회성이 좋다고 생각하기 쉽다. 나이에 맞는 사회성 능력을 개발해 주는 것이 관건이다. 다른 사람의 상황이나 감정에 반응하지 않고 눈치가 없다고 느끼게 한다. 다른 사람 입장에서 생각하도록 하고, 다른 사람의 마음이 어떤지 추측하게 하는 프로그램이 도움 된다. 이 단계에 있던 자폐아동의 사례는 세면기 수리를 위하여 수리공이 방문했더니 안방에 들어오라고 손으로 끌어다가 낯모르는 아저씨를 방 안에 앉혀 두었다는 것으로 알 수 있다.

④ 지나치게 형식적인 집단

지나치게 예의 바르고 판에 박힌 행동을 한다. 다른 사람의 잘못을 그냥 넘기지 못한다. 책에서 본 문구를 사용하여 말을 하기도 하고, 완전한 문장을 사용하여 말을 하게 되므로 어색하게 느껴진다. 속담이나 비유의 숨은 뜻을 이해하지 못하고 액면 그대로 받아들여 불편해하기도 한다. 언뜻 보기에는 자폐장애로 보이지 않는다. 나이가 들면서 초기에 보였던 혼자 놀거나 이상하게 생각되는 행동이 없어졌다 하더라도, 지나치게 예의 있게 행동한다면 주의 깊게 살펴야 한다. 직장생활이나 사회생활은 눈치를 살피고 맥락 안에서 행동하는 기술을 익혀야 한다. 적응행동을 돕기 위해서는 그 나이 또래가 생각하는 것, 행동하는 것을 관찰하게 한다. 영상을 수집하고, 상황에 맞게 행동하는 기술을 돕도록 한다. 비디오 클립은 사회성 행동을 돕는 적응행동지도에 효과적이다.

(2) 의사소통 유형에 따른 자폐장애 증상 및 개입

① 말을 못하는 자폐아동

자폐장애는 말을 못한다고 생각하기 쉽다. 실제로 많은 아이들이 말을 발달시키지 못한다. 어떤 부모는 이미 알게 되어 사용하던 말도 사라졌다고 언어 퇴행을 호소하기도 한다.

② 말을 이해하지 못하는 자폐아동

일단 말귀를 알아듣지 못하여 청각장애일지도 모른다는 생각을 하기 쉽다. 언어 이해를 위한 적극적인 도움이 필요하다. 한번 말하면 주의를 기울여 지시를 따르지 못하지만, 이름을 부르고 쳐다보게 한 다음 원하는 것을 설명하면 잘 알아듣는다. 관심을 기울이도록 동기부여하는 것이 도움 될 것이다.

③ 반향어를 사용하는 자폐아동

반향어를 사용하여 상대방의 말을 좇아 따라 하거나 언젠가 들었을 법한 말을 아무 때나 되뇌거나 크게 말을 하여 당황하게 한다. 아동의 언어발달이나 기억력이 반향어 사용에 영향을 미친다. 문장 사용이 길면 반향어의 길이도 길어지는 경향이 있고, 기억력 정도에 따라 반향어의 길이에 영향을 미친다. 반향어는 없애야 할 언어가 아니라 기능이 있다는 생각을 해야 한다. 반향어를 사용하는 상황을 분석하여 요구하기 위하여 반향하는지, 설명하기 위하여 반향하는지에 따라 기능에 맞게 적절한 언어를 모방하도록 돕는다.

④ 단조로운 어조로 말을 하는 아동

자폐장애의 언어는 단조롭다. 말의 내용만이 아니라 실제 톤이 단조롭다. 때로 책을 읽듯이 말을 한다고 표현하는 것이 이것이다. 아동은 질문에 답을 하거나 설명할 때의 어조에 차이가 없을 정도로 단조로움을 보이기 때문에 지루하다는 인상을 가지기 쉽다. 도움을 주기 위하여 높은 어조가 필요할 때는 높게, 낮은 음조를 사용해야 할 때는 낮게 음조를 사용하여 말을 구사하도록 도움을 주어야 한다. 낮은 음조를 말하다가 높게 말하기도 하고, 호기심 어린 어조로 말을 해야 할 때조차도 책을 읽듯이 말하지 않도록 과장하여 톤 조절을 한다면 이 역시 가르칠 수 있다.

⑤ 긴 문장으로 말을 잘하는 자폐아동

기억력이 우수한 자폐장애는 말을 할 수 있어도 로봇이 말하는 듯 단조로운 어조로 말한다. 〈말아톤〉의 초원이가 동물의 왕국을 통째로 외우듯이 말하는 것 같은 증상을 보인다. 때로는 5세 자폐아동이 전래동화 『콩쥐팥쥐』를 시작부터 끝까지 어조하나 틀리지 않고 외우는 것을 보는 것은 그리 어려운 일이 아니다. 이 경우 부모나 선생님들은 아동의 우수한 기억력을 사용하여 발달에 사용할 전략을 세우면 된다. 기억하라. 기억력은 학습에 기본이 된다는 것을!

⑥ 노래를 부르듯이 말하는 자폐아동

소프라노나 테너가수가 노래하듯 미성의 가느다란 음성으로 말을 한다. 소리 강도가 약해 잘 들리지 않아 되물어야 하는 경우가 허다하다. 아동은 낮은 강도의 음성이나 중간 정도의 음성을 내는 것을 잊은 듯 행동한다. 그러나 모방연습을 통해 음성의 강도도 도움을 줄 수 있으므로, 강하게 말을 하는 연습이 필요하다. 악기를 사용하여 높은 음은 높게, 낮은 음은 낮은 강도로 소리를 내도록 게임을 고안한다. 큰북 소리에 맞게 큰 소리를 내도록 하고, 작은북을 사용하여 낮은 음을 큰 소리로 내도록 게임한다. 거리를 두고 큰 소리로 부르는 동작은 아동에게 익숙하다. 각종 크기의 병을 사용하여 소리를 내는 게임을 반복하여 진행한다.

⑦ 같은 질문을 반복하는 자폐아동

한번 질문한 것을 수시로 반복하는 경우이다. 처음에는 기꺼이 질문에 대답을 하지만 반복되는 질문에 피곤을 느낄 수도 있다. 하루에도 몇 번씩 부모가 바쁘건, 아니건 상관없이 같은 질문을 받다 보면 어떤 느낌이겠는가? 처음에는 물론 '우리 아이가 호기심이 생겼구나!' 반가운 일이다. 하지만 이내 피로감이 느껴질 것이다. 도대체 아무 의미 없는 '한강다리가 몇 개야?'의 질문에 한 달 동안 수백 번을 대답해야

⑧ 맥락에 맞지 않은 엉뚱한 대답을 하는 자폐아동

질문의 의도를 파악하지 않고 말을 하여 엉뚱한 말을 한다고 느낀다. 어떤 때는 아동이 아는 어떤 대답이나 하는 경우도 있고, 질문의 의도와 관계없이 뒷말을 따라 하는 경우도 있다. 혹은 질문은 들었는데 대답은 질문과 무관하게 아동이 원하는 것을 할 수도 있다. 아동의 상황과 관계없이 맥락을 이해하도록 도움을 주어야 한다. 일단 "길동아 식탁에 사과 들고 거실로 와."를 지시하고, 아동이 제대로 반응하지 않으면, 질문자의 질문을 듣게 하고, 무엇을 의미하는지를 해석하는 과정을 포함하면 도움이 될 것이다. "엄마가 뭐라고 했지?" 같은 질문 말이다. 아동이 파악해 보이면 "네." 하고 대답하고, 지시에 응하면 되고, 파악하지 못한 듯하면 다시 표현해 주어 질문을 정확하게 이해하도록 하는 것이 선행되어야 한다. "응, 사과 들고 거실로 오라는 거야!" 3단계 지시 따르기 연습이 도움 된다. 이 책의 행동적 접근에서 자세히 다루었으니 참조하도록 한다.

⑨ 언어의 내용과 상황이 상이한 자폐아동

기억력이 우수하여 애니메이션 대사를 통째로 외우지만 간단한 질문에 대답하지 못한다. 화를 내는 어조로 텔레비전 광고를 말을 하기도 한다. 아동이 하려는 말의 의도를 먼저 파악하는 것이 중요하다. 왜냐하면 의도는 있으나 말의 구사능력이 어렵거나, 말을 했는데, 요구를 들어주지 않았던 상황과 장면이 교차되어 생각났을 수도 있으니 말이다. 이때는 파악된 의도에 맞는 언어를 구사하도록 부모나 선생님이 시범을 보이고, 그대로 따라 하도록 한 다음, 같은 상황을 반복적으로 시나리오를 만들어 연습시키는 방법으로 도움 줄 수 있다. 자연스러운 장면으로 이어질 때까지 계속한다. 아동이 효과를 느끼면 상황과 일치된 내용을 볼 수 있을 것이다.

⑩ 사용하지 않은 외래어 같은 말을 하는 아동

특정 상황에 신조어를 만들어 그 상황에 그 말을 하지만 다른 사람은 이해할 수 없다. 심하게 화가 나거나 원하는 장난감을 손에 넣어야 할 때 듣도 보도 못한 소리를 내며 손을 내미는 아동을 관찰할 수 있다. 아동의 의도는 쉽게 파악할 수 있을 테니 원하는 장난감 이름을 대면서 표현하도록 해 보라. 이상한 외래어 대신 우리말을 들을 수 있을 것이다.

⑪ 지칭하는 말을 잘못 사용하는 아동

자신을 지칭하여 '너'라고 말을 하거나 자신을 지칭할 때마다 자신의 이름을 사용하기도 한다. '내가 밥 먹고 싶어' 대신 '길동이가 밥 먹고 싶어'라고 말한다. 대명사 전도 현상, 혹은 대치현상이라고도 한다. 대개 우리말은 상대방을 지칭할 때 '너'보다는 아동의 이름을 불러 표현하므로, 대명사 전도 현상은 아동의 이름으로 대치될 수 있다. '너 밥 먹었니?'를 자주 들었던 아동이 '너 밥 먹었니?'라고 하거나 '길동이 밥 먹었니?'를 자주 들었던 아동은 '길동이, 밥 먹었니?' 하고 밥을 요청할 것이다.

TIPS 아스퍼거 증후군에 대한 ICD-10 기준

A. 구두언어, 수용언어 또는 인지발달이 임상적으로 유의한 수준으로 지체되지는 않는다. 아스퍼거 증후군으로 진단하기 위해서는 2세 또는 그 이전까지 한 단어를 사용할 수 있어야 하며, 3세 또는 그 이전까지 의사소통하기 위해 구를 사용할 수 있어야 한다. 첫 3년 동안의 자조기술, 적응행동, 환경에 대한 호기심 정도는 정상적으로 지적 발달을 하는 아동의 수준과 일치해야 한다. 그러나 운동능력에서는 발달이 약간 지체될 수 있어서, 흔히 운동기능이 서툴다(그러나 진단을 위한 특징으로 생각할 만큼 항상 그런 것은 아니다). 종종 비정상적으로 강한 정도로 관심을 가지고 있는 분야에 대한 특별한 기술을 가지고 있으나, 진단에 요구되는 항목은 아니다.

B. 상호적인 사회적 상호작용에 질적인 비정상이 있다(자폐증의 진단기준).

C. 흔하지 않을 정도로 강하고 제한된 관심사, 그리고 반복적이고 상동적인 행동양식, 관심사 및 활동을 보인다(자폐증의 진단기준과 같다. 그러나 동작성 매너리즘 또는 사물의 일부분이나 놀이 재료의 비기능적인 요소들에 대한 집착은 여기에 포함되지 않는 것이 일반적이다).

D. 다음과 같은 다른 전반적 발달장애에 기인하지 않아야 한다. 단순한 조현병, 정신분열형 장애, 강박장애, 강박성 성격장애, 아동기의 반응성애착장애 또는 탈억제적 애착장애

출처: 김혜리 등(2002). **자폐증과 아스퍼거 증후군**, p. 18.

2) 행동장애 특성에 따른 자폐장애 증상 및 개입

행동장애의 대표적 유형 중 자폐장애가 으뜸이다. 그만큼 심한 장애로 알려져 있다.

(1) 전형적 자폐장애 증상 및 개입

전형적인 자폐장애는 사회적 상호작용과 의사소통상의 장애를 보이는 것이다. 행동상의 장애는 동일성 고집 양상을 보이는 것으로 사람이나 물건을 배열하기를 좋아하고, 행동장애를 심하게 나타내는 유형이다. 눈맞춤이 없고 신체적 접촉을 거부하며, 표정이 없다. 언어발달이 어렵고, 있다고 하더라도 대화로 사용하지 못한다. 주제를 이어 가거나 대화를 시작하기 어렵고 단조로운 특성을 보인다. 사람을 기계처럼 취급하여 공감을 갖지 못한다. 때로는 친구를 사귀는 듯 보이지만 공감하기 어렵다.

(2) 아스퍼거장애 증상 및 개입

아스퍼거장애는 언어발달에 별다른 어려움이 없으나 사회성에서 어려움을 보인다. 다른 사람의 마음을 이해하거나 눈치를 살피는 데 어려움을 느낀다. 관심사의 제한이 있으나 전형적인 자폐장애에 비하여 학문적인 관심을 보인다. 현재는 독립적으로 진단하고 있지는 않으나 전형적인 자폐장애와는 차이 나는 특성을 가지고 있으니 자폐스펙트럼상의 한 장애로 맞춤형 도움을 줄 수 있다.

(3) 비전형적 자폐장애 증상 및 개입

자폐장애인데 자폐가 아닌 것처럼 보인다. 흔히 유사자폐라고 말한다. 기준에 부합하기에는 약간 다른 특성을 보이지만 그렇다고 자폐장애가 아닌 것은 아니다. 엄마의 눈물을 닦아 주기도 하고 슬프다고 말하기도 한다.

(4) 고기능자폐, 잘 배우는 자폐장애 증상 및 개입

고기능 자폐는 기계적 기억력이 좋아서 비교적 학습에 어려움이 없다. 5세 이전에 언어를 의미 있게 발달시킨다. 지능이 높고 말을 자연스럽게 습득하게 되면, 성인기에 예후가 좋다고 알려져 있다. 비교적 문제행동은 적으나 자신의 관심사대로 학습하고자 변화에 저항하는 것을 주의해야 한다.

(5) 숫자에 집착하는 자폐장애 증상 및 개입

많은 자폐장애는 감각상 이상행동을 보인다. 이중 시각적 어려움을 보이는 아동의 경우 숫자에 집착하는 문제행동을 자주 관찰할 수 있다. 시각적 집착행동을 보이고, 처음에는 숫자에서 달력으로, 더 나아가 계산으로 이어질 수 있으므로 발달로 연결될 수 있다면 도움이 된다.

(6) 글자에 집착하는 자폐장애 증상 및 개입

글자에 집착하는 것은 숫자와 집착하는 것과 같은 원리이다. 시각적 이상행동은 아동에게 몰입하게 하므로, 쉽게 배운다. 처음에는 글자 카드로 우연히 알게 되는데, 자주 접하면서 반복행동을 보이기도 한다. 글자를 익히게 되면 문장으로 이어지기 쉽고 잘만 가르치면 그림책을 읽는다. 읽기 이해가 필요한 경우 은유나 비유, 속담을 집중적으로 훈련하여 함축하는 의미를 파악하도록 한다. 때로 활자 중독을 보일 수 있으니 집착하지 않도록 돕는다.

(7) 책에 집착하는 자폐장애 증상 및 개입

글자나 숫자에 집착하는 자폐장애는 책을 좋아하기 쉽다. 시각적으로 과하게 몰입하고 집착하므로 책을 가지고 다니려고 한다. 의미 없이 가지고 다니기를 좋아한다면, 책 내용을 확인하고 가지고 다니도록 하면 도움이 될 수 있다. 책 내용을 파악하기보다 부분에 집착하는 경우도 있다. 특정 페이지만을 펼치려고 하거나 특정 그림을 반복적으로 알려 달라고 할 수도 있다. 집착하는 책이 있을수록 책이라는 도구를 사용하여 읽기, 읽기 이해, 의미 이해 등으로 확장시키도록 한다.

(8) 텔레비전 광고에 집착하는 자폐장애 증상 및 개입

텔레비전은 시청각의 강점이 돋보이는 매체이다. 감각상 이상행동으로 문제행동을 보이는 자폐장애에게 텔레비전처럼 매력적인 도구도 드물다. 광고 내용을 반복하는 지연반향부터 즉각 따라 하는 즉각 반향어까지 심한 문제행동을 보인다. 뉴스 시그널

음악이나 각종 광고 등은 아동의 입장에서 반복되는 음성 자극과 시각 자극을 소개하는 데 활용할 수 있다. 노래를 개사하여 의미 있는 의사소통으로 전환하도록 한다.

(9) 스마트폰에 집착하는 자폐장애 증상 및 개입

스마트폰을 사용하여 특정 기사에 집착하거나 유튜브, 게임 등에 집착하는 행동을 보일 수 있다. 시각적으로 매력적인 그림이나 사진을 주로 반복적으로 몰입해 본다. 청각적인 자극을 반복적으로 몰두할 수 있는데 노래나 동요, 특정 음향을 반복적으로 집착할 수 있다. 자극적인 음향에 매달리는 경우가 많은데, 특히 게임 음악처럼 단순한 음악적 리듬과 반복적인 음조에 집착한다. 음악적 활동으로 고안하여 시청각적인 자극을 교육이나 치료에 맞게 사용하도록 한다.

(10) 저기능자폐, 배우기 어려운 자폐장애 증상 및 개입

배우기 어려운 자폐장애일수록 가르치기 위한 단서를 찾기 어렵다. 아동이 집착하는 자극을 찾아 배워야 할 항목과 연합시켜 도울 방법을 찾는 것이 중요하다. 시각적인 자극에 몰두한다 하더라도 의미 없이 자극만을 몰두할 수 있다. 끈을 돌리거나 입 장난, 손장난, 눈 장난을 자주 할 수 있다. 귀를 막았다 떼었다 할 수도 있고, 하루 종일 소파에서 뛰는 자녀를 바라봐야 할 수도 있다. 상동행동이라고 하는 무의미한 행동을 목적이 있는 행동으로 전환할 수 있도록 전략을 세운다.

(11) 감각상 이상을 보이는 자폐장애 증상 및 개입

시각, 청각, 후각, 미각, 촉각적 자극을 반복적으로 즐기는 문제행동을 보이는 유형의 아동이다. 나이에 따라 양태는 바뀌지만 반복되는 감각이상을 보인다. 하루 종일 눈 장난을 하느라 옆으로 치켜뜨기도 하고, 형광등 불빛을 바라볼 수도 있다. 이발소 등의 빠르고 반복적인 움직임에 집착하기도 하고, 네온사인 불빛에 매료되기도 한다. 옆 눈을 치켜뜨고, 빗장을 가로질러 빛의 움직임을 즐기면서 뛸 수도 있다. 청각적 자극에 몰두하여 빗살을 귀에 대고 작은 소리를 즐기기도 한다. 하루 종일 소리 나는 장난감을 누르다가 건전지가 닳을 수도 있다. 꺼져 가는 희미한 소리를 끝까지 듣기도 한다. 특정 음악에 몰두하기도 한다. 특별한 옷감을 좋아하기도 하여 다른 사람이 입은 옷을 손으로 문지르다가 혼쭐이 나기도 한다. 엄마의 잠옷을 문지르며 자려고 하거나 백화점 매장 안내 여직원의 스타킹을 만지려고 충동적으로 뛰어가거나 긴 머리카락을 만지기 위해 동의 없이 덤비다가 성추행범으로 몰리기도 한다. 〈말아톤〉의 초원이가 얼룩말 무늬에 집착하여 지나가는 여성의 치마를 만지다가 곤경에 처한 것은 대표적인 시각적 감각이상으로 생긴 어려움을 묘사한 장면이다. 특정 음식을 반복하여 먹기도 하고, 거부하기도 한다. 손 냄새를 반복적으로 맡기도 하고, 악취를 좋아하기도 하여 가족이나 선생님을 당황하게 한다.

(12) 문제행동을 심하게 보이는 자폐장애 증상 및 개입

자폐장애 중 문제행동을 심하게 보이는 자폐장애는 배우기 어려울 뿐 아니라 매일매일이 전쟁이다. 문제행동은 가벼운 고집 피우는 행동부터 심하게는 공격행동이나 자해행동처럼 다스리기 어려운 특성이 연결선상에 놓여 있다. 문제행동은 그 문제행동으로 얻을 수 있는 이득이 있으므로 반복된다. 행동을 중재함에 앞서 기능분석 과정을 통해 문제행동의 원인을 파악하고 그에 적합한 대처를 위해 노력한다. 가족이나 선생님의 화나 좌절을 돕기 위한 도움을 조직적으로 지원한다. 정부 정책의 다양한 지원책을 찾아 대처하도록 돕는 과정이 중요하다.

(13) 말을 잘하는 자폐장애 증상 및 개입

자폐장애는 말을 잘 못한다고 생각하기 쉬운데, 어떤 자폐장애는 말을 잘한다. 논리적으로 따지기도 하고, 기억력이 비상하기도 하다. 사회적 의사소통을 적절히 하는지 파악하는 과정이 필요하다. 자신의 입장에서만 말을 하는지, 액면 그대로 믿거나 해석하여 전체적인 대화의 맥락에 따라 의사소통을 하고 있는지 중요하다. 대부분 마음이론에 어려움을 보이고 눈치를 살피기 힘들어한다. 이러한 아동의 특성에 맞게 의도 파악하기, 맥락에 맞는 대화 주제 이어 가기 등의 도움을 주도록 한다. 때로는 성장하여 대학생이 되어 있거나 대학원생이 되어 어린 시절 선생님이나 부모, 학교, 사회에서 부당하게 취급받았던 일을 기억하기도 한다. 상황이 발생할 때마다 아동의 이해수준에서 이해할 수 있도록 설명하는 것도 잊지 말아야 할 일이다.

(14) 말 발달이 어려운 자폐장애 증상 및 개입

대부분의 자폐장애는 말 발달이 어렵다. 표현뿐 아니라 이해과정도 어렵다. 단어

단계는 발달한다 하더라도 필요한 말만 되풀이할 수 있으며, 한번 사용한 말도 잊어버리기 일쑤이다. 가족 면담을 통해 언어발달 과정을 세밀하게 살피고 돕도록 노력한다. 문장 길이를 늘려 반드시 필요한 단어를 구로 이어 전문식 언어 구사로부터 점차 기능어를 늘려 문장 길이를 늘리도록 한다.

(15) 말귀를 알아듣지 못하는 자폐장애 증상 및 개입

흔히 말이 늦다고 하면 말을 표현하는 데 어려움이 있다고 생각하기 쉽다. 자폐장애는 말을 이해하는 데 어려움이 있어서 이로 인해 다양한 문제행동이 발생된다. 말을 이해하기 위한 노력보다는 쉬운 문제행동으로 의사표현을 하기 때문에 자폐아동과의 생활은 일상이 전쟁이다. 가족이나 선생님은 아동의 언어 이해 정도를 파악하여 아동이 들을 수 있도록 만들어 주어야 한다. 긴 문장의 지시가 어렵다면 짧은 문장으로 말을 해 주어 듣기 편하도록 만들어 준다. 그래도 어려움이 있다면 제스처나 몸짓을 알 수 있도록 해 주고, 도움이 필요하면 실제로 데리고 가서 말에 대한 의미를 알 수 있도록 한다. 잘 알려져 있는 3단계 지시 따르기는 말귀를 알아듣지 못해서 생기는 문제행동을 돕는 방법이다.

(16) 말귀를 곧이곧대로 듣는 자폐장애 증상 및 개입

자폐장애를 양육하거나 교육하는 성인이 자폐장애에 대하여 곤혹스러워하는 것은 말귀를 알아듣는데 전혀 엉뚱하게 반응한다는 것이다. 보통 편안하게 쓰는 반어법이나 농담, 유머 등이 통하지 않는다는 느낌 때문이다. 자폐아동에게 마음이론 훈련이 필요하고, 정서교육이 필요한 이유이다. 대화하는 가운데 표정이나 상황을 알려 주어 그 말이 의미하는 것을 다시금 알아차리게 하는 도움이 필요하다. 화난 얼굴을 하고 하지 말라고 하는 것과 편안한 얼굴로 하지 말라고 하는 말에 따라 다르게 반응하도록 돕는다. 속담이나 격언 학습을 자주 도와주어 함축하는 의미를 파악하도록 한다.

(17) 반향어를 보이는 자폐장애 증상 및 개입

반향어는 자폐장애를 소개한 이래 많은 논쟁거리가 되어 왔다. 자폐장애의 특징이라고도 하고, 없애야 할 언어치료 대상이라고 설명하기도 했다. 결론적으로 반향어는 발달에 도움이 된다. 반향어는 의사소통의 모든 요소를 반영하고 있다. 설명을 위해서 반향을 하기도 하고, 말귀를 이해하지 못해서 그대로 반향하기도 한다. 질문을 위해서도 반향을 하며, 모르겠다는 표현을 위해서 반향언어를 사용하기도 한다. 마음이 불편하다는 표현으로도 반향을 하거나 심심해서 입을 가지고 노는 용도로 반향을 하기도 한다. 마치 아기가 말을 발달시키는 초기 행동 중 모르는 새로운 낱말을 접했을 때 반향하는 것처럼 말이다. 반향언어를 접한다면 언어의 기능을 살피고 없애려고 하기보다는 대안을 제공하여 반향언어를 의사소통 발달에 최대한 사용할 일이다.

(18) 말이 아닌 이상한 소리를 내는 자폐장애 증상 및 개입

하루 종일 자폐장애 아동을 돌보거나 가르치다 보면 말이 아닌 음향에 가까운 음성을 보이는 아동이 있다. 주로 신나서 흥분을 가라앉히기 힘들 때, 심심해서 놀이가 필요할 때, 어떤 것을 요구하려고, 싫은데 하라고 요구했을 때 자주 나타나는 증상이다. 이때는 문제행동으로 치부하여 무조건 야단치거나 하지 말라고 제지하기 쉬운데, 아동의 음성의 질을 분석하고 언어와 유사한 음성을 이용하여 의사소통을 돕는 방법으로 사용하도록 한다. 영아기 때 옹알이를 언어로 취급하여 칭찬하고 반복하면서 말로 이끌어 낸 경험이 많을 것이다. 의사소통 과정으로 전환하는 과정에서 문제행동처럼 느껴졌던 음성 놀이가 어떤 기능으로 사용되었는지를 분석하는 과정이 선행되어야 한다.

(19) 노래를 부르듯이 높은 음조를 보이는 자폐장애 증상 및 개입

자폐장애의 말은 한마디로 설명할 수 없는 독특한 형태를 보인다. 그중 노래를 부르는 듯한 높은 음조를 보이는 아동의 언어패턴이다. 남자아이가 이 형태를 보이는 아동이나 성인 자폐와 관계없이 양육자나 교사로 하여금 더욱 당황케 한다. 185cm 거구의 대학생이 미성의 높은 음조로 PPT를 설명한다고 상상해 보라.

음조는 훈련을 통해 도움 줄 필요가 있다. 설명언어, 권유언어, 의문언어 등의 상황에 맞게 음성의 강도를 조절하고, 음색을 상황에 맞게 낼 수 있도록 도움 줄 필요가 있다. 단음조뿐 아니라 노래를 부르듯이 리듬을 타면서 사용하는 경우도 있는데, 이때는 우리말의 고저장단에 맞는 게임을 유도하면서 음조훈련을 하는 것이 도움

된다. '과자 주세요'를 상황에 맞게 음조훈련을 한다. 외국인에게 한국어를 가르치듯이 말이다.

(20) 책을 읽듯이 단조로운 음조를 보이는 자폐장애 증상 및 개입

의사소통은 복잡한 구조가 있다. 말을 이해하는 의미론과 음성을 만드는 음운론, 문법을 이해해야 하는 구문론, 말의 모양을 구성하는 형태론을, 그리고 말을 사용하는 화용론에 걸쳐 각 요소가 제 역할을 해야 제대로 소통할 수 있는 복잡한 구조이다. 자폐장애는 단조로운 음조를 보이는 리듬 사용의 어려움을 보이는데, 이는 모방능력의 결여가 한몫한다. 질문을 할 때는 끝을 올려서 말을 하거나, 설명을 할 때는 끝을 내려야 한다거나 권유를 위해서는 부탁하는 어조를 사용하는 등의 고저장단, 강약 등의 다채로운 어조를 훈련하도록 한다.

(21) 음색이 가늘어서 소리를 듣기 어려운 자폐장애 증상 및 개입

음색은 의사소통을 효과적으로 사용하는 데 중요한 요소이다. 성장에 따라 성대의 성장도 달라지고, 이에 따라 음색이 달라지므로, 보통 어릴 때는 성별과 상관없이 음색이 비슷하지만, 성장하면서 확연히 달라진다. 지나치게 음색이 가늘어서 어려움을 겪는 자폐 청소년을 가진 가족의 경우 이 어려움은 스트레스를 가중시킬 수 있다. 어린 시절부터 아동의 소리 강도를 훈련하여 음의 조절기능을 늘려 주는 것이 좋다. 음의 생성은 어느 정도 강도 훈련에 따라 다르게 나타나므로, 아동에게 일정 거리를 두고 소리를 강하게 내는 훈련이 필요하다. 놀이를 통해 도움을 준다면 훨씬 긴장하지 않고 도움을 받을 수 있다.

(22) 말이 없는 자폐장애 증상 및 개입

보통 자폐장애 아동은 말이 없어 보인다. 심지어 어린 아동의 경우에는 청각장애가 아닌지 의심할 정도이다. 그러나 가족이나 초기에 개입하는 선생님들은 잘 알고 있다. 소리에 무딘 아동일수록 원하는 소리에는 다른 사람보다 더욱더 민감하게 반응한다는 사실을 말이다.

때때로 옆방에서 우는 다른 아이의 울음소리에 화를 내는 자폐아동을 관찰할 수 있다. 안방에서 울리는 전화벨 소리, 작은 텔레비전 소리, 심지어 옆집에서 나는 소리에도 민감한 반응을 보이기도 한다. 말을 하지 않고 손으로 다른 사람의 팔을 끌어다가 의사표현을 하는 경우에는 말의 효과를 도와야 한다. 음성을 낼 때 원하는 것을 들어주도록 한다. 작은 소리라도 소리의 효과를 알도록 한다. 낱말 사용에 더 큰 반응을 주도록 하고 차차 문장으로 유도하며, 아동이 원하는 보상을 모아서 해 준다면 효과적일 수 있다. 물론 체계적인 보상을 했는데도 어려울 수 있다. 이때는 대안 보완의사소통 체계를 고안해야 한다. 녹음기로 녹음하여 누르는 훈련이나 사진, 그림카드를 사용한 의사표현 훈련을 하여 아동의 소통능력을 강화한다.

(23) 같은 것을 고집하는 자폐장애 증상 및 개입

자폐장애의 조기발견은 사회성 행동과 함께 의사표현, 행동장애 차원에서 관찰하면서 시작된다. 행동장애는 동일한 것을 고집하려는 것으로 같은 사람이나 물건, 심지어 활동을 포함한다. 이러한 특성은 자폐아동을 교육시키거나 보육할 때 선생님이나 가족으로 하여금 한없는 인내를 요구한다. 그렇기 때문에 자폐아동에게 도움을 주는 것은 무엇보다 어려운 일이다. 어느 장애보다 자폐아동을 가르치거나 치료하는 것이 어렵다는 것은 익히 알려진 사실이다. 같은 것을 고집하느라 하루 종일 실랑이를 벌이고 오랜 시간 반복하여 알려 주어도 전혀 반응하지 않고 배우기 어려울 수 있다. 그러나 어느 순간에 잘 배우는 특성을 보인다. 자폐아동을 가르쳐 본 선생님이나 가족이 아동의 매력에서 헤어 나올 수 없는 특성이 바로 이것이다.

(24) 길을 고집하는 자폐장애 증상 및 개입

자폐장애의 동일성 고집의 대표적인 양상이 길을 고집하는 행동이다. 어린 시절 한 번쯤은 경험했을 것이다. 걷지 않고 아빠 차를 탔다면 같은 길을 운전하지 않는다고 고집 피우는 자녀나 제자를 관찰할 수 있다. 어린이집, 유치원, 학교에서는 스쿨버스 노선이 갑자기 바뀌었을 때 이유 없이 화를 내고 짜증을 보이는 아동으로 곤란을 겪을 수 있다.

예측할 수 없는 불안감으로 어려움을 보이는 경우인데, 이때는 불안감을 해소해 주어야 한다. 아동에게 하루 일과표를 알려 주면 완화된다. 글자를 모르는 아동에게는 사진이나 그림을 통해 반복하여 일과를 알려 주고, 일과와 다르게 상황이 변화될 수 있다는 융통성을 알려 주면 도움 된다. 약도를 통해 길의 경로를 알려 주고,

충분히 익힌 다음에는 다른 길을 알려 준다. 융통성 있게 도움을 줄때마다 아동이 원하는 보상이나 활동을 제공하는 것을 잊지 말아야 한다.

(25) 자리를 고집하는 자폐장애 증상 및 개입

자폐장애를 양육하거나 가르칠 때 반복적으로 보이는 어려움 중 하나는 같은 자리를 고집하는 것이다. 동일성 고집의 맥락에서 발생된다. 장소의 동일성 고집이라고도 부른다. 가정에서는 같은 자리에서 텔레비전을 보거나 식탁의 같은 위치를 고집한다. 자동차에서도 같은 자리에 앉겠다고 고집을 피울 수 있다. 유치원에서 같은 자리에 앉겠다고 주장하고, 심지어는 특정 친구를 특정한 자리에 앉히려고 한다. 다행히 친구가 응해 주면 상관없지만 다른 자리에 앉겠다는 친구의 주장이 팽팽할 때는 어떻겠는가? 상상에 맡긴다.

(26) 시각적 집착을 보이는 자폐장애 증상 및 개입

자폐장애의 감각상 이상 증상은 익히 알려져 있다. 가정이나 어린이집, 유치원, 학교에서는 시각적 집착을 보이는 아동을 자주 관찰할 수 있다. 특정 광고 쪽지를 집착하여 그 종이를 들고 다니거나, 좋아하는 그림책을 가방에 들고 다니는 것은 애교이다. 공룡 그림, 자동차 그림, 곤충 그림, 심지어는 특정 회사 광고 전단지 등 상황과 맥락에 맞지 않게 집착하여 돌보는 부모나 교사들에게 어려움을 준다. 시각적 집착은 그림뿐 아니라 글자, 숫자에 확장될 수 있어서 집착행동이 발생되면 다른 교육으로 전환하기 어렵다. 이때 문제행동으로만 치부하지 말고 집착하는 행동을 바람직한 학습으로 전환시키는 전략이 필요하다. 문자 집착은 글자를 익히고 이해하는 기술로 전환하면 쉽게 읽고 쓰기를 가르칠 수 있다. 숫자 집착은 수열이나 수 개념, 화폐 개념, 달력, 추리 개념으로 전환시켜 배우기 어려운 개념을 익히도록 도움을 주면 된다. 문자와 숫자를 병용하면 수학의 문장 학습을 이끌어 주는 강점으로 작용할 수 있다.

(27) 청각적 집착을 보이는 자폐장애 증상 및 개입

자폐장애의 감각상 이상 증상 중 흔히 보이는 청각적 감각이상 병리 양상이다. 청각적 집착을 보이는 아동은 특정 음에 과민한 반응을 보이기 쉬운데, 이를 사용하여 적절한 행동을 강화시키는 전략이 필요하다. 소리를 즐기면서 몸의 움직임을 앞뒤로 흔드는 동작을 보일 수 있으므로, 흔드는 동작이 노래나 음률을 즐기는 행동인지, 몸의 움직임을 즐기는 행동인지를 구분하여 돕는다. 음률을 즐기는 행동이라면 노래와 춤을 출 수 있는 동작을 고안하여 돕는다.

(28) 귀를 막았다가 떼는 행동을 보이는 자폐장애 증상 및 개입

간혹 귀를 막았다가 떼었다가 하는 동작을 볼 수 있다. 아동은 소리의 강약을 즐기고 있는 것인데, 이때 멈추도록 하면 심하게 화를 내는 것을 볼 수 있다. 청각적 과소과민 반응을 보이는 아동의 경우 적절한 소리로 전환할 수 있도록 도울 수 있다.

(29) 촉각적 집착을 보이는 자폐장애 증상 및 개입

이 감각병리 양상은 여러 상황에서 부적응 행동으로 나타날 수 있다. 때로 다른 사람의 옷을 만지려고 하므로 사회성 기술을 함께 훈련해 주어야 한다.

(30) 미각적 집착을 보이는 자폐장애 증상 및 개입

혀의 감각을 즐기려고 하기 때문에 맵고 짠 음식을 먹으려고 한다. 여러 음식을 맛보게 하여 특정 음식에 집착하는 행동을 완화하도록 한다. 혀의 감각을 즐기는 경향도 살필 필요가 있다. 장난감이나 옷감 등을 입에 넣고 장난을 즐기는데, 삼키지 않도록 안전교육에 주력한다.

(31) 같은 음식만을 먹으려고 하는 자폐장애 증상 및 개입

어린이집이나 가정에서 아동을 돕기에 매우 난감한 상황은 자폐장애의 행동 특성으로 인하여 일상생활을 영위하기 어렵다는 것이다. 특히, 자폐아동을 열심히 도우려는 어린이집이나 가정일수록 이러한 어려움이 많다. 자폐아동은 전반적으로 음식을 잘 먹으려고 하지 않거나 편식이 심하여 키우기 어렵다는 호소를 자주 듣는다. 일단 음식을 먹기 시작해도 먹던 음식만 먹으려고 하기 때문에 영양을 염려하는 어린이집 선생님이나 가족의 경우 난감하기 그지없다.

때로는 음료수나 초콜릿만 먹으려고 하는 경우도 있다. 심각해지면 영양장애나 성장 지연까지 이어질 수 있으므로, 어린이집 교사나 가족은 심하게 염려하여 편식을 교정하려는 노력을 하게 된다. 이 과정에서 억지로 교정하게 되면 음식혐오를 일으킬 수도 있고, 인권 문제를 야기할 수도 있다. 다양한 재료를 사용하여 비빔밥을 만들어 먹도록 하거나, 잘 먹지 않은 음식과 잘 먹는 음식을 연결하여 도울 수도 있다.

심각하게 문제를 보인다면 병원에 의뢰하거나 전문가에게 도움을 요청하도록 한다.

(32) 후각적 집착을 보이는 자폐장애 증상 및 개입

후각적 집착은 손바닥을 코에 대고, 흡입하듯이 냄새를 맡는 행동으로 관찰된다. 양말 냄새를 맡기도 하고 머리 냄새를 맡기도 한다. 강한 냄새를 좋아하는 특성은 아동을 매우 기괴하고 이상하게 느끼게 하여 어린이집 선생님이나 가족이 외출하거나 돌보는 데 지치게 한다. 향기보다는 악취에 집착하는 경향을 보이므로, 같은 기능을 하는 향기를 알려 주도록 돕는다. 향수나 화장품 같은 향을 사용하여 후각 지도를 돕는다. 과일 향기, 야채, 음식 냄새 등 상황에 맞게 후각 지도를 하도록 한다.

(33) 전정감각상의 어려움을 보이는 자폐장애 증상 및 개입

전정감각상의 어려움은 어지럽게 빙글빙글 도는 행동으로 표현된다. 지나치게 어지러운 상황을 즐기거나 어지러운 상황을 심하게 꺼려 할 수도 있다. 어린이집이나 가정에서 창틀에 올라가는 아동을 관찰하는 것은 흔한 일이다. 어린이집에서는 놀이터 정글짐에 올라가 서커스를 하듯 다리를 흔들거리며 놀기도 하여 쳐다보는 엄마의 가슴을 철렁이게 하기도 한다.

그네 타기를 좋아하거나 안아서 흔들거리는 놀이를 즐긴다. 한번 시작되면 계속 흔들거리며 놀아달라고 요구하기도 한다.

(34) 몸을 자주 흔드는 자폐장애 증상 및 개입

춤을 추듯 앞뒤로 흔드는 아동을 자주 관찰할 수 있다. 좌우로 흔들기도 한다. 의자를 앞뒤로 까닥이며 소리를 즐기기도 한다. 문제행동으로 변하기도 한다. 온 몸을 흔들면서 까닥거리며, 수업이나 활동을 방해한다. 이때는 소리를 제거하기 위한 노력이 필요하다. 바닥에 카펫을 깔아 소음을 줄일 필요가 있다.

(35) 높은 곳에 자주 올라가는 자폐장애 증상 및 개입

그네나 창틀에 올라가는 것과 같은 특성을 보이는 아동 중에 유독 높은 곳에 올라가는 아동이 있다. 어디든 높은 곳을 올라가곤 하여 보는 이에게 걱정을 끼친다. 사다리를 타고 높은 데 오르거나 계단을 타고 높은 곳에 올라가 위험한 느낌 없이 상황을 즐기기도 한다. 나무 위에 걸터앉아 있거나 놀이기구 위에 오르기도 하기 때문에 잘 관찰해야 안전하게 보호할 수 있다.

(36) 높은 곳에 올라가기 공포스러워하는 자폐장애 증상 및 개입

높은 곳을 좋아하는 아동이 있는 반면, 높은 곳을 공포스러워하는 경우도 있다. 보통 높은 곳은 공포스러워하여 꺼리는 높이가 있다. 떨어져 다칠까 봐 염려하는 높이의 경우에는 말이다. 그러나 이 경우는 약간의 높이만 있어도 공포스러워한다. 심지어는 계단의 높이 정도조차도 넘어질까 봐 불안해하여 움직이기 어려워한다. 조심스러워한다는 인상을 갖기 쉬우나 일상생활을 배우는 데 어렵고, 짜증을 내거나 문제행동으로 나타나는 주 이유가 된다.

(37) 화를 많이 내는 자폐장애 증상 및 개입

흔히 말하는 분노 발작 증후군이다. 화를 내는 이유는 다양하지만 대체적으로 원하는 것을 얻지 못하거나, 하고 싶은 말을 표현하기 어려워 하는 경우가 많다. 아동은 자신의 말을 통해 의사표현이 어렵다는 생각이 들 것이다. 다양한 의사표현의 방법을 찾아 표현하는 방법을 알려 주어야 한다. 가볍게 칭얼거리거나 짜증 내는 단계부터 자신의 머리를 치거나 바닥에 구르면서 심하게 화를 내기도 한다. 닥치는 대로 물건을 던지면서 화를 내거나 선생님이나 엄마를 때리고 밀치면서 화를 내기도 한다.

문제행동의 기능을 알아내어, 다른 좋은 행동으로 대체해 주는 것이 좋다. 문제행동이 효과적이지 않도록 반복해서 꾸준히 도와주어야 한다.

(38) 소리를 지르는 자폐장애 증상 및 개입

소리 지르는 행동은 다양하다. 고음으로 소리를 지르는 것은 아동의 요구가 거절되거나 하고 싶은 행동을 하지 못할 때 자주 벌어지는 행동이다. 간헐적으로 작은 소리를 내면서 보이는 상동행동과는 다른 양상을 띤다. 선생님이나 부모는 소리 지르는 아동에게 나타나는 행동이 기분 나쁘다는 표현인지, 좋다는 표현인지를 구분해 볼 필요가 있다. 기분이 좋아서 내는 소리 지르기는 기분 좋은 이유를 설명해 보게 하거나 웃음으로 표현하는 정서 지원을 도울 필요가 있다. 기분 나쁜 표현의 소리 지르기는 그 행동에 대한 원인을 설명하도록 하여 소리 지르는 대신 말로 표현할 수 있도록 촉진한다.

(39) 운동을 좋아하는 자폐장애 증상 및 개입

학습을 거부하는 아동조차도 운동을 좋아하는 자폐아동이 있다. 보통 어릴 때부터 운동발달에 별 문제가 없고, 발육이 좋은 경우 부모는 자폐장애를 인정하기보다는 운동을 좋아하는 과묵한 아이로 인식하기 쉽다. 할머니, 할아버지는 장차 대장감이라고 흐뭇해하기도 한다.

세발자전거 타기, 계단 오르기, 놀이터에서 그네나 미끄럼틀 오르기 등을 좋아한다. 운동을 좋아하는 아동은 스케이트 타기, 뜀틀 뛰기 등의 운동을 즐겨 하므로, 안전관리가 중요하다. 주의집중을 늘리고 협동하는 능력을 돕는 데 도움을 줄 수 있다.

(40) 운동을 거부하는 자폐장애 증상 및 개입

반면, 운동을 거부하는 자폐아동도 있다. 일반적인 운동성 발달에는 도움을 받을 수 있으나 협응이 필요하거나 절차가 있는 운동, 규칙이 필요한 운동은 거부하거나 못하는 경우가 있다는 말이다. 이러한 경우 세밀한 운동능력을 키우기 어렵기 때문에 아동이 집착하는 동작을 사용하여 거부하는 운동과 연합하는 전략이 필요하다. 자전거 타기를 거부하는 아동이 공 던지기 놀이를 좋아한다면 자전거를 타기 위해서 공을 던지도록 도움을 주고, 점차 완화하도록 하여 공포심을 완화시키면 좋다.

(41) 그네타기를 집착하는 자폐장애 증상 및 개입

그네 같은 흔들기를 좋아하는 아동이 유독 그네타기에 집착한다. 해먹이나 각종 흔들거리는 동작에 집착할 수 있다. 대부분 이 유형의 아동은 어지럼증을 즐기고, 스릴 있는 운동을 좋아하는 경향이 있으므로, 거부하는 활동과 연합하여 둔감화시키도록 한다. 흔들 그네, 흔들다리, 높은 곳 오르기 같은 멀리 이동하는 동작이 어렵다면 어린 아기의 경우 이불에 올려놓고 살살 흔들어 주는 놀이부터 한 보자기에 여러 명이 들어가 서로 몸을 부대끼며 흔들거리는 놀이를 통해 놀아 주면 사회성 개발에 도움을 줄 수 있다.

(42) 몸이 흔들리는 것을 거부하는 자폐장애 증상 및 개입

반면 흔들거리는 것을 거부하는 아동의 경우는 약간의 흔들거림부터 점차 강도를 높여 줄 필요가 있다. 약간의 각도의 조정만 가지고도 불안해할 수 있으므로 아동의 흥미도를 확인하여 흔들거림에도 편안하게 도와주어야 한다. 자동차 태우기, 업어 주거나 안아 주어 흔들거리는 불안함과 엄마의 신체의 안정감을 연결하여 점차 환경을 편안하게 여기게 하도록 한다.

(43) 옷을 입지 않으려는 자폐장애 증상 및 개입

옷을 입지 않으려고 하는 아동은 촉각 전반에 어려움을 보일 수 있다. 특정한 옷감을 거부하므로, 평상시 입었던 편안한 옷감의 옷만을 입으려는 경향이 있다. 심지어 세탁을 위해 잠시 넣어둔 옷을 세탁기에서 다시 꺼내다가 입을 정도로 옷감에 대한 집착이 강하다. 면직이나 아동이 좋아하는 촉감의 옷을 몇 벌 더 구입해서 입게 하는 것은 예방을 위해 중요하다. 한복이나 새 옷을 입을 때 심하게 나타날 수 있으므로, 천천히 입는 기회를 주어 점차 적응하도록 하는 것이 관건이다. 가끔 전혀 옷을 입지 않으려는 경우도 있고 수영장에서 사우나처럼 옷을 벗으려는 경우도 있다. 목욕탕과 수영장을 구분하기 어려울 때 발생된다. 차이를 구분하고, 천천히 옷감에 물을 묻히면서 놀이해 주어 편안하게 적응하도록 한다.

(44) 운동이 서툰 자폐장애 증상 및 개입

아스퍼거장애는 사회성이나 언어발달, 인지발달은 비교적 성공적으로 발달한다고 알려져 있으나, 운동이 서툰 약점을 보이고 있다. 소근육 운동이나 협응활동에서의 어려움은 상대적으로 학습과 연결되어 어려움을 가지므로, 소심한 인상을 갖게 하기 쉽다. 특히, 일상생활 중 옷을 입거나 옷매무새를 고쳐야 하는 등의 활동에는 나이와 상관없이 더디고 서툰 느낌을 준다. 현재 진단 기준으로는 아스퍼거장애는 자폐스펙트럼장애의 단일장애에 포함되었으나, 행동 특성은 전형적인 자폐장애와는 사뭇 다르다. 사회성과 의사소통 능력이 발달되어 있다고 하더라도 상대방의 마음을 이해하고 눈치에 맞게 행동하는 능력은 장애가 없거나 전형적인 자폐장애와는 다르므로, 서툰 동작의 어려움을 이해하고 도움을 주어야 한다.

(45) 일상 활동을 스스로 하지 않으려는 자폐장애 증상 및 개입

자폐장애는 전반적으로 학습하기를 싫어한다. 어떤 학습은 오히려 다른 아동보다 더 발달수준이 높거나 비슷하게 발달하지만, 전반적으로는 노력이 필요하거나 규칙이 필요한 학습은 지연되기 쉽다. 특히, 독립적으로 학습해야 할 먹기, 입기, 자기관리하기 등의 다양한 활동을 자발적으로 하기 싫어한다. 가정에서는 행동관리 기술을 익혀 매일 진행되는 일상생활을 통해 스스로 하도록 도와야 한다. 신발 신기, 신발 벗기, 신발장에 정리하기, 청소하기, 옷 제자리에 걸기, 옷 입기, 숟가락, 젓가락 제대로 사용하기, 컵에 물 따르기, 설거지통에 그릇 넣기, 식탁 차리기, 화장실 스스로 가기, 스스로 배변 처리하기, 잠자리에 들기, 침대 정리하기, 이불 개기 등의 일상생활을 스스로 하도록 한다.

(46) 자위행동을 하는 자폐장애 증상 및 개입

자위행동은 어떤 행동보다 부모를 당황하게 하는 행동장애이다. 어린 유아가 보이는 이 문제행동은 발견하기도 어렵고 발견한 이후에 개입하기는 더욱 어렵다. 문제행동을 발견하면 기능분석을 선행해야 한다. 대부분은 심심해서 자연스럽게 몸을 가지고 놀이를 하다가 시작되었지만, 일단 시작되면 없애기 어렵다. 예방을 위해 쉽게 손을 넣을 수 없도록 멜빵바지 등을 입혀 준다. 문제행동을 보이는 것을 발견하는 대로 야단을 치고 관심을 보이는 경우는 바람직하지 않다. 심심하지 않도록 다른 놀이로 전환해 주도록 한다. 위생 문제가 있을 수 있으므로, 자주 씻도록 도와야 한다.

(47) 옷을 아무 곳에서나 벗으려고 하는 자폐장애 증상 및 개입

자폐장애 아동을 양육하다 보면 난감한 경우가 많다. 특히, 옷을 벗고 지내려는 아이를 양육할 때는 더욱 그렇다. 집안의 온도가 높을 때는 당연한 행동이지만, 다른 집에서 놀거나 어린이집에서 도움을 받는 동안에도 옷을 벗고 놀려는 경향이 있을 때는 난감하기 그지없다. 어떠한 경우라도 집 밖에서는 옷을 입고 지내도록 도움을 주어야 한다. 새로운 행동을 형성할 때마다 상황에 적합하게 규칙을 주는 것이 안전하다. 일상생활을 통해 융통성 있는 행동을 가르쳐야 한다. 가정에서는 내의를 입거나 실내복을 입을 수도 있으나 외부에 나와서는 외출복을 입도록 도움 주도록 한다.

(48) 수영장에서 옷을 벗으려는 자폐장애 증상 및 개입

〈말아톤〉은 국내에 자폐장애를 알렸던 영화인데, 성인이 된 초원이가 수영장에서 하의를 벗고 타월을 찾는 장면이 묘사되었다. 엄마가 난감하여 수영 코치에게 몸매 자랑한다고 둘러대는 장면 말이다. 자폐장애 자녀보다 하루만 더 사는 게 소원이라는 절규가 유명하다.

수영장은 수영복을 제대로 갖춰 입고 운동해야 하는 것은 누구나 잘 아는 사실이다. 그러나 그동안 사우나나 공중 목욕탕을 경험했던 아동의 경우에는 탈의를 하고 수영복을 입고 물속에 들어가는 것은 어찌 보면 어렵고도 힘든 일일 수도 있다. 아기들의 경우 이러한 상황에 처할지라도 도움을 주게 되면 어느 순간에 적응하기 마련인데, 자폐장애의 경우 이 상황이 오래가게 된다.

수영장을 데리고 가기 전에 수영장과 사우나 사이의 차이를 알려 줄 필요가 있다. 탈의 장면인지, 수영복을 입고 들어갈 장면인지, 수영 이후에 샤워를 해야 할 장면인지를 구분하여 도와야 한다. 지역사회 기반 도움을 주어 적응기술을 이끌어 주어야 한다.

(49) 선생님을 때리는 자폐장애 증상 및 개입

가정이건 선생님이건 자폐장애 아동을 돕는 일은 인내가 필요한 일이다. 어떤 자폐아동의 경우 선생님이나 부모를 구분하지 않고 충동적으로 행동하는 경향이 있다. 화를 통제하지 못하고 충동적으로 반응하게 되는데, 더욱 난감한 행동은 선생님을 때리는 아동을 돕는 일이다. 아동이 선생님을 때리는 행동을 보이면, 그 행동이 공격행동이든, 장난처럼 충동적으로 때리는 행동이든 초기에 개입하여 중재해야 한다. 아동의 때리는 행동이 어떤 의도에서 발생되는지를 원인분석하고, 때리는 행동의 기능을 파악해야 한다. 하기 싫어서 보이는 행동인지, 관심을 끌고 싶어서 나타나는 행동인지, 원하는 행동을 요구할 때 말을 할 수 없어서 공격행동으로 의사표현을 할 수 밖에 없는 행동인지를 파악하여 때리는 행동을 중재한다.

선생님은 수치스럽거나 아플 수도 있고, 때로는 상담치료가 필요할 경우도 있다. 선생님이나 가족을 지원하기 위해 적극적으로 도와야 한다. 상해보험으로 도움을 받을 수도 있다. 공격행동을 지원하기 위한 행동치료가 필요하다면, 부모의 동의를 받고 적극적으로 중재한다.

(50) 선생님의 얼굴을 노려보고 위협하는 자폐장애 증상 및 개입

자폐장애 아동은 순하게 문제행동을 보이지 않고 성장하는 경우가 많다. 그러나 여러 이유로 인하여, 공격이나 자해행동, 파괴행동을 심하게 하는 문제행동을 보이기도 한다. 이 중 아동이 말을 하지 않고 표정을 응시하면서 빤히 쳐다보기도 하고 노려보는 증상을 보일 때는 그 의도를 알 수가 없어서 부담스럽다. 심지어 아동이 선생님이나 부모를 노려보고 위협하는 증상은 공포심을 유발할 수도 있다.

원인 파악을 하고, 문제행동의 기능을 확인해야 한다. 평소 아동 입장에서 부담되거나 적의를 가질 만한 상황이 없는지를 확인할 필요가 있다. 일단 한 발자국 물러서서 미소를 지은 다음 상황 파악이 필요하다. 원하는 방향을 확인한 후에 의사표현을 확인시키고 활동이나 물건을 제공한다.

(51) 선생님을 밀쳐 넘어뜨리는 자폐장애 증상 및 개입

자폐장애 아동과 함께 하는 부모나 선생님은 아동이 공격하는 상황에 놓인 경우가 많다. 이 경우 아끼고 돕던 아동이 충동적으로 보이는 행동에 당황하기 쉽다. 어떤 이유로든, 공격행동은 예방이 중요하다. 대부분 공격 직전에 조짐이 보이는데 그 상황을 모면하는 것이 중요하다. 일단 공격에 들어가면 야단을 치거나 그 자리에서 빠져나오려고 애쓰게 되지만 어떤 경우는 공격행동이 성공하기도 한다. 이러한 상황은 자폐아동으로 하여금 힘으로 성인을 제압하는 경험을 또다시 학습한다. 평상시에 교사나 부모는 상해보험을 들어두는 것이 좋다. 어린 시절은 공격행동에 대한 조기개입을 하도록 하고 행동중재를 통해 도움을 주도록 한다.

선생님을 밀쳐 넘어뜨리는 행동은 원상복구나 타임아웃 방법을 사용하여 행동지원을 하도록 하고, 원인분석을 한다. 공격행동의 기능분석을 통해 문제행동의 효과를 차단하도록 한다. 의사표현이 어려워 보이는 행동은 말로 표현하도록 제스처나 사진을 사용하여 간단하게라도 의사소통 방법을 돕도록 한다. 제지 조건의 경우는 충분히 생각하여 대안을 주도록 한다. 요구 조건의 경우 요구를 위한 의사소통 지도를 병행한다. 관심을 끌기 위하여 밀치는 행동을 했다면 철저한 무시전략을 세워 간헐적인 관심 효과로 인하여 지속되는 행동을 차단해야 한다.

행동치료실이나 순회교육 장면에 중재를 위해 배치하도록 조언한다.

(52) 반려견을 괴롭히는 자폐장애 증상 및 개입

「반려동물 치료법」은 자폐장애 아동을 돕기 위한 또 다른 방법으로 1980년대 말부터 해외에서 안내되었다. 당시에는 펫 세러피라고 불렀다. 현재는 일반 가정에서도 반려견이나 반려묘 등 반려동물에 대한 관심이 많고 실제로 함께 살아가기도 하여 더 이상 새로운 기법이 아니다.

생명존중에 대한 개념 훈련은 차치한다 하더라도, 반려견과 함께하도록 돕는 것은 누군가를 돌보고 변함없이 놀아 주는 사회성 있는 상대로서 도움을 받을 수 있으므로, 적절하게 돕도록 지원하는 것은 중요하다. 반려견은 아동이 원하는 바대로 반응하는 경향이 있으므로, 함께 놀게 돕도록 한다. 때때로 반려견을 장난감을 주무르듯 만지고, 비비고, 심지어는 던지기도 하다. 고의적이지 않음을 선생님이나 가족은 충분히 알지만, 결과에 대하여 방어 논리가 더 이상 설득력을 잃고 있다.

생명의 소중함을 알 수 있도록 적절히 돕도록 하고, 자폐장애 아동이 반려견에 대해 이상행동을 보인다면 예방 전략을 갖도록 한다.

(53) 아기를 장난감 취급하는 자폐장애 증상 및 개입

자폐장애 아동의 경우 아기를 반려견이나 장난감처럼 취급하는 경우를 볼 수 있다. 보통은 자폐아동은 사람에 관심이 없을 것으로 생각하기 쉬우나 일정 단계가 지나고 나면 오히려 엉뚱하게 사람과의 관계 형성을 하고자 하는 경우에 이러한 행동이 벌어진다. 아기를 아껴 주고 사랑해 주는 방법을 알려 주어야 하고, 허락 없이 함부로 만지지 않도록 도움을 준다. 상호작용을 위해 아기와 적절한 방법으로 놀아 주는 경험을 자주 갖도록 하고, 상황이 발생될 때 적절한 도움을 주는 것이 관건이다.

(54) 발가락 끝으로 걷는 자폐장애 증상 및 개입

자폐장애를 묘사할 때 발끝으로 걷는 발레리나로 표현하는 글을 보았을 것이다.

아동은 어지럼증을 즐기기도 하고, 거부하기도 하는데 보통은 어지럼증을 즐기거나 스릴감을 즐기는 것으로 보이는 아동에게 주로 관찰된다. 발달기에 자연스럽게 소멸되고 소거되면 다행한 일이다. 하지만 가끔 발끝으로 걷는 동작에 집착하여 그 행동이 굳어져서 보조기기를 맞춰 신어야 할 정도로 심한 경우도 관찰할 수 있다. 사전에 적절하게 걷도록 도움을 주어 이탈되지 않도록 예방하고, 조기에 개입하여 고착되지 않도록 한다. 심한 경우에는 재활의학과나 정형외과 상담을 통해 의료지원을 주도록 하고, 보조기기 장착과 자세 유지를 위해 가정이나 어린이집 등 조기개입 기관에서 지원하는 것이 바람직하다.

(55) 노상방뇨를 하는 자폐장애 증상 및 개입

자폐장애 아동을 양육하거나 보육하면서 겪는 가장 난감한 상황은 다른 사람 앞에서 심하게 떼를 쓰거나 예의에 어긋나는 행동을 다룰 수 없을 때일 것이다. 노상방뇨는 어린 아기 시절, 배변 장소를 구분하지 않고 습관적으로 배뇨를 시켰거나 허락했을 때 자주 일어나는 현상이다. 이를 돕기 위해 장기적인 전략이 필요한데, 화장실 그림이나 로고를 가르쳐 주어야 하고, 적절한 장소에서 배뇨를 할 수 있도록 구분하는 연습을 통해 돕는다. 돕기 시작해서, 초기에는 한동안 고집을 부릴 수 있으나, 적절한 곳에 배뇨했을 때 보상을 하고, 그렇지 않은 경우 반드시 적절하게 배뇨하도록 지도하는 과정을 통해 집중적인 행동지원을 한다면, 잘못된 행동을 바로잡을 수 있다.

(56) 도망가는 자폐장애 증상 및 개입

자폐장애를 가르치거나 돕다 보면, 자주 도망가는 아동을 볼 수 있는데, 이는 학습이나 규칙을 방해하는 대표적인 행동으로, 조기에 중재해야 한다. 도망가는 행동이 의도적이건 장난이건 자칫하면 사고로 이어질 수 있으므로, 초기에 개입하여 철저하게 돕도록 한다. 보통 빠른 동작으로 도망가는 행동을 보이므로, 돕는 선생님이나 가족은 아동보다 더 빠르게 앞서서 달려가 예방해야 하고, 도망가는 행동이 장난이나 놀이로 여겨지지 않도록 해야 한다. 보폭을 조정하도록 평상시에 관리하고, 부모나 교사와 함께 걷도록 도와야 한다. 스스로 걷고자 하는 경우 뛰지 않고 걷겠다는 허락을 받고 천천히 걷도록 대안을 주는 것이 중요하다.

(57) 물건을 반복적으로 떨어뜨리는 자폐장애 증상 및 개입

자폐장애 아동이 반복적인 관심과 의식적인 행동을 반복한다는 것은 잘 알려진 사실이다. 물건을 반복적으로 떨어뜨리면서 소리를 즐길 수도 있고, 그 행동에 대하여 성인들이 개입하는 상황에 관심을 받는 것을 즐길 수도 있다. 의미 없이 보이는 반복적인 행동을 조기에 개입하여 바람직한 행동으로 전환시키는 전략이 필요하다. 우선 반복적으로 떨어뜨리는 동작이 문제라면, 떨어뜨리는 동작으로 자연스러운 활동이 어떤 것인지를 찾는다. 예컨대, 탁구공이나 공은 반복적으로 떨어뜨리면서 놀이하도록 고안되어 있으므로, 놀이기구를 가르칠 수 있는 기회로 삼는 것이다. 여기에서는 재미있게 놀이하도록 돕는 것이 관건이다. 골프공 같이 튀어 오르는 재미 못지않게 위험한 특성을 가진 놀이기구의 경우에는, 조절이 가능할 때까지는 아동의 발달수준에 적합한 도구를 사용하도록 돕는다. 떨어뜨려서 깨지는 물건과 떨어뜨리고 노는 장난감 사이의 구분연습이 선행되어야 한다. 잘 도우면 오히려 발달을 촉진할 수 있는 행동이다.

(58) 계란을 반복적으로 떨어뜨리는 자폐장애 증상 및 개입

자폐장애 아동의 의미 없이 반복하는 행동 중 계란을 바닥에 떨어뜨리고 깨지는 장면을 흥분하여 바라보는 장면은 그리 어렵지 않다. 발달하는 동안 흔히 보이는 자연스러운 아동들의 모습이다. 그러나 영유아 단계를 지나고도 이 행동이 반복적으로 나타난다면, 아동의 문제행동의 원인을 파악해야 한다. 아동이 심심해서 보이는 문제행동은 보살핌이 적을 때 보일 수 있으므로 다양한 활동을 제공할 필요가 있다. 그러나 떨어지는 현상을 관찰하기를 좋아한다면, 요리활동과 연계시켜 도우면 효과적이다. 계란 프라이 요리에 참여하도록 하여 순간 깨뜨려서 번지는 현상을 확인하도록 한다. 차츰 나이가 들면서 라면에 계란 깨뜨려 넣기, 계란찜 하기 등의 다양한 활동과 연계시켜 돕는다.

(59) 풀을 짜고 노는 자폐장애 증상 및 개입

자폐장애 아동의 흥미는 개별 아동마다 천차만별이다. 특별한 관심사와 흥미에 따라 문제행동도 다양하게 나타나는데, 풀을 짜고 노는 아동이 이에 속한다. 미술활동에 액체 풀을 짜고 놀기를 좋아한다면, 고체 풀을 사용하여 활동하도록 돕는다.

풀을 사용한 모래 그림이나, 풀 그림으로 전환하면 발달을 도울 수 있다. 일반적으로 촉감에 민감한 아동은 풀을 만지기 싫어하기도 하는데 만지기를 좋아하는지, 싫어하는지에 따라 각종 미술활동으로 연결하면 문제행동 예방에 도움을 줄 수 있다.

(60) 세제를 한가득 풀어 놓고 노는 자폐장애 증상 및 개입

자폐장애 아동의 양육을 어렵게 하는 것은 한시도 가만 있지 않는 아동을 돌보는 일이다. 가정에서 도와주는 다른 보조인이 없는 한 덩치 큰 자폐 자녀를 하루 종일 돌보는 것은 불가능에 가깝다. 잠시라도 아동을 맡겨 두고 쉴 수 있는 쉼터 체제가 절실하다.

입욕제를 욕조에 가득 풀어 놓고 거품이 이는 장면을 보는 기쁨은 어린 시절의 추억거리일 것이다. 더 좋은 놀이가 생기기 전까지는 욕조에서 목욕한 이후에 잠시 즐기는 비누거품 놀이는 자연스럽고 흥미로운 일이다. 하지만 나이가 들고도 욕조에서 지나치게 거품비누를 풀어 놓고 노는지, 얼마나 오랜 시간을 놀이에 몰두하는지, 가족의 제지에도 불구하고 반복하고 있는지를 확인할 필요가 있다. 상황에 따라 가족과 함께 하는 거품 놀이를 금지할 필요는 없다.

위험한 세제를 구분하는 연습을 통해, 허락을 구하고 놀이하도록 한다. 입욕제와 세제를 구분하도록 시간을 갖는다. 세제는 세탁용임을 확인해 주어 안전에 유의하도록 한다. 이 문제행동은 감독이 어려울 때 벌어질 소지가 있으므로, 특히 낮잠을 자는 시간에 상황이 발생되지 않도록 예방을 위해 노력해야 한다. 감독이 어려운 경우에는 아동 손에 닿지 않는 곳에 보관하는 것이 바람직하겠다.

3. 자폐장애 쉽게 발견하기

앞 절에서 언급한 다른 부모들이 자주 호소하는 행동을 살펴보고 이상한 점이 발견되면 가까운 병원이나 보건소를 찾아가서 아이의 상태를 설명하고, 발달장애 유무를 선별해 달라고 하면 된다. 대부분의 전문가들은 자폐장애의 심각도 때문에 직접적인 설명을 꺼려 하는 경향이 있으므로, 어린이집 선생님에게 다른 아이들에 비해 특이사항은 없는지를 살펴보도록 요청한다. 국내외를 막론하고 전문 인력들은 가족보다 자폐장애를 진단하는 것을 꺼리고 다른 전문인에게 미루는 경향이 있다고 알려져 있다. 오히려 여러 차례 병원을 전전하면서 약간의 조언을 기초로 다른 가족들이 조심스럽게 조언해 주는 경향이 있다고 한다. 그만큼 오진에 대한 부담을 감안하여 조언에 귀 기울이도록 한다.

진단을 위해 병원을 찾는 경로는 다양한데, 처음부터 소아정신의학과를 찾아가는 것이 멀리 돌아가지 않고 정확하게 도움을 받을 수 있다. 그것도 대학병원이나 종합병원을 찾아가서 여러 전문가의 협업이 가능한 곳을 찾아 시간을 아끼는 것이 중요하다.

의학전문가들에게 익숙한 문진이나 설문 등은 미국의 정신의학통계에 의해 만들어진 각종 도구를 사용하게 되는데 이 책의 〈부록–자폐스펙트럼장애 진단기준〉을 참조하여 심층 정보를 확인할 수 있다. 특히, 초기에는 클리닉이나 닥터 쇼핑을 하지 말고, 종합병원(가능하면 서울대학교 병원 같은 종합병원이 좋다)을 찾아가서 정신의학전문가의 진단 및 처방, 신경의학전문가의 각종 신경학적 진단 및 처방, 재활의학전문가의 문진과 물리치료, 작업치료 같은 관련 서비스의 진단 및 처방, 이비인후과의 문진과 언어학적 진단 및 처방, 청각학적 문진과 진단 및 처방, 임상심리학자의 심리학적 검사 및 해석, 언어치료사의 종합적 언어진단 및 처방, 특수교사의 특수교육적 진단 및 처방, 사회복지 전문가의 사례지원을 통한 가정지원 및 처방, 간호학자의 진단 및 처방, 기타 관련 전문가의 종합적 지원을 통해 도움을 받을 수 있다.

자폐장애의 평가를 위해 평가 도구를 찾아내는 과정부터 시작할 수 있다. 자폐장애를 위한 진단평가 도구는 수없이 많이 개발되어 있고, 다수의 검사는 의료 진단용으로 사용되고 있다. 이 장에서는 특수교사나 임상가, 부모가 자주 접할 수 있는 검사부터 확인하도록 한다. 초기 발견을 위해서는 행동 특성을 알고, 주변이나 전문가의 의견을 참고하도록 한다. 우선, 발견을 위해 자주 사용되는 소아기 아동용 자폐검사(CASR)와 예일 대학교에서 개발한 자폐장애의 행동특성에 증상의 가중치로 살펴본 자폐행동검사(ABC)를 실습해 보면서, 기준치를 이용하여 쉽게 발견해 보도록 한다.

1) CARS[1] 검사: 자폐 정도(비자폐/경한–중간 자폐/심한 자폐)

CARS(Childhood Autism Rating Scale)는 미국의 노스캐롤라이나 대학교 정신의학

연구소에서 TEACCH 프로그램의 일환으로 개발된 검사이다. 아동기 자폐척도라고 부른다. 현재 국내에서 가장 많이 사용하는 검사이다. 이 검사는 자폐장애가 있는 아동을 진단하고 자폐 증상이 없는 아동과의 구분을 위해 만들어진 행동평정척도이다. 경증에서 중간 정도의 자폐와 심한 자폐를 분류할 수 있다.

이 검사는 직접관찰하거나 부모면담을 통해 손쉽게 할 수 있는데, 가장 중요한 특징은 명확하고 구체적인 하위 척도가 있다는 점이다. 검사는 정상(1), 경증비정상(2), 중간비정상(3), 중증비정상(4)로 분류하고 각 번호마다 중간 점수가 있다. 총 7점 라이커트 척도로서, 15개의 하위 영역으로 구성되어 있다.

① 사람과의 관계
② 모방
③ 정서 반응
④ 신체사용: 비정상적인 신체의 움직임(손 흔들기, 두드리기, 빙빙 돌기)
⑤ 물체사용: 장난감이나 다른 물건의 부적절한 사용은 다른 사람들과의 부적절한 관계
⑥ 변화에 대한 적응
⑦ 시각 반응: 사람관계에서 눈 맞춤
⑧ 청각 반응
⑨ 미각, 후각, 촉각 반응 및 사용
⑩ 두려움 또는 신경과민
⑪ 언어적 의사소통
⑫ 비언어적 의사소통: 아동의 몸짓이나 다른 비언어적 의사소통 방법의 사용과 반응에 대한 평가
⑬ 활동수준
⑭ 지적 반응의 수준과 항상성: 지적 기능의 지체와 불균등성의 평가
⑮ 일반적 인상: 진단과정 동안 관찰되고 평정된 모든 행동의 양적, 질적 판단

1) 김태련, 박랑규(1995). **소아기 자폐증 평정척도**. 원 자료 참조. 서울: 특수교육.

이 검사는 하위 영역에 대한 개별검사의 점수를 합하여 총점을 낸다. 15점에서 29.5점은 자폐가 아님, 경도~중간 자폐는 30점~36.5점, 37점~60점 사이는 심한 자폐장애로 진단된다. 이 검사는 여러 용도로 사용될 수 있다. 가족 면담을 통해 치료나 수업 효과를 소통할 수 있다. 시간 간격을 두고 검사를 하게 되면, 개입 정도에 따라 보이는 자폐 증상의 변화를 알 수 있다. 기관이나 학교에서는 형성평가용으로도 효과적으로 사용할 수 있다. 시중에 출판되어 있으므로 활용하도록 한다. 다음은 각 하위 영역별 문항이다.

(1) 사람과의 관계(　　점)

- 1점(정상): 연령상 적절한 수줍음, 부산함, 성가시게 한다.
- 2점(경증비정상): 어른과의 눈맞춤을 피하고 상호작용을 강요하게 되면 어른을 피하거나 안달한다. 같은 연령에 비해 지나치게 수줍어하고, 부모에게 다소 매달린다.
- 3점(중간비정상): 때때로(어른을 의식하지 못하는 듯이) 혼자 떨어져 있으며, 아동의 주의를 끌기 위해 지속적이고도 강력한 시도가 필요하다. 아동은 최소한의 접촉만 시도한다.
- 4점(중증비정상): 어른의 일로부터 지속적으로 떨어져 있고 알지 못한다. 어른에게 절대 반응하지 않거나 자발적으로 접촉을 시도하지 않는다. 아동의 주의를 끌기 위해서는 매우 지속적인 시도에 의해서 아주 약간의 효과를 볼 뿐이다.

(2) 모방(　　점)

- 1점(정상): 아동의 능력수준에 적절하게 소리, 단어, 움직임을 모방할 수 있다.
- 2점(경증비정상): 박수를 치거나 단음절 소리와 같은 간단한 행동을 늘 모방한다.
- 3점(중간비정상): 어떤 때만 모방하고 어른의 도움과 지속적인 노력이 필요하다. 약간 지연된 후에 자주 모방하기도 한다.
- 4점(중증비정상): 어른의 도움과 자극이 있을 때조차도 소리나 단어, 움직임을 모방하지 않는다.

(3) 정서 반응(　　점)

- 1점(정상): 얼굴표정, 자세, 태도의 변화로써 보여지는 정서적 반응의 정도와 유형이 적절하다.
- 2점(경증비정상): 때때로 다소 부적절한 형태나 정도의 정서적 반응을 보인다. 때때로 반응들이 아동 주변에 있는 물체나 사건들과 관계가 없다.
- 3점(중간비정상): 확실히 부적절한 정도나 부적절한 유형의 정서반응을 보인다. 반응이 아주 제한되어 있거나 매우 지나치거나 그 상황과 연결되지 않는다. 어떤 확실한 정서를 일으키는 물체나 사건이 없을 때조차도 얼굴을 찌푸리고 있거나 웃거나 경직되어 있다.
- 4점(중증비정상): 반응들이 거의 그 상황에 적절하지 않다. 일단 어떤 기분에 빠지면 활동을 변화시켜도 그 기분을 바꾸기가 어렵다. 역으로 아무런 변화가 없을 때도 급격한 정서 변화를 보인다.

(4) 신체사용(　　점)

- 1점(정상): 연령상 적절한 안정성, 민첩성, 협응성을 지니고 움직인다.
- 2점(경증비정상): 둔하고, 반복적으로 움직이거나 협응력이 다소 약하다.
- 3점(중간비정상): 연령상 부적절하고 확실히 이상한 행동이 있다. 이상한 손가락운동, 특이한 손가락이나 신체의 자세, 신체를 응시하거나 찌르기, 자해적인 공격성, 몸 흔들기, 돌기, 손가락 흔들기, 까치발 들기 등의 행동을 보인다.
- 4점(중증비정상): 3점에 해당되는 행동 유형이 심하면서 빈번하다. 이 행동들은 간섭을 해서 그만두게 하거나 또는 다른 활동에 참여시키려 해도 지속적으로 유지된다.

(5) 물체사용(　　점)

- 1점(정상): 아동의 기술수준에 적절하게 장난감이나 다른 물체에 관심이 있고 적절한 방법으로 장난감을 사용한다.
- 2점(경증비정상): 장난감에 대한 관심이 덜하고(예: 아기들처럼 빨거나 치는 것과 같은) 부적절한 방법으로 갖고 논다.
- 3점(중간비정상): 거의 장난감이나 물체에 관심을 보이지 않으며, 장난감이나

물체를 이상한 방법으로 사용하는 데 몰입되어 있다. 어떤 장난감의 특별한 부분에만 관심을 갖거나 물체의 반사빛에 매료되거나 물체의 어떤 부분만 반복적으로 움직이게 하거나, 주로 한 가지만 갖고 논다.

- 4점(중증비정상): 3점에 해당되는 행동을 보이나 빈도와 강도가 더 크다. 부적절한 활동을 하고 있을 때 방해하기가 매우 어렵다.

(6) 변화에 대한 적응(　　점)

- 1점(정상): 일상적인 변화에 대해서 알고 있고 무리 없이 변화를 받아들인다.
- 2점(경증비정상): 어른이 과제를 변화시키려 할 때 같은 활동을 고집하려 하거나 똑같은 물체만을 사용하려 한다.
- 3점(중간비정상): 적극적으로 일상의 규칙성에서 변화를 싫어하고 예전 활동을 고수하려 하고, 간섭하기가 어렵다. 기존의 질서가 변화되었을 때 화를 내거나 못 참는다.
- 4점(중증비정상): 변화가 있을 때 제지하기 어려운 심한 반응을 보인다. 어떤 변화가 강요된다면 극도로 화를 내거나 불응 상태에 있게 되고, 분노발작을 일으키기도 한다.

(7) 시각 반응(　　점)

- 1점(정상): 시각적 행동은 정상적이고 연령에 적절하다. 시각은 다른 감각들과 새로운 물체를 탐색하는 방법으로써 사용된다.
- 2점(경증비정상): 때때로 물체를 보도록 상기시켜야 한다. 같은 연령의 아동들에 비해 거울이나 빛을 보는 것에 더 관심이 많거나, 때로 허공을 응시하기도 한다. 또한 사람들과의 눈맞춤을 피하기도 한다.
- 3점(중간비정상): 하고 있는 일을 보도록 자주 상기시켜야 한다. 허공을 응시하거나 사람과의 눈맞춤을 피하고 이상한 각도로 물체를 보며 물체를 눈 가까이 갖다 댄다.
- 4점(중증비정상): 사람과 물체를 쳐다보는 것을 고집스럽게 회피하고 3점에서 설명된 시각적 특이성이 극단의 형태를 보인다.

(8) 청각 반응(　　점)

• 1점(정상): 듣기 행동이 정상적이고 연령상 적절하다. 청각을 다른 감각과 함께 사용한다.

• 2점(경증비정상): 어떤 소리에는 반응이 적고, 어떤 소리에는 과잉 반응적이다. 때때로 소리에 대한 반응이 지연되고 주의를 끌기 위해서는 반복적인 소리가 필요하다. 때로 외부 소리에 의해 간섭받는다.

• 3점(중간비정상): 소리에 대한 반응이 다양하다. 소리가 있었던 처음 몇 분간 그 소리를 무시한다. 매일 일어났던 일상의 소리에 놀라기도 하고, 그 소리에 귀를 막기도 한다.

• 4점(중증비정상): 소리의 유형에 관계없이 극단적인 정도로 소리에 과잉 반응하고 또는 과소 반응한다.

(9) 미각, 후각, 촉각 반응 및 사용(　　점)

• 1점(정상): 새로운 물체를 살필 때 연령에 적절한 방법, 만지거나 보는 것을 사용한다. 맛보기 또는 냄새 맡는 행동이 적절히 사용된다. 일상적인 아픔에 대해 불편한 표시를 하나 과잉 반응은 아니다.

• 2점(경증비정상): 물체를 입에 계속 넣으려는 행동을 보인다. 때로 먹을 수 없는 물체를 냄새 맡거나 맛을 본다. 연령상 가벼운 아픔을 표시해야 하는 고통 등을 무시하거나 과잉 반응을 한다.

• 3점(중간비정상): 물체나 사람을 만지거나, 냄새 맡거나, 맛보거나 하는 데 중간 정도로 몰입되어 있다. 너무 많이 반응하거나 너무 적게 반응한다.

• 4점(중증비정상): 냄새 맡기, 맛보기, 만지기 등 감각에 더 많이 몰입되어 있다. 약간 불편할 정도의 일에 매우 강하게 반응하거나 고통을 완전히 무시한다.

(10) 두려움 또는 신경과민(　　점)

• 1점(정상): 연령과 상황에 적절한 행동을 보인다.

• 2점(경증비정상): 비슷한 상황에서 같은 연령에 있는 정상 아동과 비교했을 때 과잉 또는 과소한 두려움 또는 신경과민을 보인다.

• 3점(중간비정상): 비슷한 상황에서 나이 어린 아동에게서나 볼 수 있는 정도보

다 약간 더 또는 약간 덜 두려워한다.

- 4점(중증비정상): 반복적으로 경험했던 아무런 해가 없는 사건이나 물체에 두려움을 지속적으로 보인다. 아동을 안정시키고 안심시키기 어렵다. 역으로 같은 연령의 아동이라면 모두 피할 위험물에 대한 적절한 반응이 없다.

(11) 언어적 의사소통(점)

- 1점(정상): 연령과 상황에 적절한 정상적인 방법을 사용한다.
- 2점(경증비정상): 전반적으로 말하는 것이 지체되어 있다. 대부분은 의미 있는 말을 하나, 때로 약간의 반향어나 대명사 도치가 있다. 어떤 특정한 낱말이나 뜻을 알 수 없는 말이 때로 사용된다.
- 3점(중간비정상): 말이 없다. 있을 때조차도 언어적 의사소통은 약간의 의미 있는 말과 약간의 특정한 말뜻을 알 수 없는 말, 반향어, 대명사 도치로 섞여 있다. 의미 있는 말이 사용될 때조차 그 안에는 특정 주제에 몰입되거나 과도한 질문 형태의 말이 포함되어 있다.
- 4점(중증비정상): 의미 있는 말을 사용하지 않는다. 유아 같은 깩깩거림, 이상한 동물 같은 소리, 말과 유사한 소음, 소리 등을 낸다. 또한 알아들을 수 있는 어떤 단어나 문구를 지속적으로 기묘하게 사용한다.

(12) 비언어적 의사소통(점)

- 1점(정상): 연령과 상황에 적절한 방법으로 사용한다.
- 2점(경증비정상): 비언어적 의사소통 방법이 유치하다. 정상 아동들이 원하는 것을 가리키기 위해 명확히 행동하는 것에 비해서 단지 원하는 것으로 다가가거나 애매하게 가리키거나 한다.
- 3점(중간비정상): 대개 비언어적으로 요구나 갈망을 표현할 줄 모르며, 다른 사람들의 비언어적 의사소통 방법을 이해하지 못한다.
- 4점(중증비정상): 의미가 전혀 명백하지 않는 기묘하고도 특유한 몸짓만을 사용하고, 다른 사람들의 얼굴표정이나 몸짓들과 관련된 의미를 전혀 알지 못한다.

(13) 활동수준(　　점)

- 1점(정상): 같은 연령의 정상 아동보다 비슷한 상황에서 활동수준이 과잉적이거나 과소적이지 않다.
- 2점(경증비정상): 약간 안절부절못하거나 다소 늘어지고 느리게 움직인다. 아동의 활동수준이 수행에 약간 영향을 미친다.
- 3점(중간비정상): 매우 활동적이고 제지하기가 어렵다. 주체할 수 없는 에너지를 가지고 있고 밤에도 계속 잠을 자지 않는다. 역으로, 매우 무기력하고 움직이게 하기 위해서는 많은 자극이 필요하다.
- 4점(중증비정상): 활동성과 비활동성의 극한성을 보이며, 양극단으로 옮겨지기도 한다.

(14) 지적 기능의 수준과 항상성(　　점)

- 1점(정상): 같은 연령과 비교했을 때 특이한 지적 기술이나 다른 문제점은 없다.
- 2점(경증비정상): 같은 연령의 아동들만큼 똑똑하지 않고 전 영역에 걸쳐 능력이 상당히 지체되어 있다.
- 3점(중간비정상): 같은 연령의 아동들만큼 똑똑하지 않으나 하나나 그 이상의 지적 영역에서 거의 정상적으로 기능한다.
- 4점(중증비정상): 같은 연령의 아동들만큼 똑똑하지 않으나, 하나 그 이상의 영역에서 정상아보다 더 잘 기능한다.

(15) 일반적 인상(　　점)

- 1점(정상): 자폐증이 아니다.
- 2점(경증비정상): 아주 약간의 증상을 보이며 경한 정도의 자폐증이다.
- 3점(중간비정상): 다소 많은 증상을 보이며 중간 정도의 자폐증이다.
- 4점(중증비정상): 많은 증상을 보이며 극한 정도의 자폐증이다.

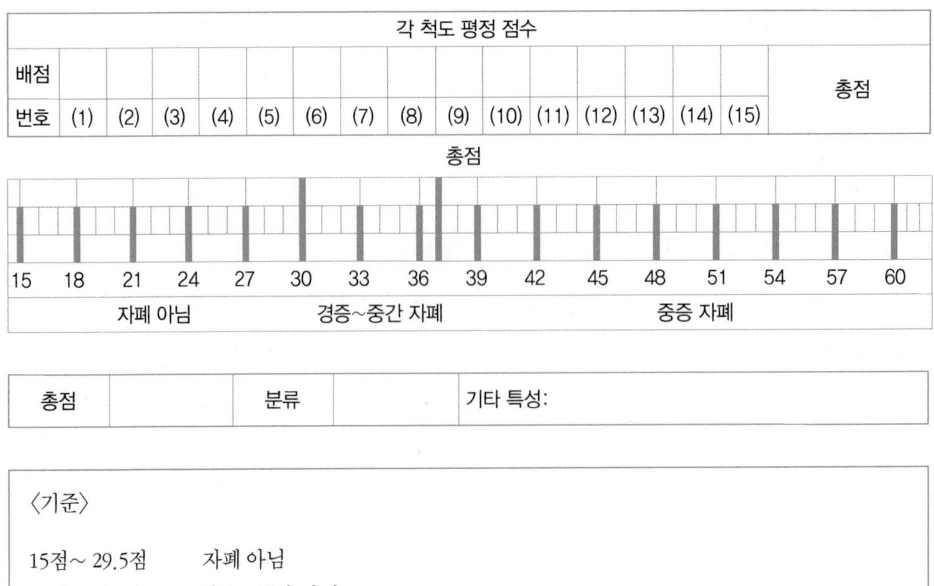

각 척도 평정 점수																
배점																총점
번호	(1)	(2)	(3)	(4)	(5)	(6)	(7)	(8)	(9)	(10)	(11)	(12)	(13)	(14)	(15)	

총점		분류		기타 특성:

〈기준〉

15점~ 29.5점	자폐 아님
30점~36.5점	경도~중간 자폐
37점~60점	심한 자폐장애

2) ABC[2] 검사(증상별 정도)

예일 대학교 Krug, Arick, Almond(1980)가 개발한 5점 라이커트 척도검사로 감각병리, 사회적 관계 형성상의 장애, 신체 및 사물영역, 언어병리, 사회성 및 자조기술에 대한 다섯 가지 영역을 심각도에 따른 가중치를 포함하여 평정하는 검사이다. 각 영역은 ① 감각영역으로 아동에게 나타나는 감각병리 양상을 나타낸다. 시각, 청각, 촉각, 미각, 후각 5감각의 과도하게 예민하거나, 과도하게 무디게 나타나는 특성을 말한다. 숫자가 클수록 심한 어려움을 보인다고 생각하면 된다. ② 대인관계영역은 사람과의 관계성을 말한다. 다른 사람에게 친밀한지, 사람에 관심이 있는지, 눈 접촉은 적절한지 등 그 나이에 적합하게 관계 형성을 하는지를 살펴보는 것이 핵심이다. ③ 신체나 사물사용영역은 자신의 몸을 이용하여 의미 없이 반복하는 신체 상동행동을 보이는지, 물체를 사용하여 무의미한 동작을 보이는 물체 상동행동을 보이는지를 관찰하는 것이 중요하다. ④ 언어영역은 의사소통영역 전반을 살피면 된다. 말을 이해하는지, 긴 문장을 이해하여 지시를 이행하는지, 제때 말을 표현하는지, 구

---

2) 서경희 외(1999). 발달장애의 진단과 평가, pp. 280-282 참조하여 변형함.

표현, 문장으로 표현하는지를 살펴본다. 특히 상황과 맥락에 적합한 의사표현을 하는지, 자발적으로 표현하는지, 주제에 어긋나지 않는지를 살펴보는 것이 관건이다. 언어의 다양한 리듬, 고저, 장단, 쉼표, 로고, 이모티콘 이해 등 그 시대와 문화와 비추어 다른 또래를 기준으로 보면 된다. ⑤ 사회성 및 자조기술영역은 아동의 나이에 맞는 발달을 적절히 하고 있는지를 살피면 된다. 먹기, 입기, 배설하기, 집안일 하기, 생존기술 익히기, 공부하기 등 아동이 처한 사회를 살아가기 위한 적응행동이 초점이다. 이 검사는 57문항으로 1점에서 4점까지 가중치가 주어지며 전체 득점 158점 중 68점 이상은 자폐장애 가능성이 매우 높은 수준이다. 53~67점 사이는 자폐의심 수준으로, 53점 이하의 경우에는 자폐장애 가능성이 희박한 수준으로 진단된다.

ABC(Autistic Behavior Checklist)

※ 다음의 각 문항에 있는 행동을 아동이 나타내면 그 문항에 해당하는 점수에 ∨표 하시오.

1. 한참을 빙글빙글 돈다. **(③ 신체 및 사물사용영역, 4점)**
2. 쉬운 과제도 학습한 후 곧 잊어버린다. **(⑤ 사회성 및 자조기술영역, 2점)**
3. 사회적인 자극이나 환경의 변화에 거의 주의를 기울이지 않는다. **(② 대인관계영역, 4점)**
4. 간단한 지시를 한 번만에 따르지 않는다(앉아라, 이리 와라, 서라). **(④ 언어영역, 1점)**
5. 장난감을 적절히 사용하지 않는다. **(③ 신체 및 사물사용영역, 2점)**
6. 가르칠 때 시각적으로 구별을 잘하지 못한다(크기, 색깔, 위치 같은 한 가지 특성에 집착한다). **(① 감각영역, 2점)**
7. 상대방과 주고받은 미소가 없다. **(② 대인관계영역, 2점)**
8. 인칭을 바꾸어 사용한다('나' 대신 '너'로 한다). **(④ 언어영역, 3점)**
9. 어떤 특정한 사물을 꼭 간직하기를 고집한다. **(③ 신체 및 사물사용영역, 3점)**
10. 안 들리는 것처럼 행동하므로 청각장애를 의심하게 한다. **(① 감각영역, 3점)**
11. 말할 때 어조나 리듬이 없다. **(④ 언어영역, 4점)**
12. 몸을 한참 동안 앞뒤로 흔든다. **(③ 신체 및 사물사용영역, 4점)**
13. 아동에게 손을 뻗쳐도 아동이 손을 뻗쳐 오는 반응이 없다. **(② 대인관계영역, 2점)**
14. 일상생활에 변화가 오면 극심한 이상 반응을 보인다. **(⑤ 사회성 및 자조기술영역, 3점)**

15. “영수야, ○○○야, 철수야!” 하고 다른 사람 이름 사이에 아동의 이름을 부르면 대답하지 않는다. **(④ 언어영역, 2점)**
16. 몸을 급하게 휙 하고 움직이기, 갑자기 달려들기, 물건을 빙빙 돌리기, 발가락 끝으로 걷기, 몸 흔들기 등의 행동으로 자신의 과제수행이나 남의 일을 방해한다. **(③ 신체 및 사물사용영역, 4점)**
17. 다른 사람의 얼굴 표정이나 감정에 반응을 보이지 않는다. **(② 대인관계영역, 3점)**
18. “예” 혹은 “아니요”를 거의 사용하지 않는다. **(④ 언어영역, 2점)**
19. 어떤 발달영역에서 특별한 능력을 나타내므로 지적 장애는 아니라고 여겨지게 한다. **(⑤ 사회성 및 자조기술영역, 4점)**
20. 전치사가 포함되는 지시 사항을 따르지 않는다(공을 상자 위에 놓아라. 공을 상자 안에 넣어라). **(④ 언어영역, 1점)**
21. 큰 소리에도 놀라는 반응을 보이지 않는다(그래서 아동이 청각장애가 아닌지 의심하게 된다. **(① 감각영역, 3점)**
22. 손을 아래, 위로 흔든다. **(③ 신체 및 사물사용영역, 4점)**
23. 심한 짜증을 내기도 하고, 가벼운 짜증 부리는 행동을 자주 보인다. **(⑤ 사회성 및 자조기술영역, 3점)**
24. 눈맞춤을 적극적으로 피한다. **(② 대인관계영역, 4점)**
25. 자신의 신체에 닿는 것이나 자신을 안으려는 것을 거부한다. **(② 대인관계영역, 4점)**
26. 때때로, 타박상, 찰과상, 주사 등과 같은 고통스러운 자극에도 아무런 반응을 보이지 않는다. **(① 감각영역, 3점)**
27. 안으면 몸이 뻣뻣해지므로 안기가 힘들다(혹은 아기였을 때 그랬었다). **(② 대인관계영역, 3점)**
28. 안았을 때, 몸에 감기지 않고 축 늘어진다. **(② 대인관계영역, 2점)**
29. 원하는 물체를 갖기 위해 몸짓으로 요구한다. **(④ 언어영역, 2점)**
30. 발가락으로 걷는다. **(③ 신체 및 사물사용영역, 2점)**
31. 남을 물거나 팔로 치고 공격하거나 발로 찬다. **(⑤ 사회성 및 자조기술영역, 2점)**
32. 어떤 구를 거듭 되풀이하여 말한다. **(④ 언어영역, 3점)**
33. 놀고 있는 다른 아이들의 행동을 모방하지 않는다. **(② 대인관계영역, 3점)**
34. 밝은 불빛을 아동의 눈에 비춰도 눈을 깜빡이지 않는다. **(① 감각영역, 1점)**
35. 머리를 부딪히거나 손을 깨무는 등의 자해행동을 한다. **(③ 신체 및 사물사용영역, 2점)**
36. 원하는 것이 있으면 기다리지 못하고 즉시 만족되기를 원한다. **(⑤ 사회성 및 자조기술영역, 2점)**

37. 명명된 5개의 사물 이상은 가리키지 못한다. **(④ 언어영역, 1점)**
38. 어떤 형태의 우정도 발전시키지 못한다. **(② 대인관계영역, 4점)**
39. 여러 가지 소리가 나면 귀를 막는다. **(① 감각영역, 4점)**
40. 물건들을 빙빙 돌리거나 탁탁 치는 행동을 자주 한다. **(③ 신체 및 사물사용영역, 4점)**
41. 대소변 훈련이 어렵다. **(⑤ 사회성 및 자조기술영역, 1점)**
42. 요구나 필요 등의 의사소통을 위해서 하루에 0~5개의 자발적인 단어를 사용한다. **(④ 언어영역, 2점)**
43. 종종 두려워하거나 아주 불안해한다. **(② 대인관계영역, 3점)**
44. 햇빛에서 사시가 되거나 미간을 찡그리거나 혹은 눈을 가린다. **(① 감각영역, 3점)**
45. 도와주지 않으면 스스로 옷을 입지 않는다. **(⑤ 사회성 및 자조기술영역, 1점)**
46. 소리나 단어들을 거듭 반복한다. **(④ 언어영역, 3점)**
47. 주위 사람을 의식하지 않는다. **(② 대인관계영역, 4점)**
48. 다른 사람이 한 질문이나 말을 앵무새처럼 되풀이한다. **(④ 언어영역, 4점)**
49. 주변을 의식하지 못하면 위험한 상황을 알지 못한다. **(⑤ 사회성 및 자조기술영역, 2점)**
50. 무생물을 다루거나 갖고 노는 것에 집착한다. **(⑤ 사회성 및 자조기술영역, 4점)**
51. 주위에 있는 사물을 만지거나 냄새 맡고, 맛을 본다. **(③ 신체 및 사물사용영역, 3점)**
52. 낯선 사람에게 거의 시선을 주지 않는다. **(① 감각영역, 3점)**
53. 물건을 가지런히 정렬하는 것과 같은 자기 나름의 의례적인 행동을 나타낸다. **(③ 신체 및 사물사용 영역, 4점)**
54. 매우 파괴적이다(장난감과 가정용품 등을 금방 부순다). **(③ 신체 및 사물사용영역, 2점)**
55. 생후 30개월이나 그 이전에 발달적으로 지체되었음이 확인되었다. **(⑤ 사회성 및 자조기술영역, 1점)**
56. 의사소통을 위해 하루에 15개 이상, 30개 미만의 자발적인 어구를 사용한다. **(④ 언어영역, 3점)**
57. 한참 동안 허공을 멍하니 쳐다본다. **(① 감각영역, 4점)**

※ 종합

① 감각	② 관계	③ 신체, 사물사용	④ 언어	⑤ 사회적 자립	총점 수

평정 준거: 총 득점이 68점 이상의 경우 자폐 가능 범위로 평정
총 득점이 53~67점 사이의 경우 자폐 의심 범위로 평정
총 득점이 53점 이하일 경우 자폐 가능성 희박함

① 감각영역(Sensory)
② 대인관계영역(Relating)
③ 신체 및 사물의 비정상적인 사용(Body and Object Use)
④ 언어영역(Language)
⑤ 사회성 및 자조기술(Social and Self-Help Skill)

채점 카드

영역 / 문항 번호	① 감각	② 관계	③ 신체, 사물사용	④ 언어	⑤ 사회성, 학습	계(점)
1			4			4
2					2	2
3		4				4
4				1		1
5			2			2
6	2					2
7		2				2
8				3		3
9			3			3
10	3					3
계(점)	**/5**	**/6**	**/9**	**/4**	**/2**	**26(점)**

영역 / 문항 번호	① 감각	② 관계	③ 신체, 사물사용	④ 언어	⑤ 사회성, 학습	계(점)
11				4		4
12			4			4
13		2				2
14					3	3
15				2		2

16			4			4
17		3				3
18				2		2
19					4	4
20				1		1
계(점)	**/0**	**/5**	**/8**	**/9**	**/7**	**29(점)**

영역 / 문항 번호	① 감각	② 관계	③ 신체, 사물사용	④ 언어	⑤ 사회성, 학습	계(점)
21	3					3
22			4			4
23					3	3
24		4				4
25		4				4
26	3					3
27		3				3
28		2				2
29				2		2
30			2			2
계(점)	**/6**	**/13**	**/6**	**/2**	**/3**	**30(점)**

영역 / 문항 번호	① 감각	② 관계	③ 신체, 사물사용	④ 언어	⑤ 사회성, 학습	계(점)
31					2	2
32				3		3
33		3				3
34	1					1
35			2			2
36					2	2
37				1		1
38		4				4
39	4					4
40			4			4
계(점)	**/5**	**/7**	**/6**	**/4**	**/4**	**26(점)**

영역 / 문항 번호	① 감각	② 관계	③ 신체, 사물사용	④ 언어	⑤ 사회성, 학습	계(점)
41					1	1
42				2		2
43		3				3
44	3					3
45					1	1
46				3		3
47		4				4
48				4		4
49					2	2
50					4	4
계(점)	**/3**	**/7**	**/0**	**/9**	**/8**	**27(점)**

영역 / 문항 번호	① 감각	② 관계	③ 신체, 사물사용	④ 언어	⑤ 사회성, 학습	계(점)
51			3			3
52	3					3
53			4			4
54			2			2
55					1	1
56				3		3
57	4					4
계(점)	**/7**	**/0**	**/9**	**/3**	**/1**	**20(점)**

영역 / 문항 번호	① 감각	② 관계	③ 신체, 사물사용	④ 언어	⑤ 사회성, 학습	계(점)
1~10	5	6	9	4	2	26
11~20	0	5	8	9	7	29
21~30	6	13	6	2	3	30
31~40	5	7	6	4	4	26
41~50	3	7	0	9	8	27
51~57	7	0	9	3	1	20
총합(점)	**/26**	**/38**	**/38**	**/31**	**/25**	**158**

※ 종합

① 감각	② 관계	③ 신체, 사물사용	④ 언어	⑤ 사회적 자립	총점 수

평정 준거: 총 득점이 68점 이상의 경우 자폐 가능 범위로 평정
총 득점이 53~67점 사이의 경우 자폐 의심 범위로 평정
총 득점이 53점 이하일 경우 자폐 가능성 희박함

4. 자폐장애 돕기

자폐장애를 돕는 방법은 셀 수 없이 많다. 그만큼 자폐장애는 여러 영역에 걸친 신경학적인 장애를 보이는 전반적 발달장애라는 반증이다. 발달상 전반적으로 어려움을 보이는 만큼 전반적인 영역에서 돕는 방법도 다양하다. 발달학적인 견해를 가지고 돕는 개입과, 핵심장애는 사회성이라는 측면에서 지역사회를 기반으로 하는 방법을 돕는 개입이 필요하다. 행동문제가 심하게 보이는 장애 유형이므로, 행동적 접근이 필수적이며, 필요에 따라 학업지원을 위한 인지적 접근이 필요하다. 정서적 지원을 세부적으로 돕기 위한 다양한 놀이와 예술적 접근 또한 현장에 널리 개발되어 있다.

이 장에서는 본 프로그램에서 사용한 이론적 토대를 다룬다.

1) 발달적 접근

인간발달은 수정부터 사망까지의 변화과정이다. 자폐장애의 조기발견과 조기개입을 위해 초기 발달에 대한 이해가 필요하다. 가족이나 조기개입 선생님들을 여러 참조자료를 사용하여 발달에 대한 이해과정에 치중해야 한다. 발달치료나 발달교육이 대표적인 방법이다.

(1) 운동발달

자폐장애의 운동발달은 대체적으로 무난하게 발달한다. 심지어는 발달 이정표보다 속도가 빠르기도 하다. 그러나 세밀한 소근육 운동발달과 협응발달은 지연되어 있거나 일관되게 나타나지 않는 편이다. 발달에 대한 이해를 위해 시기별로 발달되는 운동발달을 확인하고 적절히 발달하고 있는지를 확인한다. 지연되었거나 특정 영역에 약점이 있는 경우, 보완하기 위한 촉진 프로그램을 고안한다. 특수체육, 감각통합, 지각운동발달 프로그램, 물리치료, 작업치료 프로그램 등의 치료지원을 통해 활성화시킬 수 있다.

(2) 언어발달

자폐장애의 언어발달은 격차가 심하다. 수용언어나 표현 언어 측면에서 각 나이에 적합한 발달을 촉진한다. 언어 사용상 주 문제로, 화용론상의 어려움을 보이므로, 이를 감안하여 지원한다. 언어치료 지원은 대표적인 언어발달을 기반으로 한 접근이다.

(3) 사회성 발달

자폐장애의 대표적인 치료기법은 사회성 발달 접근이다. 사회성 개발을 위한 가장 유리한 방법은 어린이집이나 유치원, 학교 등 사회화 장면에 통합하는 방법이다. 비장애와 자폐장애의 통합치료는 비자폐아동과 자폐장애끼리의 어려움의 종류가 서로 다르므로 집단 프로그램을 통해 서로의 약점을 보완하면 도움 될 수 있다. 자폐장애 끼리의 각종 소그룹이나 집단치료기법이 필요하다.

(4) 정서행동발달

정서발달은 사회성과 함께 자폐장애의 핵심적인 장애이다. 이를 돕기 위한 다양한 치료지원 방법이 개발되어 왔는데, 예술치료나 심리치료 방법을 들 수 있다. 이 접근은 다른 사람의 감정을 이해하고 눈치를 살피면서 말을 하거나 사회적 관계 형성을 할 수 있게 도움 주는 방법이다. 미술치료, 음악치료 방법을 포함하여 반려견, 반려묘를 포함한 펫치료 등 정서적인 감정을 높이고 삶의 질을 높이는 전략을 세운다. 미술이나 음악교육을 기초로 한 교육전략이 통합교육 장면에서 다양한 방법으로 응용된다.

(5) 일상생활 적응능력발달

일상생활 적응훈련은 자폐장애를 돕는 일관되고 지속적인 프로그램이다. 일상생활 적응 프로그램은 먹고, 입고, 자고, 배변 하는 등의 생활훈련을 포함한다. 이 접근은 다른 어떤 프로그램보다 가정에서 돕기 유리한데, 하루 루틴을 사용하여 반복적으로 도울 수 있기 때문이다. 나이에 맞는 일상생활 적응훈련은 다양하게 구성할 수 있다. 아침에 일어나서 이불 개기, 침대 정리하기, 화장실 사용하기, 이 닦기, 수건 사용하기 등은 매일 이루어지는 활동을 중심으로 도울 수 있다. 어린이집, 유치원, 학교에서 일어나는 일상생활의 루틴에 맞게 진행한다. 일반적으로 노크하기, 문 열고 교실 들어가기, 책상, 의자에 앉기, 청소하기, 친구 배려하기 등은 가정 장면에서는 돕기 어려운 다양한 장면으로서, 학교나 지역사회, 미래 직업생활을 위해 필수불가결하다. 이 접근은 통합교육이나 집단치료 장면에서 사용하는 대표적인 프로그램에서 유용하다.

2) 지역사회 기반 교수

지역사회 기반교수는 적응훈련의 기본이다. 결국 인간은 더불어 살아가야 한다는 점에서 말이다. 지역사회는 나를 둘러싼 환경을 통해 구성되어 있는 것으로, 이를 통한 교수기법은 지역사회를 분석하고 각 구성 요소에 따라 세밀하게 방법을 고안해야 한다. 자폐아동이 처해 있는 현재의 환경을 분석하여 도움을 줄 일이다. 어린이집, 유치원, 학교에서 진행되는 체험학습을 통해 강화할 수 있다.

(1) 나

자폐아동에게 '나'의 개념을 알게 하기 위해서는 자신의 정체성부터 파악하는 작업부터 시작된다. 내가 누구인지, 내 가족은 누구인지, 형제, 자매, 부모, 친척 등을 집중적으로 돕는다. 일상 환경 안에서 반복적으로 도우면 유리하기 때문에 가정환경을 최대한 사용한다. '이름이 뭐니?', '주소는 어디니?', '전화번호는 어떻게 되니?', '누구랑 사니?', '할머니 집은 어디니?' 등의 사회인지 프로그램을 통해 매일 반복하면 도움 줄 수 있다.

(2) 너

자폐아동에게 '너'의 개념을 알게 하기 위해 '나'를 제외한 상대방 모두는 '너'라는 개념을 알려 주는 것이다. 친구 개념을 돕기 위해 '너'의 개념을 이해하도록 돕는다. 친구의 이름 알기, 친구가 좋아하는 성향 알기, 옷, 음식 등 다양한 성향을 파악해야 한다. 통합교육 장면이나 집단치료에 주로 사용할 수 있다.

(3) 우리

자폐아동이 나와 너의 개념을 충분히 알게 되었다면, 두 개념을 연합하여 '우리'의 개념을 알 수 있도록 돕는다. 다른 사람의 성향을 이해하고 배려하는 마음을 갖도록 하는 것은 사회성의 기초이다. 대부분의 사회성 프로그램은 '우리'를 돕는 데 치중한다. 친구 사귀기, 협상하기, 가족 안에서 나의 위치 알기, 공동체를 이어 가기 위한 규칙 알기, 규칙 지키기 등의 다양한 활동을 고안하여 집단 안에서 가르치고 배울 수 있다.

(4) 동네

지역사회 기본은 '나'와 '너'를 포함한 '우리'이다. 우리 집을 둘러싼 다른 지역은 동네가 된다. 자폐아동에게 지역사회를 가르치기 위해서는 동네의 개념을 알려 주는 것이 필수이다. 지역사회를 통해 독립적이고 삶의 질을 높일 수 있는 삶의 터전을 알려 줄 수 있기 때문이다. 우리 동네에 어떤 사람들이 살고 있는지, 어떤 집에서 살고 있는지, 어떤 가게가 있고 회사가 있는지, 그 회사를 가기 위해서는 어떤 교통수단이 필요한지 관심을 갖게 한다. 인간이 살아가는 데 꼭 필요한 먹고, 입고, 마시고, 사는 의식주 생활과 관련지어 알 수 있도록 돕는다.

(5) 나라

자폐아동에게 '나라'의 개념은 다소 추상적이라고 생각하기 쉽다. 그러나 지역사회의 개념을 키우면 나라가 된다는 것을 일찍부터 체험을 통해 알려 줄 필요가 있다. 나라의 기본은 동네이다. 지역사회의 대표적인 학교, 집, 아파트, 시장, 회사, 관공서, 공공기관, 사립기관, 교통수단 등을 포함하여 입법기관, 행정기관, 사법기관에 대하여 아동이 이해할 수 있는 범위만큼 알려 주도록 한다. 사회문화와 관련된 매체 활동, 미디어의 순기능, 역기능과 함께 여가기술로 관광지, 극장, 영화관, 체육관 등을 나라 알기, 나라 사랑하기 프로그램을 통해 아동 수준에서 이해하도록 돕는다.

(6) 세계

자폐아동에게 '세계'는 경험의 범주에서 벗어나 있을 뿐 아니라 추상적이므로, 어느 개념보다 가르치기 어렵다. 그러나 결국 나라가 모이면 세계가 된다. 나라는 지역사회가 기반이 되고 지역사회는 결국 가정이 토대가 된다. 즉, 세계의 기본은 가정인 셈이다. 전 세계가 하나의 지구촌이 된 지 오래이다. 매일 쏟아지는 세계의 소식은 남 일이 아니다. 세계 나라의 이름을 알고 그 나라의 알려진 풍습을 알려 주어 국제화시대에 소외되지 않도록 지원한다. 자폐아동에게 어려운 주제일수록, 아동의 입장에서 이해할 수 있는 수준의 체험을 고려한다. 세계 각 나라 이름, 세계 각 나라의 인사, 세계 각 나라의 음식, 세계 각 나라의 의상, 세계 각 나라의 독특한 생활풍습 등을 알려 주어 대화에 참여하게 하고, 함께 할 수 있도록 돕는다. 체험을 위해 세계 여행을 떠나 보자.

(7) 우주

우주는 세계가 모여 이루어진다. 우주의 삼라만상이 되는 다양한 변화를 돕는다. 봄은 따뜻한 계절, 여름은 더운 계절, 가을은 선선한 계절, 겨울은 추운 계절이라는 우주의 변화를 체험을 통해 알려 준다. 달력을 배우는 작업은 수의 생활화뿐 아니라 시간의 흐름을 알려 줄 수 있는 중요한 프로그램이다. 각 계절에서 느끼는 시공간의 변화를 느끼게 한다. 우주의 해, 달, 별의 변화를 낮과 밤의 특성과 함께 체험하는 것은 자칫 지나칠 수 있는 우주를 가르칠 수 있는 절호의 기회이다. 추상성의 극치인 우주의 개념을 자폐아동에게 지식으로, 체험으로, 매일의 삶을 통해 촉진하도록 하여, 세상을 느끼고 만끽하도록 한다.

(8) 자연

자연의 사계는 삶의 기본이다. 우주의 변화가 일상생활에 어떻게 영향을 미칠 수 있을까를 생각하게 하는 주제이다. 봄에 피는 파릇한 새싹은 나무나 풀, 꽃을 통해 관찰하게 한다. 여름의 싱그러운 나무색의 변화나 가을의 단풍, 겨울의 나목이나 상록수 등은 자연의 변화를 알려 줄 수 있는 체험적 주제이다. 각 계절에 먹는 과일, 채소 등은 일상생활의 루틴을 통해 알려 줄 수 있는 귀중한 체험이다. 주말농장을 체험하면 어떨까? 수시로 진행되는 체험학습을 통해 자연을 느끼게 하자. 가족은 등 · 하원 시간을 여유롭게 갖고 자연의 변화를 도울 수 있다. 방과 후 시간의 여가를 활용하자. 휴가 기간은 국내외 여행 경험을 통해 사계절에서 느끼는 자연의 변화를 알게 한다. 스키는 겨울에, 수영은 여름에 해수욕장에서 경험하면서 계절의 변화를 자연스럽게 알려 줄 수 있다. 융통성을 알려 주기 위해 계절의 변화와 상관없이 할 수 있는 여가도 있음을 실내 운동을 체험하면서 알려 준다. 어쩌면, 자폐아동과 함께 하는 가족과 선생님들에게 준비하지 않고도 도움을 줄 수 있는 선물과 같은 학습 자료이다.

3) 행동적 접근

(1) 예방

예방을 위한 문제행동지원은 규칙을 주는 것이다. 지각하면 안 된다거나 창틀에 올라가면 안 된다는 것인데, 주의할 것은 긍정적인 언어를 사용한다는 것이다. 시간에 맞게 유치원, 어린이집, 학교에 도착하기나 방에서 조용하게 걷기 등으로 규칙을 만든다. '소파에서 뛰지 않는다'는 대신 '소파에서는 조용히 앉는다'는 규칙을 만드는 것이다. 자폐아동에게는 어떤 문제행동이 벌어진 이후에 이루어지는 강력한 중재보다는 처음부터 발생되지 않도록 주의하도록 한다. 그만큼 예방이 중요하다.

(2) 새로운 행동 가르치기

새로운 행동을 가르치기 위한 많은 방법이 있는데, '칭찬은 고래도 춤추게 한다'는 것을 기억한다. 행동형성, 행동연쇄 방법을 사용한다. 보상 규칙을 세우고 아동의 긍정적 보상을 위해 보상물 배틀을 사용하도록 한다. 강화 스케쥴을 사용하여 지연강화, 간헐강화기법을 사용하여 학습을 유지하도록 돕는다. 배우기는 어렵지만, 한번 배우면 반복적으로 사용할 가능성이 높으므로, 자폐장애 아동에게 필요한 기술을 체계적으로 관리하여 필요할 때마다 새로운 행동을 가르치도록 힘써야 한다.

(3) 유지하기

자폐아동에게 새로운 행동을 가르치기도 어렵지만, 일단 습득한 좋은 행동을 유지하게 하기는 더욱 어렵다. 학습은 일시적으로 일어날 수는 있지만, 그만큼 계속 이어 가기는 어렵다는 것이다. 따라서 어렵게 습득한 행동을 유지하도록 하는 전략은 무엇보다 중요하다. 일단 어떤 문제행동을 치료하여 감소시키거나 학습하여 바람직한 교육효과가 나타나면, 이 행동을 지속적으로 유지할 수 있도록 효과적인 방법을 고안해야 한다. 한 가지 방법으로 행동치료가 되었다면, 유사한 다른 방법으로도 일반화하도록 하고, 한 가지 방법으로 치료하였다면 유사한 다른 행동에도 효과를 발휘하도록 돕는다. 라면 끓이기를 가르쳤다면, 국수나 짜빠구리를 끓일 수 있도록 하거나, 토큰 방법으로 때리기 행동을 치료했다면, 밀치기 행동에도 효과가 있도록 돕는 방법이 이에 속한다.

(4) 바람직하지 못한 행동 감소시키기

칭찬이 아무리 효과적이고 중요하다 하더라도, 자폐아동이 보이는 부적절한 행동을 간과할 수는 없다. 그대로 방치하거나 묵인한다면, 더 큰 문제행동으로 확대될 수도 있고, 문제행동에 에너지를 쏟느라 좋은 학습 기회를 방해하기 때문이다. 칭찬을 통해 도움을 주도록 최선을 다했는데도, 바람직하지 못한 행동이 지속적으로 나타난다면, 과학적인 감소기법을 익혀서 비혐오적인 방법을 사용하면 아동에게나 가족에게 도움이 될 수 있다. 사용할 수 있는 보편적인 비혐오적 방법은 차별강화 방법이나 원상복구법, 권리박탈 방법 등이 있다. 가정이나 선생님이 시도해 보았을 때, 쉽게 수정되지 않고 돕기 어렵다면, 지역에 있는 행동치료 거점 병원이나 지역 교육청 특수교육지원센터를 찾아 도움을 받도록 한다.

(5) 자기관리

자기관리 방법은 인지행동치료의 기본이다. 초등학교 3학년 이상의 지적 기능이나 학습이 가능한 아동의 경우에는 자기관리 기법을 적극적으로 시행한다. 더 어린 아동의 경우에도 그림이나 사진을 사용하여 아동이 이해할 수 있다면, 사용해도 좋다. 자폐장애 아동에게 사용할 수 있는 자기관리 방법은 자기관찰, 자기평가, 자기감독 등이 있다. 자기관찰 방법은 아동의 문제행동을 부모와 교사가 함께 조작적으로 정의하고, 스스로 기록하도록 도와주면 가능하다. 보상과 함께 관찰방법을 훈련해 주어 스스로 강화할 수 있도록 도울 수 있다. 스스로 자기관찰을 할 수 있게 되면 아동의 현재 수준을 스스로 확인하고, 행동문제가 발생할 때마다 스스로 선을 그리거나 스티커를 붙이도록 도움을 준다. 눈에 보이는 좋은 행동의 증가나 문제행동의 감소는 후속행동을 강화하게 되어 스스로 관리하는 행동이 늘게 된다. 벽이나 융 칠판에 벨크로테이프를 붙여 두고 상황이 발생할 때마다 스티커를 붙였다 뗐다 하는 행동은 문제행동을 관찰하고, 관찰된 행동에 대해 스스로 평가하고, 감독하게 하면, 자기강화의 효과를 극대화할 수 있다.

4) 인지적 접근

자폐아동의 중재나 조기개입을 위해 인지적 접근이 필요하다. 수많은 특수교육이나 통합교육, 관련 서비스 프로그램에는 인지적 접근이 많이 사용된다. 보통은 학업기능과 혼동하여 사용하는 경우가 많은데, 사전적 의미에서 인지란 어떤 대상을 인정하여 아는 것을 말한다. 학습으로만 설명하기에는 포괄적인 개념이다.

다소 난해하지만, 인지기능의 범주는 수용, 기억 및 학습, 사고, 표현기능으로 나눌 수 있다. 또한 이러한 인지기능에 영향을 미치는 변인으로는 의식, 각성, 주의, 정신활동 속도가 있다.

수용기능 범주로서 인지는 보통 어떤 정보를 선택하여 그 정보를 얻는 것으로, 어떤 사물을 보고 그것이 사과임을 아는 과정을 말한다. 이 과정에서 정보를 통합하게 되는데, 빨갛고 달콤한 것으로 가을에 나는 과일이 사과라고 인지하게 된다. 이때 정보를 얻는 과정에서 감각기능이 중요한 역할을 한다. 눈으로 보고, 귀로 듣고, 코로 냄새 맡고, 입으로 맛보고 손으로 촉감을 느끼는 과정에서 사과를 인지하는 것이다. 이때 정보수용에 관련이 있는 감각장애가 있는 경우 정보를 인식하는 데 제한을 가질 수 있다. 복합장애를 가진 자폐아동의 경우 감각을 수용하는 과정에서도 어려움이 있을 수 있다.

감각상의 어려움이 없다 하더라도, 지각과정에 어려움이 있는 경우에도 학습이 어려울 수 있다. 보통 인간의 오 감각을 통해 뇌에서 능동적 해석을 하는 과정을 지각과정이라고 한다. 눈으로 본 시각적 감각을 해석하는 것은 시지각, 귀로 들어서 정보를 해석하는 것은 청지각이라고 한다. 손으로 만져서 아는 지각은 촉지각, 냄새를 맡아서 아는 지각은 후지각이다. 혀를 통해 알게 된 지각은 미지각이다. 자폐장애의 경우 정보를 선택하는 과정에서 의식하지 않거나 주의를 기울이지 않아 정보를 뇌에 투입하기 어려우므로, 흥미로운 말과 행동, 강화물을 사용하여 정보를 투입하도록 해야 할 것이다. 즉, 자폐아동에게 감각적으로는 장애가 없다 하더라도, 지각과정으로 전달되지 않아 인식하기 어려운 특성을 간과하면 안 된다는 것이다. 또한 지각은 자극을 인식하고, 자극을 재인하며, 자극을 식별하고, 자극을 조직화하거나 항상 같은 것을 같은 것으로 인지하게 되는 항상성이 필요하다. 이 과정은 길고 지난한 과정으로 이루어지는데, 보통은 지각과정이 시간의 흐름에 따라 자연스럽게 습득된다는 것이다. 그러나 자폐장애의 경우 이 과정에서 알고도 인식하기 어려운 실인증 같은 신경학적 결함을 갖기 쉽다.

정보를 인식했다 하더라도, 저장되지 않으면, 학습으로 이어 가기 어렵다. 기억이 중요하다는 것이다. 보통 얻은 정보는 주의집중 과정을 통해 저장하게 되고, 감각기억, 단기기억, 장기기억 과정을 통해 기억된 정보를 필요할 때 인출하여 사용하면서 학습과정으로 이어진다. 특히, 장기기억을 인출하기 위해서는 정보를 조직화하고, 다른 정보로 재조직화하여 사용할 수 있는 사고기능이 필요하다. 조직화된 정보는 말로 전달하거나 동작으로 표현하는 과정을 통해 의미 있게 사용하게 된다. 또한 인지과정은 고도의 정신활동이 필요한데, 대표적인 것으로 의식, 주의, 정신활동 속도가 있다. 이 과정을 간과하면, 아무리 좋은 계획을 세웠다 하더라도 성과에 영향을 미치는 것은 자명하다. 자폐아동의 인지활동에 영향을 미치는 요소를 좀 더 살펴보면 다음과 같다.

(1) 지능과 자폐장애

지능은 인지기능을 측정하는 지수이다. 국내외에 대표적으로 알려진 지능도구는 셀 수 없이 많지만, 국내에서 꾸준히 표준화하고, 사용해 온 웩슬러 지능검사는 언어성과 동작성 지능을 측정할 수 있어서 언어발달이 어려운 자폐장애나, 동작성 수행능력에 어려운 아스퍼거장애 유형에 적합하다.

자폐장애 아동의 지능지수는 개인 간의 차가 심하여, 우수한 지적 능력부터 전반적인 도움이 필요한 정도의 지적 능력에 이르기까지 다양하게 펼쳐져 있다. 개인 내 차 또한 심하여 하위 영역 간 굴곡이 심하다. 지능의 다양성과 양상의 불규칙성은 아동을 돕는 가족이나 선생님을 당황하게 한다. 일반적으로 대부분의 자폐장애는 지능지수 70 이하의 지적 능력을 보이기 때문에 학습하기 어렵다. 약 30% 정도의 자폐장애가 보통 이상의 지능지수를 가지고 있는 것으로 보고되어 있고, 이 경우조차 관심사에 따라 반응이 달라 가르치는 가족이나 선생님들에게는 매우 곤혹스럽다.

특히, 단순한 지식보다 추상적인 개념이 필요한 추론적 지식 습득이 어렵고, 다른 사람의 마음을 이해해야 하는 사회적 지식이 어려워 상식 측면에서 취약한 편이다. 같은 능력이라 하더라도, 아동의 기분이나 분위기에 따라 검사에 반응하는 경향이 있기 때문에 불리한 검사 결과를 보일 수 있으므로, 지능검사에 대한 규칙 이해가 선행되어야 한다.

(2) 개념

자폐아동이 정보 습득에 어려움이 있다는 것은 잘 알려진 사실이다. 개념 습득은 학습의 중요한 과정이다. 인지에 영향을 미치는 기억과 학습과정은 개념학습에 미치는 영향이 크다. 정보를 입력하여 머릿속에 저장하고 필요할 때 꺼내 쓰는 인출과정은 기억과정의 중요한 경로인데, 자폐아동은 이 과정에서 어려움을 보인다. 보통 인지의 수용기능이라고 알려져 있는 이 기능은 개념을 인지하기 위해 그 정보가 어떤 것인지를 인식하고, 그 인식된 정보가 이전의 기억 속에서 있는 정보와 대조하는 재인기능이 필요하다. 연필을 보았을 때 기존에 연필의 특성에 따라 연필이라고 머릿속에서 인식하는 것을 인지라고 한다면, 알고 있었던 연필을 새로운 연필 모양을 보고 연필이라고 아는 것을 재인이라고 한다. 알고 있어야 재인식하는 것이다. 인식과 재인을 위해서는 어떤 정보든 저장하고 필요할 때 꺼내 쓰는 인출과정이 필요한데, 이 과정에서 어떤 이유로든 어려움이 있으면 알고도 알지 못하는 현상이 생긴다. 흔히 실인증이라고도 한다.

자폐장애 아동에게 체험학습이 중요한 이유는 어떤 정보를 머릿속에 인식하기 위하여 입력하도록 투입하기 위해 그만큼 시간이 필요하기 때문이다. 감각기능을 활성화하여, 먹으면서, 냄새 맡으면서, 만지면서 수많은 경험을 말로 하고 구분해 주며 다른 과일과 구별해 주는 작업이 필요하다. 부모나 교사가 살아가면서 필요한 일상적인 물건, 과일, 사람, 직업, 숫자, 문자, 시간의 개념, 공간의 개념, 언어의 다양한 사용 등을 끊임없이 인식하게 하고 재인시키는 작업이 필요한 이유다.

(3) 기억

어떤 자폐아동은 기억에 어려움을 보인다. 어떤 경우는 기억하지 않아도 되는 사소한 행동을 과도하게 기억하여 로봇기억이라고 불리는 증상을 보이기도 한다. 모든 인지기능의 핵심은 기억과 학습능력이다. 학습은 기억을 통해 알아가는 과정으로 두 개념은 불가분의 관계이다. 기억은 여러 요소가 있지만, 정보, 대상, 사건에 대해 배우고 기억하는 능력, 즉 서술적 기억에 초점이 맞추어져 있다. 이 서술적 기억은 의미를 아는 의미기억과 과정을 아는 절차기억으로 다양화할 수 있다. 지식에 관한 기억은 의미기억으로, 우리가 공부하고 세상의 지식에 대하여 안다는 것은 의미기억의 범주에 속한다. 학습 차원에서 절차기억이 중요한 것은 복잡한 절차가 필요한 수행기능에서 중요하기 때문이다. 김치를 담는 과정이나, 옷을 입는 과정, 컴퓨터를 켜고 키보드를 누르고, 저장된 파일에서 필요한 정보를 찾아내어 작성하는 것은 꽤 복잡한 절차기억이 필요하다. 이와 같이 일상생활에서 살아가는 많은 지식은 대부분 의미기억과 절차적인 기억이 차지한다.

이외에도 사람의 얼굴을 기억하거나 이름을 기억하는 기능이 필요한데, 이 기억이 어려우면 사람의 얼굴을 기억하지 못한다. 사회성 장애를 보이는 자폐장애에게서 얼굴기억이나 이름기억이 어렵다는 것을 이해하도록 가족이나 선생님들을 조언해야 한다. 이를 돕기 위해서는 일상적인 의미기억뿐 아니라 매일의 루틴을 통해 자신의 이름, 부모 형제의 이름, 친구의 이름, 선생님의 이름을 익혀 주도록 한다. 집주소, 전화번호, 휴대전화 번호, 주민번호 등은 생존에 필요한 기억이다. 기억의 범위는 다양하므로, 아동의 특성에 맞는 기억전략을 세울 필요가 있다.

기억의 단계는 등록과정에 감각기억이라는 단계로부터 설명할 수 있다. 이 단계는 감각저장소라고 말하는데, 많은 양의 입력 정보를 가장 짧은 기간 동안 감각저장소에 저장하는 것이다. 시각적 이미지나 청각적 잔영 능력이 이에 해당한다. 이 단계에서는 몰입하지 않으면 감각등록기에 등록하기 어렵다. 주의과정에서 특별히 중요한 단계이므로, 자폐아동에게 주의를 기울이도록 단서를 주고 집중하게 만든

다음 설명이나 시연을 할 필요가 여기 있다. 영화 〈말아톤〉에서 엄마가 단어를 설명하면서, 양손으로 얼굴을 부여잡고, 눈을 쳐다보게 한 다음 단어를 표현하는 것을 보았을 것이다.

감각등록을 한 이후 기억은 즉시 기억과 시연과정을 통해 단기기억 과정으로 확대시킬 수 있다. 단기기억 과정은 암송한 정보를 한 시간이나 하루 이틀 정도 지속한다는 점에서 감각기억과는 구분될 수 있다. 단기기억 과정에서는 많은 정보 중 필요한 정보를 선별하여 반복하는 과정이 중요하다. 의미 있게 각인시켜 주면 훨씬 쉽게 장기기억 과정으로 변환시킬 수 있다. 기억전략이 중요한 것은 정보를 투입하여 오랜 시간 동안 그 기억이 중요하게 생각되도록 전략적으로 반복하는 것이다.

자폐장애 아동이 자신이 원하는 간식의 위치를 깜짝 놀랄 정도로 잘 기억하는 경우가 많은데, 이것은 아동의 입장에서 의미 있는 자극이라서 짧은 시간 노출이 되었다 하더라도 쉽게 기억하는 것이다. 도움을 주었던 선생님이나 보조교사를 기가 막히게 기억해서, 손목을 끌어다가 장난감 있는 위치에 떠미는 아동을 자주 관찰할 것이다. 비록 언어발달의 지체로 말로 표현할 수는 없지만, 자신을 도와주었던 선생님의 존재는 잘 기억하고 있는 것이다. 단기기억이 장기기억으로 가는 경험은 체험학습을 통해 체득한 정보일수록 자주 관찰된다.

체험학습은 단기기억을 장기기억으로 전환시키는 데 의미 있는 자극이다. 장기기억과정으로 가는 단계는 능동성이 필요하기 때문이다. 자주 체험시켜 아동에게 의미 있는 활동으로 전환시킬 일이다. 절차기억에서 우수한 아동의 경우 한 번 배운 그림을 반복적으로 그리고, 변형하여 화가를 능가할 정도로 수행할 수 있게 된다. 절차기억이 우수한 아동의 경우 훗날 도예가나 화가, 요리사, 재단사, 설계사로 성장할 수 있다.

인출 단계에 방해를 받는 간섭효과는 기억이나 학습과정에서 망각을 이해할 때 중요하게 다루어진다. 자폐아동에게 학습의 전반을 지원하기 위해 기억의 특성을 이해할 필요가 있다. 어떤 것은 슬쩍 자극을 주었을 뿐인데, 기억하는지, 심지어 망각하게 하려고 해도 상황에 맞지 않게 기억하는지, 어떤 지식은 아무리 설명해도 들은 체도 하지 않아 집중시키기도 어려운지, 또 어떤 자극은 한 번 입력시키기는 어려운데, 한 번 기억하게 되면 오래가는지를 아동의 특성에 맞추어 접근해야 한다.

즉, 즉각적 기억이 뛰어난 아동과 장기기억이 뛰어난 아동, 감각기억 과정은 집중이 어려우나 일단 기억과정에 들어가면 소멸되지 않는 아동 등 다양한 아동의 특성에 따라 도움을 줄 전략이 달라져야 한다는 것이다. 때로는, 관심을 갖지 않은 기억은 감각기억에서 제대로 등록조차 되지 못하고, 단기기억 과정으로 전환하기 어렵기 때문에 쉽게 망각할 수 있다. 아동의 흥미를 유발하고, 의미 있는 활동제공은 망각되지 않고 장기기억으로 가는 초석이 되어 필요할 때마다 꺼내 쓰는 인출 가능한

〈표 1〉 기억과 학습

심리적 과정	기간	임상적 개념	신경심리학적 결함
등록	수 초 내에 사라짐	의식	각성저하, 혼미, 혼수상태
단기기억	30초 미만: 주의–의존적 약 30초에서 한 시간	일차적 기억 활동기억 작업기억	주의가 산만하면 정보가 처음 몇 초 내에 소실됨
시연	수 시간		학습의 효율성 감소, 처음 몇 분이 지나면 정보가 소실됨
위의 모든 과정은 전적으로 시냅스에서의 전기화학적 활동에 의한 것이다.			
아래의 모든 과정은 화학적 단백질 합성에 의한 세포 구조에서의 반영구적인 변화를 갖는다.			
응고화	수 초 혹은 수년에 걸쳐 사건 발생시점부터 현재 까지	학습 최근기억	정보저장의 결함 순행성 기억상실증
장기기억	짧으면 응고화하는 데 필요한 시간만큼, 길면 평생 동안	먼 과거기억	기술, 혹은 기능의 손상이나 소실
이차적 기억 인출		회상	특별한 검사기법으로 검사를 해 보면 저장이나 학습이 가능하다 는 것을 알 수 있지만 자발적인 회상은 하지 못함
망각		기억상실증	역행성 기억상실증 손상 이전의 사건들을 기억하지 못함

출처: 신경심리연구회(1998). **신경심리평가**, p. 36. 토대로 수정 변경함.

기억과정으로 변화되도록 도울 수 있다.

학습에 필요한 개념학습이나, 가위로 오려 만들기, 요리하기, 옷 입기, 양치하기 등의 절차학습, 친구의 이름을 기억하거나 원하는 취향 기억하기, 가족 사진을 보고 가족의 이름 알아맞히기, 직업의 다양한 이름을 알고 어떤 일을 하는지 알아맞히기 등은 사고 훈련 중 빠지지 않는 프로그램 주제다.

(4) 사고

자폐아동의 사고능력은 고차원적인 생각의 어려움의 형태로 나타난다. 단순 사실에 대한 학습에 별다른 어려움을 보이지 않는 아동이 복잡한 사고가 필요한 학습에는 어려움을 보이는 이유이다. 어린 시절이나 나이 들어 발달 단계가 복잡해질 즈음, 단순한 사고기술만 가지고도 습득할 수 있는 단순한 개념 습득에는 그런 대로 학습하던 아동이 복잡한 사고능력이 필요한 단계에서는 어려움이 두드러진다. 아동의 인지기능이나 발달 단계의 어려움이 다양하듯 인지발달 또한 기능이 다양하고 증상의 차이가 나는데, 각 아동의 인지발달 단계에 따라 사고기능을 집중적으로 도와야 한다. 비교적 감각운동기의 인지발달에는 어려움을 보이지 않지만, 전조작기 단계부터는 인지발달의 추상성과 상징성 등 복잡한 사고가 등장하면서 배움에 어려움을 겪을 소지가 크다. 특히, 복잡한 사고능력을 도와야 하는 부모나 선생님은 고도의 정신능력의 특성을 알고 매일의 루틴활동 안에서 도울 필요가 있다.

사고는 2개 이상의 단편적인 정보를 계산 작업처럼 같은 것으로 나타나는 것과 '이것은 나쁘다', '이것은 저것과 비교해서 좋다' 같은 암묵적으로 연결시키는 정신적인 활동이다. 단순개념보다는 복잡한 생각과정이라고 이해하면 좋을 듯하다. 특히, 여러 복잡한 인지기능이 모여 작동하는 계산, 추론과 판단, 개념형성, 추상화와 일반화, 순서배열, 조직화, 계획, 문제해결 같은 사고의 항목이 해당한다. 이러한 고도의 인지기능은 조작된 정보의 성질에 따라, 숫자나 도형, 단어 등의 조합에 따른 정신과정이 있고, 정신적인 조작의 성질로는 비교하기, 합성하기, 정보를 추상화하기, 순서를 배열하기 같은 다양한 성질 등이 있다.

종합하면, 정신적 과정은 저차원적 정신적 차원과 고차원적 정신적 차원으로 분류하고 있는데, 저차원적 정신적 차원은 간단한 정신작용을 의미하는 것으로 구체적 지각기능, 표현기능, 기억기능이다. 이 차원은 구체적으로 고안하여 용이하게 가르칠 수 있다. 고차원적 정신적 차원은 복잡한 정신작용으로 추상적 사고를 의미한다. 예로서, 추상화, 추론, 판단, 분석, 통합 등이 있다. 고차원적 사고는 저차원적 사고보다 취약하여 미세한 뇌손상으로도 기능이 손상될 소지가 있다. 이외에도 문제해결력의 경우 복잡성과 추상성의 정도와 관계없이 손상이 발생하기도 한다.

(5) 표현기능

자폐장애는 표현기능에서 특히 어렵다. 개인차가 있지만, 말하기, 그리기, 쓰기, 조작하기, 제스처, 얼굴표정, 동작 등의 표현기능은 이 활동들로부터 추론할 수 있는 기능이다.

실행증은 목표지향적인 표현기능의 장애이다. 즉, 실행증은 하고자 하는 행동의 목표와 구성 요소를 이해하고 있고, 행동을 할 수 있는 근육의 적절한 운동기능 및 감각 운동 협응 능력이 있음에도 불구하고 이전에 학습하였던 수의적 행동을 못하는 것이다. 예로, 단어나 구를 명료하게 표현할 수 있으면서도 하고 싶은 말을 하지 못하는 것이나 물건으로 장난을 칠 수는 있지만, 의도한 대로 손동작을 하지 못하는 것 등을 들 수 있다. 공기놀이를 못했던 어린 시절 친구를 떠올리면 된다. 이 장애는 어떤 운동을 시작하거나 운동 동작을 할당하고, 서로 협응하며, 순서에 맞게 행동하는 연결통로가 손상되었을 때 발생한다. 정보의 처리 내용이 손상되었을 때도 발생한다. 예를 들면, 지시과정, 도구 사용, 행위에 대한 지식을 운동 프로그램과 연결하는 통로에서 손상되었을 때도 발생한다는 것이다. 이 증상은 운동통합과 실행기능이 파괴되었을 때도 발생할 수 있다. 어떤 아동의 경우 근육능력은 잘 발달하였으나 연필 사용법에 필요한 손가락이나 손동작을 제대로 실행하기 어려워하기도 한다. 또 다른 경우에는 과제의 내용을 잘 아는데도 지시 내용을 손동작과 연결하기 어렵기도 하다. 겉으로는 잘 수행하는 것처럼 보이지만 실제로는 부적절한 동작을 하는 것이다. 해부학적으로 유사하게 나타난다. 운동실행증과 표현성 언어실어증과 동반해서 나타나기도 한다.

구성장애는 조립하고 세우는 것 같은 구성적인 활동에서의 장애로, 단일한 운동에서의 실행증이 없음에도 불구하고 공간 구성에 어려움을 보인다. 대개 공간지각의 결함과 함께 나타난다.

실어증은 모든 실어증이나 언어장애의 궁극적인 결과는, 구두로 말하는 어려움이 있거나 아예 말을 하지 못하거나, 상징을 생성하는 데 결함이 있는 등의 표현기능의 장애이다. 그밖에도 쓰기 어려운 실서증, 읽기 어려운 실독증이 있다.

(6) 정신활동에 영향을 미치는 변인

모든 정신활동은 영향을 미치는 변인이 있다. 자폐장애의 의식활동도 예외는 아니다. 일반적으로 정신활동에 영향을 미치는 요인은 의식, 주의, 정신활동 속도 등이 있다.

의식은 완전히 졸고 있는 상태로부터 몽롱한 상태, 혼미상태, 혼수상태 등으로, 유사하지만 다른 형태를 띤다. 흔히 감기약만 복용해도 원하는 대로 집중하기 어려운 경험이 있을 것이다. 자폐아동이 때로 졸려 하거나 기면증 형태를 보이면서 반응하는 경우가 잦은데, 주의 깊게 살펴볼 필요가 있다. 각성상태는 다른 날보다 약간만 유지되지 않아도 정신적 효율성에 상당한 영향을 미치고, 이로 인하여 피로해지기 쉽다. 이러한 이유로 자주 부주의해지고 활동 속도가 느려지기 쉬운데, 각성하도록 먼저 돕고, 이후에 학습이나 발달을 지원한다면 좀 더 효과적으로 도울 수 있다.

정신활동에 영향을 미치는 각성의 수준은 그날의 신진대사의 원활한 정도나 하루 중 일일주기의 리듬, 피로 수준이나 기분, 기타 의학적 상태 등에 따라 달라질 수 있다는 것이다. 이를 고려하면, 자폐아동의 하루 기분이나 리듬주기를 파악하여 활동을 제공하도록 해야 한다.

그 밖에 주의는 인간이 자극을 어떻게 수용하고 어떻게 처리하는지와 관련된 여러 가지 능력이나 처리장치로서, 별다른 노력 없이 주의를 기울이는 자동적 처리와 애써 주의를 기울이기 위한 노력이 필요한 수동적 처리를 들 수 있다. 주의과정은 전반적으로 제한된 용량을 갖게 되는데, 특정 과제에 주의를 기울이는 초점적 주의와 필요한 과제에 주의를 기울이는 선택적 주의, 일정 기간 계속해서 주의를 기울이는 지속적 주의와 동시에 여러 주의를 기울일 수 있는 배분적 주의, 여러 정보를 동시에 반응하는 교대적 주의로, 다른 방해 자극을 막아내면서 차별적으로 반응하는 주의력 등이 있다.

주의에 영향을 미치는 요인으로는 물리적 속성이 있다. 물리적 속성에 따라 주의력에 영향을 미치는데, 특정 사물, 시각적 선호도, 윤곽, 움직임, 요소에 따라 주의를 기울이는 것이다. 처음에는 보고 싶은 것만 보다가 시각적 통합과정이 이루어지는 과정을 거치게 되면서 더 주의를 기울이게 된다.

이외에도, 경험의 유무에 따라 주의력에 영향을 미치기도 하고, 하고자 하는 동기 여부에 따라 집중하는 정도가 다르다. 또한 다른 사람이 선택하는지의 여부에 따라서도 주의 정도가 다르며, 알고 있는 언어일수록, 각성상태가 좋을수록 주의집중 정도가 다르다. 인지적 요소들 또한 주의력에 영향을 미치는데, 과제의 난이도, 활동의 복잡성은 주의집중 정도에 영향을 미친다. 계획, 의사결정이 요구되는 어려운 과제는 주의집중에 영향을 미치는 대표적인 특성이다. 어려움을 이겨내야 하는 과제나 잘 학습된 반응이 아닌 것, 새로운 반응을 요구하는 과제, 위험하거나 어려운 기술이 요구되는 과제, 지금까지의 강한 습관적 반응을 변경하거나 유혹을 견뎌내야 할 수 있는 과제, 정서적으로 안정되고 긍정적인 경우 주의집중하기 쉽고, 두려움, 분노, 부정적인 정서를 가질수록 주의집중 정도가 낮게 나타난다.

구체적으로 살펴보면 주의력에 영향을 미치는 요소는 다양하다. 우선 어떤 자극에 대하여 자신이 경험을 한 경우는 주의를 끌기 쉽다. 미국 여행이 즐거웠던 아동이 영어에 관심을 갖는다거나, 뽀로로 만화영화를 반복적으로 볼 정도로 좋아했던 자폐아동이 뽀로로 모양의 음료수 병에 눈을 번쩍 뜬다거나 하는 것이다. 둘째로, 자신이 하고자 하는 동기가 강할수록 주의집중하는 정도가 다르다. 내일 모레 임용고사를 앞둔 대학생이 한국사 시험에 집중하는 것은 한국사 시험이 공무원시험의 필수요건이기 때문이다. 아마도, 열 일을 제쳐 두고 한국사 시험에 집중할 것이다. 셋째로, 주변의 다른 사람이 어떤 것을 선택하는지의 여부에 따라서도 주의 정도가 다르다. 다른 사람이 알고 있는 지식을 자신만을 모른다고 느껴질 때 소외되지 않기 위해 더욱 집중할 여지가 많다는 것이다. 유튜브에 조금도 관심이 없었던 여러분이 다른 사람을 따라 유튜브에 몰두하고 있는 자신의 모습에 놀랄 것이다. 넷째로, 알고 있는 언어일수록 주의집중을 할 수 있다. 여러분은 다른 사람과 대화하면서, 얼마든지 상상할 수도 있고, 뜨개질도 할 수 있음을 기억하면 쉽게 이해할 수 있다. 만약 외국인과 대화하는 장문을 상상해 보라. 한 번도 접해 보지 않은 나라의 외국인이라면 어떻겠는가? 다섯째로, 주의집중에 영향을 미치는 것으로는 각성상태를 들 수 있다. 시험공부하기 위해 밤을 새운 경우, 정작 시험당일에 집중이 어려워 시험을 망친 경험은 없는가? 각성은 주의집중에 매우 중요한 요소이므로, 학창시절, 중요한 시험을 잘 치르기 위해 컨디션 조절을 먼저 하라는 말씀을 선생님으로부터 자주 들었을 것이다.

인지적 요소들 또한 주의력에 영향을 미친다. 우선, 과제가 쉬울수록 주의집중이 원활하다. 그러나 너무 쉬워서 눈을 감고도 할 수 있는 정도의 과제 난이도라면, 주의를 기울이지 않고 작업하다가 실수한 경험이 있을 것이다. 반대로 지나치게 어려운 과제라면, 아예 시도할 엄두도 나지 않아 포기한 경험이 있을 것이다. 좋은 선생님은 아동이 도전할 만한 적정 수준의 과제를 찾아내는 탁월한 능력을 가진 사람이다. 둘째로, 단순한 과제인지, 복잡한 과제인지에 대한 활동의 복잡성은 주의력에 영향을 미친다. 반복적이고 단순한 과제는 별다른 주의를 기울이는 노력 없이 쉽게 과제를 수행할 수 있다. 발달장애가 심한 아동의 경우에도 단순 반복적인 과제를 연습하기만 하면 직업을 가질 수 있다. 치토스 과제에 칩을 넣는 작업이나 볼트, 너트 짝 맞추기 같은 단순한 작업은 심한 자폐장애인의 직업개발을 위해 남겨두자. 그러나 계획이 필요하거나 중요한 의사결정을 해야 하는 경우를 생각해 보자. 피곤하거나 아플 때 판단착오를 일으킬 확률이 높지 않겠는가? 셋째로, 과제를 수행하기 위해 많은 노력이 필요한 경우 주의력에 영향을 미친다. 잠깐 집중하면 해결할 수 있는 과제는 누구나 쉽게 접근하고, 쉽게 해결할 수 있을 것이다. 하지만 많은 노력이 필요한 경우 집중력을 유지하기란 그리 녹록하지 않다. 주의력결핍 과잉행동장애 아동에게 가장 어려운 일이 학교에서 내 준 숙제일 수 있다. 아동이 원하는 컴퓨터 게임은 4~5시간을 집중할 수 있어도, 10분이면 해결할 수 있는 수학문제를 끙끙대며 씨름하다가 포기하는 아동을 관찰하기는 그리 어려운 일이 아니다. 넷째로, 쉽게 배울 수 있는 과제가 아닌 경우 주의력이 필요하다. 어쩌다 어렵게 습득한 과제도 다시 하려고 하면 집중이 필요한 것은 당연하다. 김치 담그기를 어려워하는 새댁 주부를 떠올리면 쉽게 이해할 수 있을 것이다. 다섯째로, 새로운 반응을 요구하는 과제는 주의력이 필요하다. 관심을 가지고 있거나 보상이 큰 과제가 아니고서는 새로운 학습을 쉽게 하려 하지 않는다는 것이다. 디지털 시대에 기기 사용에 대해 배우고 싶지 않는 어르신을 젊은이들이 이해해야 하는 이유이다. 여섯째로, 위험하거나 어려운 기술이 요구되는 과제 또한 주의를 기울이게 하기 어렵다. 요리활동이 대표적인 예인데, 생존을 위해 요리활동을 가르쳐야 함에도 불구하고, 가족이나 자폐장애 아동에게 도전할 수 있는 동기부여를 하지 않는 한, 어렵고 위험한 과제를 집중하게 하기는 매우 어렵다. 더구나 전문적인 지식이 필요한 직업교육이나 직무훈련은 더욱 그렇다. 그 밖에도 그동안 습관적으로 이루어진 행동을 다른 방식으로 바꾸어 주어야 하는 과제나 하고 싶은 일과 반대되는 작업에 몰두하게 하는 것은 주의를 기울이게 하기 어렵다. 게임에 몰두하고 있는 아동에게 청소하도록 하면 집중하기 어려울 것이다. 아동은 교실이 두렵거나 공포스러운 분위기에서는 쉬운 과제도 해결하기 어렵다. 그만큼 주의를 기울이기 어렵기 때문이다. 또한 비난받거나 화가 난 상태에서는 쉬운 과제도 주의를 기울이기 어려워할 것이다. 이 밖에도, 어떤 과제에 대해 부정적인 생각이 들수록 주의를 기울이게 하기 어렵다. 반면에, 그 활동이 자신에게 유익하다고 느껴지거나 좋은 감정이 느껴지는 경우에는 주의집중을 유도하기 쉽다. 공부를 잘하고 싶으면, 선생님을 좋아하라는 학창시절 선생님의 조언을 떠올리기 바란다.

보통 정신활동 속도는 정신활동을 수행하는 속도와 운동반응 속도를 일컫는 것으로서, 노인의 경우 행동의 둔화는 특징적으로 나타나는 행동 특성이다. 나이 들면 주의의 폭이 감소되고, 어떤 일을 할 때 정확성이 떨어지며, 집중력이 약화된 형태로 나타나게 된다.

(7) 마음이해능력

흔히 마음 읽기로 알려진 마음이론을 의미한다. 일반인에게 잘 알려진 마음이론은 마음이해능력을 일컫는 것으로서, 이때 마음이해능력은 다른 사람의 생각과 마음을 이해하는 능력을 말한다. 더 쉽게 말하면 눈치를 보는 능력이다. 마음이해능력은 다른 사람의 행동을 이해하고 그 사람의 행동을 통해 그 사람이 다음에 어떤 일을 하게 될 것인지를 추론하는 능력이 있어야 한다. 즉, 마음이해능력은 다른 사람이 생각하는 것, 믿고 있는 것, 원하는 것, 의도 등을 인식하고 이해하는 능력이다. 마음이해능력은 '마음 읽기' 혹은 '생각의 원리'라고도 하며, 대개 5세 정도가 되면 다른 사람의 생각이나 느낌을 나타내는 여러 가지 사회적 단서를 이해하고 파악하는 능력이 발달한다. 자폐아동이 보이는 사회성의 핵심적인 어려움을 한마디로 표현하라고 하면 마음 읽기능력이라고 말할 정도로 고도의 심리 인지적 활동이므로, 다른 사람이 어떻게 믿고 있는지, 다른 사람이 바라는 것은 무엇인지, 말에 숨겨진 행간을 어떻게 이해하는지, 다른 사람이 틀리게 가지고 있는 생각이나 믿음을 어떻게 추론하느냐에 따라 행동하거나 소통 방법이 달라질 수 있다. 가족이나 교사가 접근하기에 그만큼 어려움이 있다는 것이다. 아동에게 도움을 줄 때는 각 상황마다 표정을 읽게 하고, 현재 엄마가 무슨 생각을 하고 있는지, 엄마가 감정적으로 화났을까, 기쁠까를 끊임없이 예측하게 하여 알아맞히는 게임을 시도하면 도움 될 수 있다. 다른 사람의 마음은 어떤지, 어떤 말을 하고 싶은지 어떤 감정을 가지고 있는지, 어떻게 생각했더니 그렇게 행동하게 되었는지를 끊임없이 질문하고, 자극을 주어, 아동이 상황에 대하여 눈치를 살피면서 의도에 맞게 행동하도록 도와주면 좋을 것이다. 물론 눈치를 본다는 것은 위축되게 행동하라는 의미는 아니다.

(8) 실행기능

실행기능이란 문제해결을 위해 어떠한 전략을 언제, 어디서, 어떻게 적용해야 하는지를 알고 적용하는 상위 인지기능이다. 자폐장애의 학습에 가장 어려운 부분은 실행기능이라고 해도 과언이 아니다. 흔히 조직하고 계획하는 능력은 단순히 숫자를 외우고 문제풀이를 하는 것 그 이상이다. 학습에 흥미를 가지고 배우는 아동조차도, 어떤 일을 계획하여 문제를 해결하고, 바람직한 방향으로 이끌도록 하는 과정을 가르치는 것이 얼마나 어려운지를 선생님들은 알 것이다. 실행능력은 흔히 집행능력이라고 하는 최고도 인지능력에 속하는 뇌의 상위 인지활동이다. 이 능력은 어떤 상황이 생겼을 때 즉각 인출하여 쓸 수 있는 작업기억능력이 있어야 하고, 한 단계 곱씹으며, 가장 바람직한 방법으로 행동할 수 있는 반응억제능력과 충동을 조절하는 능력이 기초가 된다. 자폐장애를 신경행동학적 발달장애라고 일컫는 것도 뇌의 다양한 영역에서의 병변을 행동학적으로 설명한 것이다. 자폐장애 자녀나 제자에게 자기반성 및 자기점검을 위한 활동을 고안해 보라. 시간관리능력이나 여러 계획 중 중요도에 따른 우선순위를 결정하게 한다면, 복합적이고 추상적인 개념을 이해하는 데 한층 수월해질 것이다. 항상 새로운 전략 사용 및 유연한 사고를 제안하고, 방법을 찾도록 문제해결능력을 강화해 주도록 한다. 매사 유연하게 행동할 수 있는 실행능력에도 큰 도움을 줄 수 있다.

(9) 중앙응집이론

중앙응집이론이란 부분적인 정보를 처리해서 통합적인 정보를 파악하는 능력이다. 이는 외부 환경에서 입력된 정보를 의미 있게 다른 지식과 연계하고 부분적인 정보를 종합하여 총체적인 형태로 처리하는 능력을 말한다. 자폐장애 아동에게 그림책을 읽어 주면서 그림을 보도록 안내하는 경우, 그림은 보지 않고 숫자 페이지에 집착해서 더 이상 다른 부분을 알려 줄 수 없을 때 말이다. 이 기능은 자폐장애 학습에서 숨은 그림 찾기나 퍼즐 맞추기 등의 개별적인 정보처리를 가능하게 하므로, 개별적인 학습을 지원할 때 도움을 줄 수 있는 강점이 있다. 반면, 종합적인 맥락을 이해하는 데 상대적인 약점을 보일 수 있으므로, 맥락을 이해하는 연습을 집중적으로 지원할 필요가 있다. 전체를 볼 수 있는 상황을 마련하여 지원하면 도움 줄 수 있으므로, 집단활동을 통해 게임을 즐길 수 있도록 돕는다. 퍼즐 그림을 큰 맥락에서 본 이후 짜 맞추도록 하거나 부분의 그림을 주고 조각을 맞추어 협동화를 그리도록 하는 등의 맥락을 준다면 도움 줄 수 있다. 상황 이야기 기법이나 만화 이야기 기법 등을 통해 중앙응집이론에 의한 인지기능을 활성화할 수 있다.

5. 문제기반학습(PBL)을 통해 개입방법 조사 체험하기

PBL. 1

♣ TEACCH에 대하여 알아봅시다.

PBL. 2

♣ AAC에 대하여 알아봅시다.

♣ 로봇치료에 대하여 알아봅시다.

♣ PEP-R에 대하여 알아봅시다.

♣ AAPEP에 대하여 알아봅시다.

PBL. 4

♣ 행동수정에 대하여 알아봅시다.

♣ 행동치료에 대하여 알아봅시다.

♣ 응용행동분석에 대하여 알아봅시다.

♣ 긍정적 행동지원에 대하여 알아봅시다.

♣ 사회적 이야기 기법에 대하여 알아봅시다.

PBL. 6

♣ 감각통합에 대하여 알아봅시다.

♣ 작업치료에 대하여 알아봅시다.

♣ 물리치료에 대하여 알아봅시다.

♣ PECS에 대하여 알아봅시다.

♣ FC에 대하여 알아봅시다.

PBL. 8

♣ 홀딩 세러피에 대하여 알아봅시다.

♣ 플로어 타임에 대하여 알아봅시다.

PBL. 9

♣ 놀이치료에 대하여 알아봅시다.

♣ 모래놀이치료에 대하여 알아봅시다.

PBL. 10

♣ 만화치료에 대하여 알아봅시다.

♣ 펫 세러피에 대하여 알아봅시다.

제2부

자폐장애 조기개입

1. 에스-빌(약칭, YES!)
2. 조기개입 프로그램, YES!
3. 이 책 사용 설명서

1. 에스-빌(약칭 YES![1])

이 책의 제목 YES!는 자폐장애의 예후를 무한 긍정의 관점으로 바라보는 저자의 염원을 담았다. YES!는 에스-빌의 약칭으로 윤현숙 교수의 평생 자폐장애에 대한 이론 및 실천을 토대로 브랜드화한 것이다. 이 용어는 정서행동장애 조기개입에서 처음 소개하였는데, 에스-빌은 가족지원이나 초기에 개입 하는 교사의 조기개입을 실현하기 위해 지역사회 기반, 평생교육을 위한 전환교육의 내용을 덧입혀, 가르치고 훈련한다는 철학을 담고 있다. 지역사회 기반 지원은 발달적 접근을 통해 이루어지는데, 연령이 높다고 하여 발달에 비해 지나치게 높은 활동을 제공하지 않도록 주의하자는 것이다. 흔히 발달적 치료, 발달적 교수라는 이름으로 알려져 있는 이 교수기법은 저자가 임상시절 고안하여 현장에 적용한 후 그 결과를 학술지에 발표했던 발달치료교육에 해당되는 것이다. 저자는 또한 지역사회 기반 개입을 위해 각 연령에 따른 생활중심 교육과정을 고안하고 실천해 왔다. 지역사회 연계 프로그램으로 우주의 중심이 되는 나를 정체성의 기본으로 삼았다. 나를 알기 위한 다양한 활

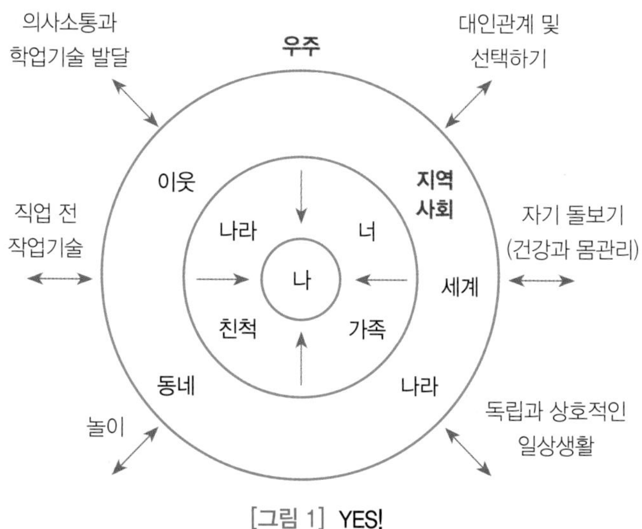

[그림 1] YES!

출처: 윤현숙(2019). 정서행동장애 조기개입, p. 26.

---

1) YEI-CBIL-TFS(YOON'S EARLY INTERVENTION COMMUNITY-BASED INSTRUCTION AND LEARNING FOR TEACHERS AND FAMILY SUPPORT)

동이 본 프로그램에 제시된다. 나의 상대는 너이다. 나를 제외한 모두는 너이니 집단이 필요하고, 집단생활을 원활하게 하기 위해 사회성 개념이 필요한 것이 아닌가! 집단이 단위가 되어 동네가 존재하고 동네가 유지되기 위해 나라가 존재하고, 나라가 모여 세계가 되면 이 세계는 우주의 삼라만상을 품을 것이다. 결국 우주의 중심이 나임을 알게 되는 것, 이것이 YES!이다. 그 누구도 침범할 수 없는 소중한 존재가 자폐장애를 돕는 가족이나 교사들 안에서 자리 잡기 바란다.

1) YES!: 발달적 접근

YES!의 제1축은 발달치료, 발달교수이다. 자폐장애 아동의 사회성, 인지기술, 사회성 발달을 위한 조기개입은 발달적 접근에 의해 이루어졌는데, 발달은 어떤 어려움이 있던 바람직한 방향으로 변화해 간다는 철학적인 맥락을 담고 있다. 발달적 관점은 신경발달학적 행동장애로 일컫고 있는 자폐장애에 매우 유용한 개념이다. 가족이나 선생님은 아동의 변화를 알아차려야 한다. 미미한 변화의 차이는 애정을 가지고 지켜본 사람은 안다. 어제보다 달라진 아동의 모습을! 무엇이 달라졌는지 모르는 성인이 있다면 십중팔구 어제의 아동을 지켜보지 않았던 것이다. 질적으로 양적으로 변화된 아동을 지켜보자. 무한긍정의 아동의 모습이 보일 것이다. 그래서 YES!는 느낌표(!)의 의미를 담았다.

인간의 발달은 수정한 순간부터 사망에 이르기까지 계속된다. 인간발달의 개념을 형상화하기 위하여 다음과 같은 분류를 기억하도록 한다.

1. 태아기: 임신부터 출산까지
2. 영아기와 걸음마기: 태어나서 2세까지
3. 학령전기: 1세부터 6세 까지 초등학교 입학 전 시기
4. 아동 중기: 6세부터 12세까지
5. 청소년기: 12세부터 20세까지
6. 성인 초기: 20세부터 40세까지
7. 중년기: 40세부터 65세까지
8. 노년기: 65세 이상

조기개입을 위한 연령은 대체적으로 학령 전 어린 시기로 특정 짓기 쉬우나 이는 상대적 개념이다. 어느 시기건 이른 개입이 중요하다. 여러분이 개입하기 시작하면 그 나이가 어느 시기에 들어 있건 조기개입이다. 이 책은 학령기 이전에 초점을 맞추어 고안되었으나, 상위 인지개념과 마음이론 등은 발달연령 5세 이후에 비로소 의미가 있다. 그 이상의 연령에서도 조기개입에 적합한 프로그램임을 잊지 말자. 이 책 후반부 프로그램에 참여한 아동은 생활연령에 관계없이 아스퍼거 증후군이나 고기능 자폐아동 같은 진단을 받은 발달연령 만 5세 이상이다. 따라서 이 프로그램은 초등학교 이후, 중 · 고등학교, 성인기에도 나이에 적합하게 수정하여 적용하면 된다. 발달적 접근은 대상 자폐인의 현재 수준을 기초로 프로그램을 고안하기 위한 기초선의 의미임을 기억하기 바란다. 인간발달의 정상적 발달 단계로, 초기 발달은 게젤 검사, 덴버 검사, PEP-R 같은 검사 자료를 참고하도록 하고, 성인기까지의 전 생애를 다룬 발달은 사회성숙도 검사를 사용하여 참조하도록 한다.

2) YES!가 지향하는 것: 지역사회 기반교수

지역사회 기반교수는 YES!의 두 번째 축이다. 자폐장애의 궁극적인 생활의 터전은 지역사회이기 때문이다. 매일의 일상생활을 통해 지역사회를 경험하고, 환경을 통제할 수 있는 유기체로 역할이 중요하다. 나에 대한 정체성을 알도록 끊임없이 인식하고, 인지하여 스스로를 귀하게 여기도록 한다. 나를 귀하게 여기는 너를 알고 나를 너에게 알리는 연습을 매일의 일상활동을 통해 지원한다. 나와 네가 모여 우리가 되고, 여러 우리가 모여 동네가 형성되고, 각 동네가 모여 지역사회가 형성되며, 나라, 세계, 시공간을 초월한 우주의 개념으로 확장되도록 한다. 이 책에서 제시된 YES!의 지역사회 기반교수 틀은 원형을 중심으로 한가운데의 '나'가 존재하며, 나를 중심으로 둘러싼 환경을 너, 우리, 동네, 나라, 세계, 우주의 시공간적인 차원을 통해 지역사회에서 살아가는 삶을 추구한다. 자세한 내용은 이 책 전반부에서 설명한 지역사회 교수를 참조할 수 있다.

3) YES!의 프로그램 내용

YES!는 전환교육의 틀을 또 하나의 축으로 삼는다. 전환이란 삶의 중요한 시점에서 용이하게 이동해 가는 변화로서, 수평적 전환과 수직적 전환을 일컫는다. 수평적 전환은 서울 용산구에서 강남구로 전학하여 특수학급에 배치된 것으로 이해한다면, 수직적 전환은 유치원 시절의 보호와 양육 위주의 지원이 초등학교 수준의 독립적 목표로 바뀌는 것, 초등학교 담임 위주의 전 과목을 통틀어 지원한 체계가 중·고등학교에는 과목 위주의 편성으로 바뀌는 것을 말한다. YES!는 삶의 전환 가운데 가장 핵심적인 영역으로, 다음과 같은 영역에 초점을 맞추어 조기개입하여 궁극적으로는 자폐장애인의 삶의 질을 추구한다.

(1) 대인관계 및 선택하기

사회성 발달은 자폐장애에게 상대의 개념을 전제로 이루어지는 지난한 과정이다. 핵심의 어려움을 사회성 개발로 두고 있는 자폐아동에게 대인관계나 선택하기 기술은 평생을 접근해도 쉽지 않다. 이 책에서 제시하는 프로그램은 대인관계 기술을 촉진시키기 위해 고안되었다. 매일의 반복되는 일상생활을 통해 자신에 대해 상대방에게 알려 주는 것, 다른 사람에게 인사하는 법을 알려 주는 것, 친해지기 위해 상대를 위해 배려하는 것, 원하지만 충동적인 상황을 조절하여 설득하는 것 등의 다양한 기술을 훈련하게 된다. 매일 의사결정을 하도록 노출되었을 때 자신을 옹호하도록 하는 선택하기 등의 기술은 자폐아동의 조기개입을 위해 필수불가결한 요소이다.

(2) 자기 돌보기, 건강과 몸 관리

삶의 질의 요소 중 자기를 돌보는 기술은 아무리 강조해도 지나치지 않다. 예나 지금이나 건강한 삶을 살아가는 것은 인간의 가치에 최우선하기 때문이다. 건강하게 살아가기 위해 규칙적인 의식주 습관을 길러야 하고, 관리를 위해 필요한 기술을 익히는 것이다. 위생개념, 올바른 식습관, 질병에 예방하기 위한 다양한 기술, 계절에 맞는 옷 입기, 아플 때 병원에 찾아가기, 의사가 처방한 대로 약 먹기 등이 대표적인 프로그램이다.

(3) 독립과 상호적인 일상생활

독립기술은 삶의 질을 이루는 또 하나의 중요한 축이다. 독립적인 삶을 사는 것은 의식주를 다른 사람 도움 없이 영위해야 하고, 재정적인 독립을 포함한다. 스스로 독립적인 삶을 살기 위해 일상생활을 스스로 해결해야 하는데, 필요하다면 다른 사람과 도움을 주고받으면서 해결할 수 있다. 자폐장애 아동에게 일찍 독립기술을 훈련하여 필요한 경우 그룹홈 등에서 함께 살아갈 수 있는 토대를 갖춘다. 라면 끓이기, 요리하기, 밥 짓기, 청소하기, 빨래하기 등을 비롯하여, 은행, 복지관, 문화회관, 시장 가기, 주문하기, 버스 타기, 기차 타기, 비행기 타기 등 문화활동에 이르기까지 다양한 항목의 프로그램을 통해 촉진한다.

(4) 놀이

같은 활동이라도 일처럼 느낀다면 놀이가 아니다. 여가에 다양한 일을 제외한 활동은 놀이다. 삶의 질을 좌우하는 또 하나의 축은 여가기술이다. 조기개입 중 어린 아동을 감안하여 놀이라는 항목을 포함하였으나 여가 항목의 포괄적인 활동은 이 영역에 속한다. 이 프로그램은 다양한 게임기술을 포함하였다. 대근육이 필요한 이어 달려 반환점 돌아오기, 그림 보고 동작 바꾸기 등의 게임을 포함하여 규칙을 익히는 게임, 소근육을 활용한 퍼즐 맞추기, 조각그림 그려 맞추기, 재활용품을 사용한 브로치 만들기 등의 다양한 활동을 통해 촉진한다. 혼자 놀이, 여러 명 놀이, 상호 놀이, 팀 놀이 등 여러 놀이기술을 포함한다.

(5) 직업 전 작업기술

직업은 삶의 질의 요소를 이루는 결정체이다. 직업의 종류를 체험을 통해 알려 주고 어떤 직업인으로 살아갈 것인지 긴 호흡을 가지고 돕는다. 진로지도, 직업탐색을 통해 직업교육에 이르기까지 체험을 통해 익히고, 결정할 기술을 훈련한다. 이 프로그램에서는 매체에 자주 등장하는 의사, 간호사, 교사, 운동선수, 예능인, 체능인 등의 다양한 직업인을 소개하고, 어떤 직업을 갖고 싶은지를 생각하게 한다. 조기개입을 통해 각 직업에서 사용하는 어휘를 익히고, 그 직업에서 할 수 있는 상징적인 동작을 일상생활을 통해 익히도록 한다. 실제 직업현장에 참여하여 참관하고, 모의실험, 모의실연을 하도록 하여 경험을 구체화시킨다.

(6) 의사소통과 학업기술 발달

의사소통은 이해하는 과정과 표현하는 과정으로 조기개입한다. 말귀를 이해하는 과정은 발달과정상 자연스럽고 쉬운 과정으로 보이지만, 긴 시간 동안 생활 가운데서 체득한 활동이다. 태어나기도 전에 수많은 이야기를 들었을 테니 말이다. 출생 후 끊임없이 주어지는 언어 자극은 말을 이해하는 데 기본 토대가 된다. 아동은 각 나라에서 사용하는 모국어를 수도 없이 들었을 테고, 반응할 때마다 칭찬과 격려를 받았을 것이다. 말의 의미를 알아야 하고, 주의를 기울여야 하며, 긴 언어를 이해하여 반응할 때까지 반복해야 한다. 이해하면 표현하게 된다. 어떤 면에서, 표현하는 기술은 이해하는 기술 이상의 생존기술이다. 표현해야 먹고, 입고, 자고 숨을 쉴 수 있을 테니까 말이다. 자폐장애 아동의 의사소통은 이해하고, 표현하는 기술 못지않게 상황에 적합한 사용에 방점을 찍는다. 아무리 신데렐라 이야기를 통째로 반복할 정도로 고급 문법을 외우는 아동인들, 이름이 무엇인지, 어디에 사는지에 대한 대답을 상황에 맞게 할 수 없다면, 친구 사귀기, 공부하기 등을 어떻게 배울 수 있겠는가! 학업기술은 한마디로 공부하는 능력이다. 읽고, 쓰고, 셈하고의 기본 기술부터 고난이도 학업활동을 포함한다. 조기개입은 나이와 상관없이 그 아동의 발달 단계를 염두에 두고 촉진하도록 해야 한다. 아동의 흥미도에 맞게 이 프로그램은 나이와 관계없이 학업활동에 흥미를 갖도록 고안하였다. 자폐장애 아동의 감각적 특성과 주의 특성을 감안하여 적용하면 된다. 이 책 전반부에서 아동의 여러 특성을 감안한 도움의 정도를 설명해 두었으니 활용하면 된다.

4) YES!의 효과적인 적용: 행동적 접근

행동적 접근은 한마디로 상벌의 적용이다. 과학적으로 상을 주는 기술은 생각보다 쉬운 일이 아니다. 자폐아동은 말을 이해하기 어렵고, 조금만 어려워도 쉽게 화를 내며, 이유를 알 수 없는 변화무쌍한 기분 변화와 독특한 의사소통 방식으로 상을 주려고 해도 쉽지 않음을 알 수 있을 것이다. 그러나 인내를 가지고 아동의 특성을 파악하고, 아동의 의사에 맞게 도움을 주다 보면 보람차고 행복한 도움을 주고받을 수 있다. 아동의 흥미와 취향에 맞는 보상물을 찾도록 한다. 치료의 반은 성공할 수 있다. 스티커, 활동 강화, 음식물 등 다양한 활동에 몰입하다 보면 아동의 흥미도에 맞게 지원할 수 있다. 바람직하지 못한 행동에 대한 지원체계는 더욱 고려한다. 비혐오적인 차별강화와 권리박탈 등의 기법은 혐오적 처벌과는 차원이 다른 잘 돕는 방법이다. 어렵게 형성한 행동지원을 유지하고 관리하기 위한 일반화 활동에 주력해야 한다.

2. 조기개입 프로그램, YES!

이 책에서 사용한 조기개입 프로그램의 전체적인 맥락은 전반부에 설명해 두었다. 이 절에서는 프로그램에서 실제로 사용한 생각 놀이를 통한 사고기술 촉진 방법과 함께 놀이를 통한 사회성 기술을 촉진하기 위하여 어떤 항목을 선택하였는지를 기술한다. 놀이라는 편안한 용어를 사용하여 아동의 눈높이에서 바라보고자 하였다.

1) 생각 놀이: 사고기술

사고기술은 생각훈련을 통해 아동의 일반적인 인지기술부터 상위 인지기술에 이르기까지 인지기술을 늘리는 프로그램이다. 뇌의 발달과정에 따라 성장과 성숙으로 자연스럽게 발달할 수 있게 하였다. 비장애 아동에게 발달하기 쉽지 않은 기술이므로 아동의 수준에 맞게 응용하고 활용하도록 다양한 활동이 필요하다.

(1) 실행기능

실행기능은 어떤 과제를 기획하고 계획한 대로 실행할 수 있는 현실 판단이다. 흔히 집행기능으로 불리는 이 기능은 대표적인 상위 인지기능으로 자신이 아는 것과 아는 것이 무엇인지를 아는 초인지기능이다. 자폐장애 아동은 실행기능에서 어려움이 많으므로, 알고 있는 것을 끊임없이 통찰할 수 있도록 고안해야 한다. 프로그램에서 제시한 실행기능은 생각 놀이에서 집중적으로 고안하였다. 예컨대, YES!는 4월 2주 활동 3의 '친구는 무얼 좋아할까?'에서 '생각 놀이'를 통해 친구가 무엇을 좋아하는지, 내가 좋아하는 것은 무엇인지, 왜 좋아하게 되었는지를 통찰하게 하고, 친구가 좋아하게 하려면 어떤 전략이 필요한지를 알게 하는 것이다.

(2) 중앙응집이론

이 책 전반부에서 설명한 대로, 중앙응집이론에 의한 인지기능 또한 생각기술을 훈련해야 하는 대표적인 고난이도 프로그램이다. 자폐장애의 경우 각각의 지식은 알지만 이 지식을 통합하여 전체적인 지식으로 종합해야 하는 경우, 많은 어려움이 있다. 전체를 알게 하기 위하여 다양한 맥락을 통해 지식을 습득하게 하였으나, 아동은 부분적인 특징에 매몰되어 전체를 보기 어려운 것이다. 그림책을 보여 주고 있는데, 숫자에 집착하는 아동의 경우는 페이지만 보거나, 글자를 좋아하는 아동의 경우는 그림책의 글자에 집착하기 때문에 다음 과제로 전환이 어려운 것은 자폐아동에게서 흔히 볼 수 있는 특징이다. 예를 들면, 그림 화보를 크게 제시하고, 함축된 맥락을 파악하도록 프로그램을 제시하였다. YES!는 5월의 3주 차 활동 6번, 활동 번호 43번의 경우, '소리 듣고 상상하기'는 각각의 소리를 듣고, 예상되는 소리를 유추하게 하고, 부분을 알아맞히어 전체를 알 수 있도록 하였다.

(3) 기억

기억은 학습의 기본이다. 이 프로그램의 생각 놀이는 다양한 기억활동을 포함하였다. 주의를 기울이게 하고 방금 말한 내용을 반복해서 기억하게 하거나, 기억된 내용을 다시금 해석하여 설명할 수 있도록 하였다. 단기기억의 활성화를 위해 게임을 사용하여 다른 아동이 한 행동을 그대로 기억하여 말을 하거나 동작을 표현하도록 하였다. 장기기억을 촉진하기 위하여 지난 주말에 있었던 재미있는 경험을 사진일기를 통해 표현할 수 있도록 하였다. 육하원칙에 의한 사진일기 프로그램은 의미기억이나 일화기억 등을 수시로 기억하도록 촉진한다. YES!는 일상의 자연스러운 활동을 루틴으로 구성하여, 달력 익히기, 주말에 한 일 말하기, 가족과 함께 한 활동 설명하기, 하루 활동 기억하기 등의 활동을 통해 기억전략을 구성하였다.

(4) 모방

모방활동은 학습을 위해 필요한 기본기이다. 생후 한 달밖에 안 된 아기조차 엄마의 혀 내미는 동작을 보고 따라 하는 놀라운 경험을 기억할 것이다. 자폐아동은 모방 기술이 어려워 학습에 어려움이 있다는 사실은 그리 놀라운 일이 아니다. 그만큼 모방능력은 다른 사람에 관심이 있어야 집중하여 보고 따라 할 텐데 일단 사람에 대한 관심이 없으니 발달할 기회를 갖지 못하는 것이다.

YES!에서 모방은 행동모방과 음성모방으로 구분하여 프로그램을 고안하였다. 친구 동작 따라 하기, 선생님 동작 따라 하기 같은 가벼운 모방활동부터 그림을 보고 그림의 움직임에 따라 동작 따라 하기 같은 고난이도 활동이 고안되었다. 음성활동과 모방활동은 친구가 한 단어를 그대로 따라 하기, 동시 따라 읽기 등 아동의 흥미와 기능에 맞게 고안하여 제시하였다.

(5) 개념

인지의 기본은 개념활동이다. 발달에 적합한 개념활동은 언어발달과 직결된다. 수 개념, 문자개념, 일상생활에 대한 다양한 개념을 돕는 데 연령의 발달에 따라 난이도를 다르게 구성할 수 있다. YES!는 사물에 대한 개념을 토대로 그림, 문자, 기호, 숫자 등을 제시하였다. 가족의 명칭, 가족관계, 친구 이름, 주소 알기, 전화번호 익히기 등의 사회성을 기반으로 한 개념 익히기는 생각 놀이와 함께 놀이를 통해 자연스럽게 익힐 수 있는 항목이다. YES! 전반에서 다루고 있는 다양한 형태의 개념을 통해 인지개념을 익힐 수 있다.

(6) 마음이론

마음이론의 어려움에 대한 지원은 자폐장애의 핵심 장애를 조기개입하기 위해 필요하다. 다른 사람의 마음이나 의도, 바람을 이해하고 그에 걸맞게 행동하도록 돕는 것은 어쩌면 자폐장애 지원 중 가장 지난한 작업이 될 것이다. YES!는 눈치 보기의 상황을 설정하고 지원하도록 구성하였다. 그림에 따라 친구의 의도대로 행동하기 같은 프로그램은 2~3명의 팀 게임을 통해 다른 사람의 의도를 파악하는 흥미롭고 재미있는 게임이다.

2) 함께 놀이: 사회성 기술

사회성 기술은 더불어 함께 살아가기 기능이다. YES!는 여러 사람이 모여 살아가는 활동을 위해 집단활동을 고안하였다. 함께 하는 다양한 활동을 통해 사회적 개념이나 사회적 지식을 토대로 구성하였다.

(1) 사회적 개념

사회적 개념은 사회성 개발을 위한 개념 형성이다. YES!는 게임활동을 통해 다양한 사회적 개념을 구성하였다. 나, 너, 우리, 동네, 나라, 세계, 우주의 원리를 자연스럽게 익힐 수 있도록 하였다. 각 개념을 게임을 통해, 노래를 통해, 동시를 통해, 친구와 하는 미술활동, 공작활동을 통해 익힐 수 있다.

(2) 사회적 지식

사회적 지식은 규칙에 대한 사회성 게임이다. 자신의 이름을 아는 것, 주소를 아는 것, 유치원, 어린이집, 학교에 가는 법, 박물관에 가는 방법 등에 대한 끊임없는 규칙이 일상생활을 통해 촉진된다. YES!의 함께 놀이는 집단활동의 강점을 활용하여 규칙을 이해하고 사용할 수 있도록 다양하게 구성되었다.

(3) 마음이론

마음이론은 상대방의 의도나 바람을 이해하고, 그 바람에 따라 행동하므로, 팀 게임을 통해 자연스럽게 습득할 수 있다. YES!는 함께 놀이를 통해 친구와 가족의 마음을 유추하고 판단할 수 있도록 구성하여 의도나 감정에 맞게 행동하는 마음을 익히도록 구성하였다.

(4) 사회적 이야기

그림을 통해 사회적 상황을 제시하고, 상황 이야기를 추측하고 표현할 수 있도록 함께 놀이로 구성하였다. 사회적 이야기는 각 상황에 따라 이야기를 구성하여 있을 수 있는 상황에 대한 의식의 흐름을 조절할 수 있는 프로그램이다. 스토리텔링이다. YES!는 극장이나 마트의 구체적인 상황을 설정하고 이야기를 구성하게 하였는데, 서로 협력하고 생각을 공유하면서 팀 게임을 자연스럽게 익히도록 하는 강점이 있다.

<3월/제3주/월요일/1, 2교시/자기 이해하기> 계속

활동 10

날짜	활동	내용
○○○○년 ○월 ○일	생각 놀이/ 얘들아 모여 봐!	나의 장점, 단점 녹음하여 들려주기/ 친구의 장점, 단점 듣고 반응해 주기

준비물	준비 조건
• 장단점에 관해 예시할 수 있는 사물과 그 내용에 관한 자료-손과 발의 모형과 기능과 연관된 그림 자료들	• 아동이 의자에 앉아 교사와 칠판에 집중할 수 있도록 한다. • 친구가 발표할 때 관심을 갖고 경청하며 반응을 보일 수 있는 분위기를 만든다.

절차

• 단계 4: 친구의 장단점을 듣고 반응하기

① 친구의 장점을 듣고 반응하는 표현을 한다. – "너의 그런 점이 좋아.", "훌륭해."

② 친구의 단점을 듣고 반응하는 표현을 한다. – "그래, 이제 그렇게 하지 않는 것이 좋겠어."

[사례 1]

교사: 오늘은 장점과 단점에 대해 이야기해 볼게요. 장점이라는 말 들어 본 적 있어요?

아동 A: 네. 좋은 거요.

교사: 맞아요. 장점은 좋은 거예요. 그러면 단점은 뭘까요?

아동 A: 나쁜 점이요.

교사: 맞아요. 그럼, 손과 발 이야기를 통해 장단점에 대해 알아볼까요?
손은 "난 물건을 잡을 수도 있고 축구도 할 수 있어." 하고 이야기했대요. 손의 장점은 물건을 잡을 수도 있고 글씨를 쓸 수도 있고 테니스를 할 수도 있는 거예요. 발은 가고 싶은 곳으로 갈 수도 있고 축구도 할 수 있대요. 손은 발이 잘할 수 없는 단점이 있고 발도 손이 잘할 수 있는 것을 할 수 없는 단점이 있지만 둘은 서로 필요하고 도우면서 살아야 해요. 그러면 이제 친구들이 자신의 장단점을 이야기해 볼게요. 발표해 볼 사람!

아동 A: 저는 ○○입니다. 저의 장점은 엄마 말씀 잘 듣고 밥도 잘 먹고 그림도 잘 그리고 공부도 잘합니다. 저의 단점은 친구들을 못살게 구는 것입니다. 다음에는 그러지 않겠습니다. 이상입니다.

교사: 예. 잘했습니다.

[그림 2] **사회적 이야기, 스토리텔링 예**

3. 이 책 사용 설명서

이 책은 온라인, 오프라인으로 사용 가능하다. 날짜와 활동, 내용으로 구분하여 각각의 프로그램은 독립적이면서도 융통성 있게 사용할 수 있도록 활동 번호가 있다. 활동 번호는 프로그램 진행 순서에 의해 매겨졌는데, 각 프로그램은 생각 놀이와 함께 놀이가 회기별로 제시된 것이다. 가정이나 임상 장면에서 각 프로그램은 목표에 따라 재구성하여 사용할 수 있다. YES!는 교사나 가족에게 프로그램 고안의 어려움을 감안하여 시간적 흐름에 따라 주제를 통해 이끌어 가도록 뼈대를 구성하였다. 각 프로그램은 3월부터 12월까지 어린이집, 유치원, 학교에 이르기까지 사회적인 상황을 감안하여 구성하였다. 매월 그 시기 동안의 중요한 이슈나 주제를 일관되게 제시하였는데, 대체적으로 일반 유치원이나 어린이집, 학교에서 사용하는 주제와 일치되도록 구성하고자 하였다. 일주일 중 2일을 할애하여 1일 50분 2회기를 구성하였는데, 1회기는 생각 놀이를, 2회기는 함께 놀이를 통해 정적인 시간과 동적인 시간을 번갈아 가며 사용할 수 있도록 하였다. 주 2회, 월 8회, 16시간을 사용하도록 하였으며, 10개월 동안 160개의 프로그램이 제시되었다. 하루 중 같은 주제를 가지고 생각 놀이와 함께 놀이를 통합하여 제시하고자 하였는데, 이는 자폐아동의 주의력을 감안하고, 활동의 흥미도를 고려한 것이다. 즉, 같은 주제를 활동을 달리하여 진행함으로써, 반복 효과를 갖도록 구성하였고, 일부는 효과성을 고려하여 생각 놀이와 함께 놀이를 병합하여 사용하기도 하였다. 각 기관이나 가정에서는 프로그램의 골격을 유지하면서 아동의 특성에 따라 프로그램을 변형하여 사용할 수 있다.

1) 학습목표: 활동 명, 내용

어떤 프로그램이든 그 활동에 대한 기획과정은 중요하다. 실행기능을 도와야 할 자폐아동의 경우 학습목표를 아동에게 인지시켜야 한다. 매일 오늘의 할 일을 인지시킴으로써 목표를 가지고 활동해야 함을 루틴을 통해 익힐 수 있다. 프로그램 진행 당일의 날짜를 달력의 형태로 제시하여 연, 월, 일, 요일, 시간을 확인하게 하여 시간의 흐름을 알게 하고, 장소, 누가 왔는지의 구성원을 확인하도록 하여 나를 중심으로 사회적인 규칙을 익힐 수 있도록 루틴을 제시한다. 활동 명 각각은 생각 놀이와 함께 놀이로 구성하였는데, 함께 놀이는 프로그램의 특성상 함께하기를 강조하기 위하여 '애들아 모여 봐!'로 명명하였다. 때때로, 하나의 주제를 생각 놀이와 함께 놀이 2시간 연속 배치한 경우도 있는데, 그만큼 같은 주제를 사용하여 생각하고, 함께하는 활동을 강조하기 위함이다.

2) 준비물

활동에 따른 준비물은 많을 수도 있고, 없을 수도 있다. 각각의 준비물은 예시에 따라 진행하면 좋으나, 상황에 따라 같은 목표의 다른 준비물로 대치할 수 있다. 중요한 것은 미리 준비하고, 제시하는 순서를 충분히 숙지하는 것이다. 준비물의 이름을 알고 절차를 설명하는 과정 또한 중요한 활동임을 명심하자. 준비물은 흥미롭고 새롭게 제시하되, 가능한 아동에게 익숙한 물건으로 제시하여 가정에서 일반화할 수 있도록 하였다.

3) 준비 조건

같은 활동도 조건에 따라 다른 성과를 보인다. 준비물을 교사가 준비하였다가 아동에게 제시할 것인지, 아동이 직접 준비한 물건을 꺼내어 책상에 올려놓을 것인지를 미리 계획한다. 생각 놀이의 경우 선생님을 향해 앉도록 하고, 뒤에서 보조 역할을 하는 실무요원이 돕는 것이 촉진에 도움이 될 수 있다. 독립적으로 반응할 수 있는 아동의 경우에는 스스로 할 수 있도록 촉진한다. 촉구법을 사용하여 가능한 단계별로 도움을 주도록 하고, 용암법을 사용하여 점차 도움의 정도를 줄여 나간다. 함께 놀이의 경우에는 가급적 친구끼리 돕도록 하고, 필요한 만큼의 지원을 성인이 하도록 한다. 게임의 경우 책상 없이 의자에 앉아서 지시를 듣거나 서서 들을 수 있도록 충분한 공간을 확보한다.

4) 절차

수업 진행을 위한 절차이다. 실제 아동을 대상으로 진행할 내용을 머릿속에 익힌 후에 실행해야 우왕좌왕하지 않고 도울 수 있다. 교재가 필요한 경우 미리 준비하고, 보상물이 필요한 경우, 강화 메뉴에 따라 철저하게 사용한다. 위생과 안전을 고려해야 함은 명백하다. YES!는 프로그램에 따라 자세하게 진행 절차를 제시하였다. 행동적 관점뿐 아니라 루틴을 반복하여 진행함으로써 자연스럽게 기억할 수 있도록 하였다. 실례로, 음식 투표하기 활동을 반복적으로 진행하였는데, 이 활동은 선택하기에 어려움을 보이는 아동으로 하여금 반복적이면서도 흥미로운 절차를 이끌어 가다 보면, 어느 순간 자연스럽게 선택하고, 양보하는 아동의 모습을 관찰할 수 있다. 절차기억을 통해 어려운 사회적인 지식을 습득하는 아동들을 기억하라!

5) 아동들의 반응

YES!에서 사용한 아동들의 반응은 실제 자폐성장애 아동의 반응을 생각 놀이, 함께 놀이에 따라 임상가가 기록하였다. 아동 각각의 반응이 다르고, 프로그램[2]별로 다른 반응을 나타냈다. 사실 그대로 묘사하기 위하여 관찰한 임상가의 관점에서 기술하도록 하였다. 이 과정을 통해 프로그램을 진행하는 당시의 분위기를 그대로 기록함으로써, 아동의 전형적인 반응뿐 아니라 예측하지 못한 비전형적인 반응도 알 수 있도록 하였다.

6) 평가

YES!는 임상가의 성찰을 프로그램별로 기술하여 각각의 프로그램에 따른 주관적인 느낌과 제언을 구성하여 제시하였다. 평가는 아동 각각의 계절이나 주제에 따른 반응을 자세하게 알 수 있어서, 다음 프로그램을 고안하기 위한 형성평가의 기능을

---

2) 프로그램에 따른 사진, 그림이 필요한 경우 윤현숙(2019). 『정서행동장애 조기개입』에 제시된 내용을 참조할 수 있다.

할 수 있었다. 가족지원을 위한 상담이나 교육시간은 임상가의 성찰 내용을 토대로 제시하였는데, 부모로 하여금 안정감과 신뢰감을 주었다.

<12월/제3주/수요일/2교시/우주의 세계/겨울>

활동 156

날짜	활동	내용
○○○○년 ○월 ○일	얘들아 모여 봐!	먹물로 자연을 표현해요

준비물	준비 조건
• 화선지/한국화 붓/먹물/벼루/먹/신문지/앞치마 등	• 책상 앞에 정돈하고 앉아 주의를 집중하도록 한다. • 각자 준비물을 꺼낸다.

절차
• 단계 1: 먹물로 그리는 방법과 재료의 이름, 그림의 주제에 대한 설명(주제는 자연, 우주)하기 예 "어디서 사왔어요?", "○○는 그림물감 붓을 가지고 왔네요.", "먹물로 그릴 때는 이렇게 생긴 붓으로 하는 거래요.", " 오늘은 자연과 우주에 대해서 그릴 거예요.", "먹물이 튀지 않도록 조심해야 해요.", "이건 벼루고 이건 먹이에요.", "벼루에 물을 붓고 먹으로 갈아요." • 단계 2: 시연 보여 주기 ① 산, 강, 나무, 집, 배 등으로 이루어진 그림을 보여 준다. ② 화성, 별, 로켓, 해 등으로 이루어진 그림을 보여 준다. • 단계 3: 아동들이 수행하기 ① 주제와 연관되어 무엇을 그릴지 생각해 보고 그려 나간다. ② 아동이 원할 때에 화선지를 바꾸어 새로 그리도록 한다. • 단계 4: 건조 및 감상하기 ① 자신이 그린 그림에 대해 이야기한다. 예 "무엇을 그렸는가?", "먹물로 그려 보니 어떤 느낌이 드는가?", "물감하고 무엇이 다른가?", "친구의 그림을 보고 칭찬해 주자.", "무엇을 칭찬해 줄까?"

아동들의 반응	평가
• 재료에 대해 관심을 나타내고 흥미로워했다. 나무, 산, 강 등을 거침없이 그리고 만족스러워했다. 친구의 그림을 보며 "야! 너도 이거 그려!"라고 이야기하기도 하였고, 한 아동은 그림물감 붓으로 그리겠다고 여러 번 이야기하다가 고집을 버리고 붓으로 바꾸어 그렸다.	• 새로운 주제와 방법을 사용한 그림의 표현이 즐거움을 느끼게 해 주었다. 먹물의 굵고 진한 표현으로 만족감이 컸고, 보다 자연스럽고 적극적인 표현을 이끌 수 있었다.

[그림 3] YES! 사용설명서

자폐장애 조기개입

Yes!

제3부

자폐장애 조기개입 프로그램 실제

1. 주제별 생각 놀이와 함께 놀이
2. 날짜별 생각 놀이와 함께 놀이

1. 주제별 생각 놀이와 함께 놀이

1) 3월: 자기 이해하기

3월은 만물이 시작되는 계절이다. 친구들과 처음 만나는 어린이집, 놀이실, 치료실이다. 부모는 선생님과 함께 시작의 의미를 알려 줄 수 있다. 따스한 햇볕이나 파릇파릇한 새싹을 함께 보며 봄날을 노래할 수 있다. 자신을 소개하고 인사하는 기회를 자주 갖는다. 내가 가진 장점을 생각한다. 생각한 것을 말로 녹음한다. 엄마가 말해 주고 자녀가 따라 하면 어떨까요?

(1) 생각 놀이

3월 생각 놀이

1주
활동 1. 자기소개하기
활동 2. 나의 신체 특징 말하기/누가 제일 클까?

2주
활동 3. 내가 좋아하는 음식, 싫어하는 음식 친구에게 추천하기
활동 4. 내가 좋아하는 물건, 싫어하는 물건 친구에게 추천하기

3주
활동 5. 나의 장점, 단점 녹음하여 들려주기
활동 6. 경험 자랑하기

4주
활동 7. 여러 가지 직업/나의 희망
활동 8. 위인들의 이야기

(2) 함께 놀이

3월 함께 놀이

1주
활동 1. 번호 부르며 일어서기
활동 2. 움직이는 종이인형 만들기

2주
활동 3. 나의 보물 상자 만들기(콜라주)
활동 4. 즐거운 요리 〈라면땅〉

3주
활동 5. 친구의 장점, 단점 듣고 반응해 주기
활동 6. 그림 이어서 그리기(협동화)

4주
활동 7. 이런 사람은 움직이세요!
활동 8. 미래의 나 그리기

2) 4월: 친구 이해하기

4월은 친구를 이해하기에 딱 좋은 달이다. 점차 꽃이 피고 봄나들이가 시작되는 때이다. 나들이를 오가는 동안 친구를 보고 친구의 이름을 부르게 해 보자. 가족을 떠나 새로운 사람을 만나는 데 친구보다 더 친숙한 사람은 없을 것이다. 오늘은 놀이 친구를 만들어 보자.

(1) 생각 놀이

4월 생각 놀이

1주

활동 1. 누구일까요?

활동 2. 인터뷰

2주

활동 3. 추측하기-친구는 무얼 좋아할까?/요리 선정

활동 4. 스무고개

3주

활동 5. ○○ 옆에 앉은 ○○입니다!

활동 6. 부분 사진 보고 맞히기

4주

활동 7. 친구를 즐겁게!

활동 8. 친구의 감정 맞히기

(2) 함께 놀이

4월 함께 놀이

1주

활동 1. 숨겨진 조약돌

활동 2. 친구의 얼굴 그리기

2주

활동 3. 종이 가방 만들어 친구가 좋아하는 것 담아 주기

활동 4. 즐거운 요리 〈꼬치구이〉

3주
활동 5. 친구 동물화
활동 6. 비행공 만들기

4주
활동 7. 신기한 과학–자석 놀이
활동 8. 물건 먼저 잡기

3) 5월: 가족 이해하기

5월은 가정의 달이다. 유치원에서, 치료실에서 가정을 노래한다. 엄마, 아빠, 할머니, 할아버지, 동생, 형, 누나, 오빠, 삼촌, 이모, 고모 같은 가족의 이름이 자주 들린다. 가족사진을 가지고 오라는 숙제도 있을 것이다. 멋진 가족사진을 찍어 보자. 놀이공원에 가서 찰칵 찍고 누가, 언제, 어디서, 무엇을, 왜 했는지를 말해 보자. 엄마, 아빠를 위한 카네이션을 만들고 고맙다는 인사를 자주 한다. 하루를 생각하며, 기억하도록 자주 상기시킨다.

(1) 생각 놀이

5월 생각 놀이

1주
활동 1. 우리 아빠를 소개합니다!
활동 2. 내가 가족을 위해 할 수 있는 일

2주
활동 3. 엄마에게 어울리는 것/요리 선정
활동 4. 동시 감상

3주
활동 5. 이런 동생이 있었으면 좋겠어요!
활동 6. 소리 듣고 상상하기

4주
활동 7. 닮았어요
활동 8. 콜라주(가족이 좋아하는 것/가족에게 필요한 것)

(2) 함께 놀이

5월 함께 놀이

1주
활동 1. 아빠 되어 보기
활동 2. 엄마 선물 만들기(병뚜껑 브로치)

2주
활동 3. 조건 놀이, '만약 ~라면'
활동 4. 즐거운 요리 〈샌드위치〉

3주
활동 5. [실험] 정전기
활동 6. 우리 가족 풍차 만들기

4주
활동 7. 뜨거운 감자
활동 8. 휴지 속대를 이용한 인형 만들기

4) 6월: 친구 알기

6월은 친구를 집중적으로 알아보자. 친구의 이름과 친구의 가족을 말해 보자. 서로의 가족사진을 준비해서 우리 아빠, 친구 아빠를 말해 보자. 친구가 좋아하는 것을 나도 좋다고 말해 보자. 내가 좋아하는 친구의 이름을 알고 친구를 사귀기 위해 시도해 보자. 어떤 친구가 좋은가? 친절한 친구, 말을 예쁘게 하는 친구, 잘 웃는 친구, 친구가 좋아하는 노래는 무엇인가? 앙케트를 만들어서 조사해 보자. 친구가 새록새록 생각날 것이다.

(1) 생각 놀이

6월 생각 놀이

1주
활동 1. 내가 좋아하는 친구
활동 2. 새로운 친구를 사귀려면……

2주
활동 3. 친구를 위로해요/요리 선정 투표
활동 4. 친구 앙케트

3주
활동 5. 가계도 만들기
활동 6. 친구가 좋아하는 말

4주
활동 7. 할아버지, 할머니께 편지 쓰기
활동 8. 친척에게 전화로 인사하려면……

6월 함께 놀이

1주
활동 1. 박수 전달하기
활동 2. 위치 바꾸기 게임

2주
활동 3. 동시 감상과 친구 그리기
활동 4. 즐거운 요리 〈핫케이크〉

3주
활동 5. [실험] 소금 결정 만들기
활동 6. 폐품을 이용한 공작

4주
활동 7. 연속 그림 그리기(기하 패턴)
활동 8. 마음을 전하는 우체통

5) 7월: 우리 동네 알기

7월은 우리 이웃을 돌아보도록 한다. 부모는 집을 나설 때마다 주변에 어떤 장소가 있는지를 살펴보고 말해 준다. 동네 슈퍼마켓, 편의점, 세탁소에 들러 인사를 나누어 보자. 간판을 읽고, 무엇을 하는 곳인지를 알아본다. 표시하는 로고를 보고 하는 일을 동작으로 흉내 내도록 한다. 어떤 일을 하는지를 말해 주면 훌륭한 직업교육도 된다. 자! 동네 여행을 떠나 볼까요?

(1) 생각 놀이

7월 생각 놀이

1주
활동 1. 우리 동네 자랑!
활동 2. 무슨 뜻일까?(상징 기호)

2주
활동 3. 내가 좋아하는 곳/요리 선정 투표
활동 4. 유치원 오는 길

3주
활동 5. 가게 놀이
활동 6. 이곳에서는 이렇게

4주
활동 7. 우리 동네를 보호해요
활동 8. 법과 규칙! 중요해요

(2) 함께 놀이

7월 함께 놀이

1주
활동 1. 우리 마을 말판 게임
활동 2. 실 달린 공 만들기

2주
활동 3. 연상 놀이
활동 4. 즐거운 요리 〈팥빙수〉

3주
활동 5. 풍선이 부풀어요!
활동 6. 딴 사람일세

4주
활동 7. 무엇일까? 촉감으로 알아보기
활동 8. 법이나 규칙을 잘 지켜요!

6) 8월: 우리나라

8월은 본격적인 휴가철이다. 산으로 바다로 여행을 떠나 보자. 우리나라 곳곳에 아름다운 광경이 보일 것이다. 관공서를 방문할 때마다 태극기가 걸려 있는 것을 볼 수 있다. 태극기는 우리나라를 대표하는 상징물임을 반복해서 설명하자. 민속촌을 방문하고 한옥마을을 방문하여 옛날 우리나라에서 사용하던 물건을 경험하자. 사진을 찍고 책을 보면서 모양은 다르지만 기능이 같은 물건을 수집해 보도록 하자. 여행지에서 맛있는 음식을 맛보자. 토속음식과 요즘 많이 먹는 음식을 비교해 보자. 우리나라 말과 글을 경험하자. 서원이나 사찰에서 옛날 글을 읽어 보자. 우리나라 참 멋지죠?

(1) 생각 놀이

8월 생각 놀이

1주
활동 1. 우리나라가 이렇게 변했어요!
활동 2. 자랑스러운 태극기

2주
활동 3. 내가 좋아하는 우리나라 음식 소개하기/요리 선정 투표
활동 4. 우리나라의 말과 글

3주
활동 5. ○○○처럼 되고 싶어요!
활동 6. 퍼즐로 알아보는 우리나라

4주
활동 7. 우리나라는……
활동 8. 옛날에는……

(2) 함께 놀이

8월 함께 놀이

1주
활동 1. 빙고게임
활동 2. 전통 무늬 손수건 염색하기

2주
활동 3. 전통음악에 맞춰 춤을!
활동 4. 즐거운 요리 〈불고기〉

3주
활동 5. 우리나라의 상징
활동 6. 지도를 꾸며요

4주
활동 7. 우리나라의 놀이 〈비석치기〉
활동 8. 배 위에, 등 위에

7) 9월: 세계의 여러 나라

9월은 2학기를 새롭게 시작하는 달이다. 해외여행을 다녀온 친구의 이야기에 귀를 기울여 보자. 세계 스포츠 대회가 있다면 즐겨 보자. 다른 나라 이야기를 담은 만화나 영화를 보고 그 나라 이야기를 만들어 보자. 음식은 어떠한가? 말은 어떠한가? 입고 있는 옷은 어떤가? 버스 모양은 어떻고 공원은 어땠는가? 그 나라에서 유명한 사람은 누구인가? 끝없이 이야기를 하다 보면 세계가 한 나라처럼 느껴질 것이다. 자! 지구본을 굴려 볼까요?

(1) 생각 놀이

9월 생각 놀이

1주
활동 1. 나라마다 다른 말! 말! 말!
활동 2. 세계 지도 속으로

2주
활동 3. 이런 나라에 가고 싶어요/요리 선정
활동 4. 나라를 대표하는 음식이 있어요

3주
활동 5. 이 나라에서는 이렇게……
활동 6. 나라를 대표하는 옷이 있어요

4주
활동 7. 각 나라의 위인들
활동 8. 나라를 대표하는 노래가 있어요

9월 함께 놀이

1주
활동 1. 글자 속에서 찾아보기
활동 2. 세계의 국기 만들기

2주
활동 3. 즐거운 여행기
활동 4. 즐거운 요리 〈스파게티〉

3주
활동 5. 어떤 나라일까?
활동 6. 낙하산 만들기

4주
활동 7. 에펠탑 쌓기
활동 8. 세계 속의 우리(협동화)

8) 10월: 자연의 세계

10월은 단풍들고 가을꽃이 아름다운 계절이다. 벼가 익고, 황금벌판이 펼쳐진다. 여행 중에 보이는 허수아비를 즐겨 보자. 등산할 때마다 보이는 나뭇잎의 변화를 느끼게 한다. 꽃, 나무, 식물을 집중적으로 탐구하는 기간으로 삼자. 꽃을 관찰하게 하자. 야생화, 집에서 키우는 화초, 나무에서 피우는 꽃, 우리나라 토종꽃, 외국에서 건너온 꽃을 구별하면서 말해 보자. 몸에 좋은 식물, 산초, 채소 등을 알아보고 식충식물까지 구분해 보자. 야채를 사용하여 요리 프로그램을 진행한다면, 자연을 느끼기에 안성맞춤이다. 수목원을 찾아가서 실내의 꽃과 나무를 살펴보자. 자연환경으로 조성한 자연림을 찾아가자. 나무 이름을 말하고, 나무 무늬를 구분해 보자. 국립 수목원, 사설 수목원, 나무 박물관이 도처에 놓여 있다. 이 얼마나 아름다운 자연인가?

(1) 생각 놀이

10월 생각 놀이

1주

활동 1. 식물에 대하여

활동 2. 꽃의 이름과 생김새 알기

2주

활동 3. 다른 나라의 식물들/요리 선정 투표

활동 4. 즐거운 요리 〈호박전〉

3주

활동 5. 몸에 좋은 식물

활동 6. 나무 이름 대기/먹을 수 있는 식물

4주

활동 7. 식충식물

활동 8. 무슨 무늬일까?

(2) 함께 놀이

10월 함께 놀이

1주

활동 1. ○× 게임

활동 2. 풀잎 바람개비 만들기/도토리 팽이 만들기

2주

활동 3. 기억력 게임

활동 4. 즐거운 요리 〈호박전〉

3주
활동 5. 씨앗으로 꾸미기
활동 6. 나뭇잎 구성

4주
활동 7. 식물로 염색하기
활동 8. 허수아비 만들기

9) 11월: 동물의 세계

11월은 열매가 무르익고 추수하는 계절이다. 산에는 형형색색 단풍이 등산객을 부르는 계절이다. 억새, 갈대가 하늘거리는 자연을 찾아보자. 산에서 보이는 동물을 알아볼 때이다. 다람쥐, 청솔모는 여행객들에게 쉽게 눈에 띄는 동물이다. 겨울잠을 자는 동물의 생태를 알아보고 집에서 기르는 반려동물과 구분한다. 강아지와 고양이는 익숙하다. 바야흐로 천만 반려동물의 시대이다. 동물원에 간다. 어린이집 선생님과 가는 소풍도 좋고 가족 나들이도 좋다. 기는 동물, 나는 동물, 헤엄치는 동물을 살고 있는 장소와 연결 지어 생각하게 하자. 새, 독수리, 비둘기 같은 하늘을 나는 새는 기어 다니는 달팽이와는 다른 느낌일 것이다. 아동이 자주 경험할 수 있는 친숙한 동물을 등장시켜 감정을 공유하고 생각하게 한다. 주말농장 프로그램을 사용하여 배추를 갉아먹는 배추벌레, 고구마를 수확하면서 함께 살아왔던 지렁이의 생김새를 말해 본다. 미끌미끌한 액체를 경험하면 더욱 좋다. 꺅~! 호들갑을 피우겠지만! 동물이 주는 고마움도 잊지 않게 하자. 닭이 주는 달걀, 소가 주는 맛있는 우유, 소고기 요리, 돼지가 주는 햄까지 생각하고 말하게 하자.

(1) 생각 놀이

11월 생각 놀이

1주
활동 1. 다양한 동물의 세계
활동 2. 어디에 살까요?

2주
활동 3. 동물에 관한 음악 감상하기
활동 4. 날아다녀요, 기어 다녀요

3주
활동 5. 곤충 탐험기
활동 6. 동물이 나에게 주는 것

4주
활동 7. 신호로 이야기해요
활동 8. 넌 누구니?

(2) 함께 놀이

11월 함께 놀이

1주
활동 1. 동물 수수께끼
활동 2. 동물극장 만들기

2주
활동 3. 동물 빙고게임
활동 4. 즐거운 요리 〈돈가스〉

3주
활동 5. 나비처럼 날아 꿀 마시기
활동 6. 고추잠자리 만들기

4주
활동 7. 소리 듣고 술래잡기
활동 8. 개구리 뛰뛰기

10) 12월: 우주의 세계/겨울

12월은 겨울을 알려 줄 좋은 때이다. 밤하늘을 쳐다보게 하자. 오리온자리, 북두칠성, 카시오페아 같은 어려운 별자리도 알려 주고, 하늘에 떠 있는 무수한 별을 느끼고 생각하게 하자. 겨울에는 잠을 자는 동물, 사람은 잠만 자는 게 아니고, 겨울놀이를 즐기는 장면, 겨울에 오는 눈, 서리, 눈사람, 눈싸움, 스케이트, 스키 등 생각해 보면 절로 웃음이 나올 수 있도록 체험하게 한다. 성탄절의 분위기를 느끼게 하자. 어디에서나 즐길 수 있는 크리스마스 캐럴, 산타할아버지, 구세군 자선냄비, 누군가를 돕는 것의 소중함, 겨울에 어울리는 음식에 대한 친구의 생각을 추측하고 그에 맞게 배려하는 태도를 돕는다. 그림을 사용하여 친구가 원하는 동작을 보여 주고 그림처럼 동작하도록 체조활동을 고안한다. 사계절을 돌아보며, 한 해 동안 즐거웠던 일을 생각하고, 다음 해를 계획하는 시간을 갖는다. 참 행복하다!

(1) 생각 놀이

12월 생각 놀이

1주
활동 1. 우주의 신비
활동 2. 겨울이 좋은 이유(놀이/먹거리)

2주

활동 3. 계절에 어울리는 음식/요리 선정 투표

활동 4. 몸으로 표현해요

3주

활동 5. 세계의 성탄절

활동 6. 몸으로 푸는 퀴즈

4주

활동 7. 한 해 동안 즐거웠던 일

활동 8. 산타캠프

(2) 함께 놀이

12월 함께 놀이

1주

활동 1. 겨울을 표현해요

활동 2. 별나라 연필꽂이

2주

활동 3. 크리스마스카드 만들기

활동 4. 즐거운 요리 〈라면〉

3주

활동 5. 예쁜 달력 만들기

활동 6. 먹물로 자연을 표현해요

4주

활동 7. 친구에게 선물을……

활동 8. 엄마 사랑해요

2. 날짜별 생각 놀이와 함께 놀이(년, 월, 일)[1)]

3월 주제: 자기 이해하기

주	요일	영역	내용	활동
1주	월 (3/4)	생각 놀이	자기소개하기	1
		함께 놀이	번호 부르며 일어서기	2
	수 (3/6)	생각 놀이	나의 신체 특징 말하기/누가 제일 클까?	3
		함께 놀이	움직이는 종이인형 만들기	4
2주	월 (3/11)	생각 놀이	내가 좋아하는 음식, 싫어하는 음식 친구에게 추천하기	5
		함께 놀이	나의 보물 상자 만들기(콜라주)	6
	수 (3/13)	생각 놀이	내가 좋아하는 물건, 싫어하는 물건 친구에게 추천하기	7
		함께 놀이	즐거운 요리 〈라면땅〉	8
3주	월 (3/18)	생각 놀이	나의 장점, 단점 녹음하여 들려주기	9
		함께 놀이	친구의 장점, 단점 듣고 반응해 주기	10
	수 (3/20)	생각 놀이	경험 자랑하기	11
		함께 놀이	그림 이어서 그리기(협동화)	12
4주	월 (3/25)	생각 놀이	여러 가지 직업/나의 희망	13
		함께 놀이	이런 사람은 움직이세요!	14
	수 (3/27)	생각 놀이	위인들의 이야기	15
		함께 놀이	미래의 나 그리기	16

1) 해당 연도에 맞게 날짜 수정 사용 가능.

4월 주제: 친구 이해하기

주	요일	영역	내용	활동
1주	월 (4/1)	생각 놀이	누구일까요?	17
		함께 놀이	숨겨진 조약돌	18
	수 (4/3)	생각 놀이	인터뷰	19
		함께 놀이	친구의 얼굴 그리기	20
2주	월 (4/8)	생각 놀이	추측하기–친구는 무얼 좋아할까?/요리 선정	21
		함께 놀이	종이 가방 만들어 친구가 좋아하는 것 담아 주기	22
	수 (4/10)	생각 놀이	스무고개	23
		함께 놀이	즐거운 요리 〈꼬치구이〉	24
3주	월 (4/15)	생각 놀이	○○ 옆에 앉은 ○○입니다!	25
		함께 놀이	친구 동물화	26
	수 (4/17)	생각 놀이	부분 사진 보고 맞히기	27
		함께 놀이	비행공 만들기	28
4주	월 (4/22)	생각 놀이	친구를 즐겁게!	29
		함께 놀이	신기한 과학–자석 놀이	30
	수 (4/24)	생각 놀이	친구의 감정 맞히기	31
		함께 놀이	물건 먼저 잡기	32

5월 주제: 가족 이해하기

주	요일	영역	내용	활동
1주	월 (4/29)	생각 놀이	우리 아빠를 소개합니다!	33
		함께 놀이	아빠 되어 보기	34
	수 (5/1)	생각 놀이	내가 가족을 위해 할 수 있는 일	35
		함께 놀이	엄마 선물 만들기(병뚜껑 브로치)	36
2주	월 (5/6)	생각 놀이	엄마에게 어울리는 것/요리 선정	37
		함께 놀이	조건 놀이 '만약 ~라면'	38
	수 (5/8)	생각 놀이	동시 감상	39
		함께 놀이	즐거운 요리 〈샌드위치〉	40
3주	월 (5/13)	생각 놀이	이런 동생이 있었으면 좋겠어요!	41
		함께 놀이	[실험] 정전기	42
	수 (5/15)	생각 놀이	소리 듣고 상상하기	43
		함께 놀이	우리 가족 풍차 만들기	44
4주	월 (5/20)	생각 놀이	닮았어요	45
		함께 놀이	뜨거운 감자	46
	수 (5/22)	생각 놀이	콜라주(가족이 좋아하는 것/가족에게 필요한 것)	47
		함께 놀이	휴지 속대를 이용한 인형 만들기	48

6월 주제: 친구 알기

주	요일	영역	내용	활동
1주	월 (5/27)	생각 놀이	내가 좋아하는 친구	49
		함께 놀이	박수 전달하기	50
	수 (5/29)	생각 놀이	새로운 친구를 사귀려면……	51
		함께 놀이	위치 바꾸기 게임	52
2주	월 (6/3)	생각 놀이	친구를 위로해요/요리 선정 투표	53
		함께 놀이	동시 감상과 친구 그리기	54
	수 (6/5)	생각 놀이	친구 앙케트	55
		함께 놀이	즐거운 요리 〈핫케이크〉	56
3주	월 (6/10)	생각 놀이	가계도 만들기	57
		함께 놀이	[실험] 소금 결정 만들기	58
	수 (6/12)	생각 놀이	친구가 좋아하는 말	59
		함께 놀이	폐품을 이용한 공작	60
4주	월 (6/17)	생각 놀이	할아버지, 할머니께 편지 쓰기	61
		함께 놀이	연속 그림 그리기(기하 패턴)	62
	수 (6/19)	생각 놀이	친척에게 전화로 인사하려면……	63
		함께 놀이	마음을 전하는 우체통	64

7월 주제: 우리 동네 알기

주	요일	영역	내용	활동
1주	월 (6/24)	생각 놀이	우리 동네 자랑!	65
		함께 놀이	우리 마을 말판 게임	66
	수 (6/26)	생각 놀이	무슨 뜻일까?(상징 기호)	67
		함께 놀이	실 달린 공 만들기	68
2주	월 (7/1)	생각 놀이	내가 좋아하는 곳/요리 선정 투표	69
		함께 놀이	연상 놀이	70
	수 (7/3)	생각 놀이	유치원 오는 길	71
		함께 놀이	즐거운 요리 〈팥빙수〉	72
3주	월 (7/8)	생각 놀이	가게 놀이	73
		함께 놀이	풍선이 부풀어요!	74
	수 (7/10)	생각 놀이	이곳에서는 이렇게	75
		함께 놀이	딴 사람일세	76
4주	월 (7/15)	생각 놀이	우리 동네를 보호해요	77
		함께 놀이	무엇일까? 촉감으로 알아보기	78
	수 (7/17)	생각 놀이	법과 규칙! 중요해요	79
		함께 놀이	법이나 규칙을 잘 지켜요!	80

8월 주제: 우리나라

주	요일	영역	내용	활동
1주	월 (8/5)	생각 놀이	우리나라가 이렇게 변했어요!	81
		함께 놀이	빙고게임	82
	수 (8/7)	생각 놀이	자랑스러운 태극기	83
		함께 놀이	전통 무늬 손수건 염색하기	84
2주	월 (8/12)	생각 놀이	내가 좋아하는 우리나라 음식 소개하기/요리 선정 투표	85
		함께 놀이	전통음악에 맞춰 춤을!	86
	수 (8/14)	생각 놀이	우리나라의 말과 글	87
		함께 놀이	즐거운 요리 〈불고기〉	88
3주	월 (8/19)	생각 놀이	○○○처럼 되고 싶어요!	89
		함께 놀이	우리나라의 상징	90
	수 (8/21)	생각 놀이	퍼즐로 알아보는 우리나라	91
		함께 놀이	지도를 꾸며요	92
4주	월 (8/26)	생각 놀이	우리나라는……	93
		함께 놀이	우리나라의 놀이 〈비석치기〉	94
	수 (8/28)	생각 놀이	옛날에는……	95
		함께 놀이	배 위에, 등 위에	96

9월 세계의 여러 나라

주	요일	영역	내용	활동
1주	월 (9/2)	생각 놀이	나라마다 다른 말! 말! 말!	97
		함께 놀이	글자 속에서 찾아보기	98
	수 (9/4)	생각 놀이	세계 지도 속으로	99
		함께 놀이	세계의 국기 만들기	100
2주	월 (9/9)	생각 놀이	이런 나라에 가고 싶어요/요리 선정	101
		함께 놀이	즐거운 여행기	102
	수 (9/11)	생각 놀이	나라를 대표하는 음식이 있어요	103
		함께 놀이	즐거운 요리 〈스파게티〉	104
3주	월 (9/16)	생각 놀이	이 나라에서는 이렇게……	105
		함께 놀이	어떤 나라일까?	106
	수 (9/18)	생각 놀이	나라를 대표하는 옷이 있어요	107
		함께 놀이	낙하산 만들기	108
4주	월 (9/23)	생각 놀이	각 나라의 위인들	109
		함께 놀이	에펠탑 쌓기	110
	수 (9/25)	생각 놀이	나라를 대표하는 노래가 있어요	111
		함께 놀이	세계 속의 우리(협동화)	112

10월 주제: 자연의 세계

주	요일	영역	내용	활동
1주	월 (9/30)	생각 놀이	식물에 대하여	113
		함께 놀이	○× 게임	114
	수 (10/2)	생각 놀이	꽃의 이름과 생김새 알기	115
		함께 놀이	풀잎 바람개비 만들기/도토리 팽이 만들기	116
2주	월 (10/7)	생각 놀이	다른 나라의 식물들/요리 선정 투표	117
		함께 놀이	기억력 게임	118
	수 (10/9)	생각 놀이	즐거운 요리 〈호박전〉	119
		함께 놀이	즐거운 요리 〈호박전〉	120
3주	월 (10/14)	생각 놀이	몸에 좋은 식물	121
		함께 놀이	씨앗으로 꾸미기	122
	수 (10/16)	생각 놀이	나무 이름 대기/먹을 수 있는 식물	123
		함께 놀이	나뭇잎 구성	124
4주	월 (10/21)	생각 놀이	식충식물	125
		함께 놀이	식물로 염색하기	126
	수 (10/23)	생각 놀이	무슨 무늬일까?	127
		함께 놀이	허수아비 만들기	128

11월 주제: 동물의 세계

주	요일	영역	내용	활동
1주	월 (10/28)	생각 놀이	다양한 동물의 세계	129
		함께 놀이	동물 수수께끼	130
	수 (10/30)	생각 놀이	어디에 살까요?	131
		함께 놀이	동물극장 만들기	132
2주	월 (11/4)	생각 놀이	동물에 관한 음악 감상하기	133
		함께 놀이	동물 빙고게임	134
	수 (11/6)	생각 놀이	날아다녀요, 기어 다녀요	135
		함께 놀이	즐거운 요리 〈돈가스〉	136
3주	월 (11/11)	생각 놀이	곤충 탐험기	137
		함께 놀이	나비처럼 날아 꿀 마시기	138
	수 (11/13)	생각 놀이	동물이 나에게 주는 것	139
		함께 놀이	고추잠자리 만들기	140
4주	월 (11/18)	생각 놀이	신호로 이야기해요	141
		함께 놀이	소리 듣고 술래잡기	142
	수 (11/20)	생각 놀이	넌 누구니?	143
		함께 놀이	개구리 뛰뛰기	144

12월 우주의 세계/겨울

주	요일	영역	내용	활동
1주	월 (11/25)	생각 놀이	우주의 신비	145
		함께 놀이	겨울을 표현해요	146
	수 (11/27)	생각 놀이	겨울이 좋은 이유(놀이/먹거리)	147
		함께 놀이	별나라 연필꽂이	148
2주	월 (12/2)	생각 놀이	계절에 어울리는 음식/요리 선정 투표	149
		함께 놀이	크리스마스카드 만들기	150
	수 (12/4)	생각 놀이	몸으로 표현해요	151
		함께 놀이	즐거운 요리 〈라면〉	152
3주	월 (12/9)	생각 놀이	세계의 성탄절	153
		함께 놀이	예쁜 달력 만들기	154
	수 (12/11)	생각 놀이	몸으로 푸는 퀴즈	155
		함께 놀이	먹물로 자연을 표현해요	156
4주	월 (12/16)	생각 놀이	한 해 동안 즐거웠던 일	157
		함께 놀이	친구에게 선물을……	158
	수 (12/18)	생각 놀이	산타캠프	159
		함께 놀이	엄마 사랑해요	160

3월

자기 이해하기

S	M	T	W	T	F	S
			1	2	3	4
5	6	7	8	9	10	11
12	13	14	15	16	17	18
19	20	21	22	23	24	25
26	27	28	29	30	31	

<3월/제1주/월요일/1교시/자기 이해하기>

활동 1

날짜	활동	내용
○○○○년 ○월 ○일	생각 놀이	자기소개하기

준비물	준비 조건
• 자기를 소개할 수 있는 자료들	• 자신을 나타낼 수 있는 것들을 자신감 있게 표현하고, 다른 친구들의 이야기를 경청하고 관심을 표현할 수 있는 분위기를 만든다.

절차
• 단계 1: 교사, 친구와 인사하기 ① 아직은 낯선 교사와 친구들과 인사를 나눈다. ② 이름을 익히는 시간을 갖는다. • 단계 2: 자기소개하기 ① 1명씩 나와서 자기소개한다. ② 자신의 이름과 나이, 주소, 어린이집, 유치원, 가족 사항에 대해 친구들에게 소개한다. – 자신감 있고 조리 있게 소개한다. – 발표의 형식을 갖춰 발표한다. 예 "저는 ○○입니다.", "이상입니다." ③ 친구들의 발표를 경청하고 관심을 표현한다. ④ 교사가 지금 발표한 친구에게 궁금한 것이 있는 아동에게 손을 들으라고 하여 질문할 기회를 준다. ⑤ 발표한 아동은 질문에 답하도록 한다. • 단계 3: 정리하기 친구에 대해 알게 된 것을 정리하며 친밀한 시간을 갖는다.

아동들의 반응	평가
• 첫 시간이어서 어색하고 서로에 대해 잘 몰랐는데 자기를 소개하고 발표하는 시간을 통해 친밀감을 높일 수 있었다. • 어색해서 그런지 친구에게 궁금한 것을 활발하게 물어보지는 못했다.	• 첫 수업이었고 앞으로의 수업을 미리 생각하며 서로에 대해 친밀감을 갖고 관계를 형성하는 좋은 시간이 되었다. • 자신에 대해 조리 있고, 자신감 있게 발표하는 데 있어 지속적인 도움이 필요해 보인다.

<3월/제1주/월요일/2교시/자기 이해하기>

활동 2

날짜	활동	내용
○○○○년 ○월 ○일	얘들아 모여 봐!	번호 부르며 일어서기

준비물	준비 조건
• 없음	• 상대방의 몸짓이나 행동 변화를 관찰하여 게임에 임한다.

절차

• 단계 1: 게임의 규칙 이해하기
  ① 게임의 규칙을 잘 듣는다.
  ② 이해한 것을 교사와 친구들에게 설명해 준다.

• 단계 2: 게임하기
  ① 나란히 앉는다.
  ② 차례를 정하고 차례대로 돌아가면서 번호를 외치고 앉는다.
  이때 모두 몇 명인지 파악한다.
  ③ 차례 없이 한 아동이 "하나" 하고 일어난다.
  ④ 다음 아동이 "둘" 하고 일어난다.
  ⑤ 게임을 계속 진행한다.
  이때 한 번호에 2명 이상이 일어나면 무효가 되어 처음부터 다시 시작한다.
  ⑥ 게임이 익숙해지면 번호가 아니라 이름이나 사물 명으로 게임을 진행할 수도 있다.

• 단계 3: 정리하기
  ① 게임을 정리한다.
  ② 한 번호에 2명이 일어나면 무효가 되므로 다른 친구가 일어나지 않을 때 잘 살펴서 게임에 임해야 함을 이야기한다.

아동들의 반응	평가
• 생각보다 어려워하였다. 상대방의 몸짓이나 표정의 변화를 주시하며 해야 하는 게임이므로 상대방에게 관심을 갖고 집중하는 데 도움이 되었다. • 번호보다는 이름을 부르는 것을 익숙해하였다.	• 상대방에게 집중하는 것을 연습하는 데 큰 도움이 되는 게임이었다. 좀 더 연습하여 숙달되도록 하는 것이 필요한 것 같다.

<3월/제1주/수요일/1교시/자기 이해하기>

활동 3

날짜	활동	내용
○○○○년 ○월 ○일	생각 놀이	나의 신체 특징 말하기/ 누가 제일 클까?

준비물	준비 조건
• 신체 그림(전신상/얼굴과 몸이 분리되어 있는 그림) • 신장계/체중계/전신 거울/기록 일지	• 칠판 앞에 앉아 집중하도록 한다. • 준비물을 보여 주며 진행 순서에 대해 이야기해 준다.

절차
• 단계 1: 나의 신체에 대해 이야기하기 ① 얼굴의 특징을 말한다. ② 몸의 특징을 말한다. • 단계 2: 체중계와 신장계의 사용법 알기 ① 신장계에 바르게 올라선다. ② 체중계에 바르게 올라선다. ③ 교사가 각 아동의 신장과 체중을 기록한다. ④ 기록된 수치에 따라 키 순서대로 일렬로 정렬해 본다. ⑤ 전신 거울 앞에서 횡대와 종대로 서 본다.

아동들의 반응	평가
• 전신상과 분리된 인물상을 보며 흥미를 나타내었다 • 체중계와 신장계에 올라가서 자신의 수치를 알아보는 활동에 적극적이었다. • 친구와 나의 차이를 알고 키 순서대로 정렬해 보는 활동을 매우 좋아하였다. 특히, 거울 앞에서 친구와 함께 서서 비교해 보는 것에 활동성을 띠었으나 일부 아동은 나와 친구의 차이를 이해하는 데 어려움을 나타내었다.	• 나의 신체적인 특징을 함께 알아보고 자아 존중감을 느끼도록 하는 데 있어서 효과적이었다. • 그림의 도입을 통해 흥미를 유발하고 신체와 연관된 활동으로 연결시키는 데 있어서 효과적이었다.

<3월/제1주/수요일/2교시/자기 이해하기>

활동 4

날짜	활동	내용
○○○○년 ○월 ○일	얘들아 모여 봐!	움직이는 종이 인형 만들기

준비물	준비 조건
• 재료(종이컵/두꺼운 도화지/색종이/가위/풀/Y핀/그리기 도구 • 완성된 인형	• 작업 책상에 앉아 주의집중을 하도록 한다. • 작업을 시작할 수 있도록 재료를 나열한다.

절차
• 단계 1: 움직이는 인형 감상하기 ① 교사가 조작하는 것을 보고 특징을 말한다. ② 재료에 대해 알아보고 이야기한다. • 단계 2: 인형 만들기 ① 두꺼운 도화지와 종이컵을 오리고 종이컵에 끼운 후 Y핀으로 고정한다. ② 인형을 얼굴을 꾸민다. ③ 인형의 팔이 움직일 수 있도록 필요한 부분을 고정시킨다. • 단계 3: 인형 조작법 익히기와 친구들의 인형 감상하기 ① 마분지를 당기고 올리기를 통해 인형을 움직여 본다. ② 친구들의 인형을 감상하고 이야기한다.

아동들의 반응	평가
• 조작을 통해 팔의 움직임이 있음을 보고 흥미를 나타내었고 방법을 궁금해하며 작업에 집중할 수 있었다. • 대체적으로 작업의 순서를 알고 필요한 미술 작업 활동–오리기/그리기/끼우기/붙이기 등의 작업을 진행할 수 있었다. • 교사가 세밀한 부분을 도와줄 때 순서를 기다리지 못하고 자기 것을 빨리 도와 달라고 조르는 반응이 관찰되었다.	• 조형 활동을 통한 소근육 훈련의 기회와 즐거움과 자신감의 성취의 기회를 얻을 수 있었다. • 집으로 가져가서 부모님과 함께 조작해 보고 덧꾸며 보도록 하였다.

<3월/제2주/월요일/1교시/자기 이해하기>

활동 5

날짜	활동	내용
○○○○년 ○월 ○일	생각 놀이	내가 좋아하는 음식, 싫어하는 음식 친구에게 추천하기

준비물	준비 조건
• 자신이 좋아하는 것과 싫어하는 것에 관한 자료 • 요리 목록 3가지(샐러드, 햄버거, 떡볶이)	• 칠판 앞에 앉아 주의집중을 한다. • 친구의 발표를 경청하고 자신이 준비한 자료를 조리 있게 발표한다.

절차

- 단계 1: 자신이 좋아하는 것 친구들에게 추천하기
  ① 자신이 좋아하는 것을 친구들에게 추천한다.
  – 좋아하는 색깔, 음식, 만화영화, 과일 등
  ② 친구들의 발표 내용을 경청하여 듣고 반응을 보인다(질문……).
- 단계 2: 자신이 싫어하는 것을 친구들에게 추천하기
  ① 자신이 싫어하는 것을 친구들에게 추천한다.
  – 싫어하는 음식, 색깔 등
  ② 싫어하는 이유를 논리적이고 조리 있게 이야기한다.
  ③ 친구들의 발표 내용을 경청하여 듣고 반응을 보인다.
- 단계 3: 요리 선정 투표하기
  ① 선정된 요리 3가지를 투표판에 게시한다.
  ② 요리 목록을 보고 잠깐 동안 어떤 음식을 선택할지 생각한다.
  ③ 1명씩 나와서 하고 싶은 요리 밑에 스마일 스티커를 붙인다.
  ④ 다수결의 원칙에 의해 가장 많이 스티커를 받은 요리를 선정한다.
  ⑤ 자신이 원하는 요리가 선정되지 않은 아동에게 결과를 받아들일 수 있도록 설명을 해 준다.
  ⑥ 다음에 준비해야 하는 재료를 함께 생각해 보고 원하는 것을 분담해서 가져오도록 한다.

아동들의 반응	평가
• 자신이 좋아하는 것은 신나게 발표했으나 싫어하는 것은 자신감이 없었다. 싫어하는 이유를 명료하게 설명하기보다는 그냥 싫다고 표현하였다. • 투표의 개념이 없었는데 굉장히 신기해하고 즐거워하였다. 자신이 원하는 음식이 선정되지 않았을 경우 불편해하였는데 결과를 받아들이기에 어려움이 있었다. 앞으로도 함께 정한 규칙을 이해하고 결과를 받아들이도록 하는 연습이 필요하다.	• 이론적인 것이 아니라 아동의 개인적인 이야기를 하여 참여도가 높았다. • 자신의 생각을 투표하는 프로그램에서 아동이 참여할 수 있는 기회가 많으며 이를 통해 자발성과 성취감을 느끼도록 도와줄 수 있을 것이다. • 다수결의 원칙을 이해하여 결과를 받아들이고 타협하는 기술이 앞으로도 지속적으로 필요해 보인다.

<3월/제2주/월요일/2교시/자기 이해하기>

활동 6

날짜	활동	내용
○○○○년 ○월 ○일	얘들아 모여 봐!	나의 보물 상자 만들기 (콜라주)

준비물	준비 조건
• 상자 • 잡지나 신문에서 오린 그림(옷, 음식, 액세서리, 신발, 가방 등의 좋아할 만한 물건 사진) • 풀, 가위, 색상지	• 주어진 자료로 창의적으로 꾸미도록 돕는다.

절차
• 단계 1: 보물 상자 이해하기 ① 교사가 만든 보물 상자를 보여 주며 오늘 할 내용을 언급한다. • 단계 2: 보물 상자 만들기 ① 자료를 제시한다. ② 상자에 색상지를 붙인다. ③ 잡지나 신문에서 오린 그림 중에서 자신이 좋아하는 것을 선택한다. ④ 그림을 상자 안에 가득 붙인다. ⑤ 과제를 완성한다. • 단계 3: 작품 감상하기 ① 자신의 것과 친구들의 작품을 감상한다. ② 자신이 고른 보물들을 친구들에게 소개하며 왜 좋아하는지 설명한다. ③ 친구들의 작품을 보며 그 물건을 왜 좋아하는지 질문을 하며 설명을 듣는다.

아동들의 반응	평가
• 여러 그림 중에서 자신이 좋아하는 것을 고르는 것을 좋아하였다. • 비교적 쉬운 과제여서 스스로 과제를 잘 완성하였다.	• 아동들의 소근육 운동에 좋은 과제였다. • 자신이 좋아하는 것을 마음껏 골라 붙임으로써 흥미를 유발할 수 있었다.

<3월/제2주/수요일/1교시/자기 이해하기>

활동 7

날짜	활동	내용
○○○○년 ○월 ○일	생각 놀이	내가 좋아하는 물건, 싫어하는 물건 친구에게 추천하기

준비물	준비 조건
• 보물 상자(자물쇠와 열쇠가 있는 것)/아동이 좋아하는 만화 캐릭터 그림(디지몬 어드벤처, 둘리, 스노우맨, 호빵맨 등)/음식 사진 • 추천할 때 사용하는 문장이 적힌 종이	• 칠판 앞에 앉아 주의집중을 한다. • 아동의 선호도에 대해 사전 조사(만화 캐릭터/음식 등)를 한다.

절차
• 단계 1: 보물 상자에 좋아하는 것을 넣고 추천하는 방법에 대한 설명하기 ① 추천이 무엇인지에 대한 설명하기 ② 준비된 사진과 그림을 보도록 한다. ③ 교사가 먼저 좋아하는 것을 1가지 꺼내어 열쇠를 자물쇠 구멍에 넣고 상자 속에 넣는 것으로 보여 준다. • 단계 2: 아동이 수행하기 ① 손을 들고 순서를 정한다. ② 기회가 주어진 아동이 앞으로 나와서 그림을 고른다. ③ 상자에 넣는다. ④ 나는 무엇을 추천하는지에 대해 이야기하고 이유를 이야기한다(이야기할 때 문장을 보여 주어 도움을 준다).

아동들의 반응	평가
• 자신의 기호에 따라 고를 수 있는 것과 상자에 넣는 과정에 흥미를 나타내었다. • 일부의 경우 친구의 이야기를 듣는 과정에 촉진이 필요하였다. • 친구의 선택에 대해 자신의 기호와 같거나 다름을 자연스럽게 이야기하는 모습이 관찰되었다.	• 만화 캐릭터를 이용한 것이 아동의 흥미도를 이끌고 활동에 적극성을 갖도록 하는 것에 효과적이었다. • 일상에서도 좋은 것을 친구에게 서로 추천해 줌으로써 친구와의 친밀함을 강화시키도록 하였다.

<3월/제2주/수요일/2교시/자기 이해하기>

활동 8

날짜	활동	내용
○○○○년 ○월 ○일	얘들아 모여 봐!	즐거운 요리 〈라면땅〉

준비물	준비 조건
• 라면/식용유/설탕/프라이팬/휴대용 가스레인지/주걱/접시/개별 그릇과 숟가락 등	• 요리를 위해 손을 씻고 작업 책상에 앉아 집중할 수 있도록 한다. • 특히, 가스 사용에 대해 알려 주고 주의하도록 한다.

절차
• 단계 1: 요리의 주제 나누기 ① 준비해 온 요리 재료를 꺼내고 요리에 들어가는 재료를 이야기한다. ② 방법과 주의점에 대해 이야기한다. • 단계 2: 라면땅 만들기 ① 프라이팬에 식용유를 넣고 달군다. ② 라면을 적당히 뿌셔 보도록 하고 프라이팬에 넣는다. ③ 주걱으로 저어 가면서 익히다가 적당히 노릇하게 익으면 접시에 덜어 놓는다. ④ 프라이팬에 설탕을 넣고 가열하여 시럽 상태로 만들고 ③을 넣어 잘 섞는다. • 단계 3: 상차리기와 먹기 ① 개별 그릇에 덜고 먹어 본다. ② 먹으면서 맛에 대해 이야기하도록 유도하고 아동이 서로 도와 완성시킨 것에 대해 칭찬해 준다.

아동들의 반응	평가
• 좋아하는 라면과 새로운 요리법에 대해 홍미를 나타내었고 진지하게 관찰하며 요리 과정에 임하였다. • 가열에 의한 라면 색의 변화, 설탕의 변화 등에 관심을 나타내었고, 다양한 질문을 자연스럽게 하였다("뜨거워요?", "불을 조심해야 되죠?", "빨리 먹고 싶어요." 등). • 각자에게 주어진 역할에 열심히 수행하였고 서로에게 더 잘하도록 도움을 주는 모습이 관찰되었다.	• 자조 기술을 익혀 나가는 한 방법으로서 매우 흥미롭고 신나는 경험이 되었다. • 역할을 수행하는 것에 대해 진지하였고, 친구에게 필요한 것들을 이야기하며 상호작용을 유도할 수 있었다.

<3월/제3주/월요일/1교시/자기 이해하기>

활동 9

날짜	활동	내용
○○○○년 ○월 ○일	생각 놀이	나의 장점, 단점 녹음하여 들려주기

준비물	준비 조건
• 장단점에 관해 예시할 수 있는 사물과 그 내용에 관한 자료(손과 발의 모형과 기능과 연관된 그림 자료들)	• 아동이 의자에 앉아 교사와 칠판에 집중할 수 있도록 한다. • 친구가 발표할 때 관심을 갖고 경청하며 반응을 보일 수 있는 분위기를 만든다.

절차

- 단계 1: '장점', '단점'이라는 단어의 개념 이해하기
  - ① '장점'이 무엇을 의미하는지 생각하고 이야기해 보도록 한다.
  - ② '단점'이 무엇을 의미하는지 생각하고 이야기해 보도록 한다.
- 단계 2: 예시 자료를 통해 장단점의 개념을 이해하기
  - ① 예시 자료를 소개한다.
    - 손/발의 이야기
  - ② 손과 발이 각각 자기의 장점을 뽐내는 이야기를 소개한다.
- 단계 3: 자신의 장단점을 생각해 보고 발표하고 녹음 자료를 들어 보기
  - ① 자신의 장단점을 생각해 보고 친구들 앞에서 이야기한다.
  - ② 발표의 형식에 맞춰 예의 있게 발표하도록 돕는다.
  - ③ 녹음된 음성도 들어 본다.
- 단계 4: 친구의 장단점 듣고 반응하기
  - ① 친구의 장점을 듣고 반응하는 표현을 한다.
    - 예 "너의 그런 점이 좋아.", "훌륭해."
  - ② 친구의 단점을 듣고 반응하는 표현을 한다.
    - 예 "그래, 이제 그렇게 하지 않는 것이 좋겠어."

☞ 다음 장

아동들의 반응	평가

<3월/제3주/월요일/2교시/자기 이해하기> 계속[2)]

활동 10

날짜	활동	내용
○○○○년 ○월 ○일	얘들아 모여 봐!	친구의 장점, 단점 듣고 반응해 주기

준비물	준비 조건
• 장단점에 관해 예시할 수 있는 사물과 그 내용에 관한 자료–손과 발의 모형과 기능과 연관된 그림 자료들	• 아동이 의자에 앉아 교사와 칠판에 집중할 수 있도록 한다. • 친구가 발표할 때 관심을 갖고 경청하며 반응을 보일 수 있는 분위기를 만든다.

절차

[사례 1]

교사: 오늘은 장점과 단점에 대해 이야기해 볼게요. 장점이라는 말을 들어 본 적 있어요?

아동 A: 네. 좋은 거요.

교사: 맞아요. 장점은 좋은 거예요. 그러면 단점은 뭘까요?

아동 A: 나쁜 점이요.

교사: 맞아요. 그럼, 손과 발 이야기를 통해 장단점에 대해 알아볼까요?

손은 "난 물건을 잡을 수도 있고 축구도 할 수 있어." 하고 이야기했대요. 손의 장점은 물건을 잡을 수도 있고 글씨를 쓸 수도 있고 테니스를 할 수도 있는 거예요. 발은 가고 싶은 곳으로 갈 수도 있고 축구도 할 수 있대요. 손은 발이 잘할 수 없는 단점이 있고 발도 손이 잘할 수 있는 것을 할 수 없는 단점이 있지만 둘은 서로 필요하고 도우면서 살아야 해요. 그러면 이제 친구들이 자신의 장단점을 이야기해 볼게요. 발표해 볼 사람!

아동 A: 저는 ○○입니다. 저의 장점은 엄마 말씀 잘 듣고 밥도 잘 먹고 그림도 잘 그리고 공부도 잘합니다. 저의 단점은 친구들을 못살게 구는 것입니다. 다음에는 그러지 않겠습니다. 이상입니다.

교사: 예. 잘했습니다.

아동들의 반응	평가
• 장단점에 대해 비교적 이해를 잘하고 자신에 대해서도 잘 발표했다. • 친구의 발표를 경청하고 적극적으로 반응을 보이는 데에는 미흡한 면이 있었다.	• 장단점을 이야기할 때 표면적인 행동과 연관된 것만이 아니라 그 이면의 태도와 습관 등에 관해서도 이야기해 볼 수 있도록 돕는 것이 필요하다.

2) 1~2교시 연장 프로그램. 편의상 생각 놀이, 함께 놀이로 구분하여 제시함.

<3월/제3주/수요일/1교시/자기 이해하기>

활동 11

날짜	활동	내용
○○○○년 ○월 ○일	생각 놀이	경험 자랑하기

준비물	준비 조건
• 나의 자랑거리(아동이 생각하여 이야기할 수 있는 자료 사진-상장/놀이동산/박물관/수족관 등) • 아동의 경험에 대한 사전 조사	• 칠판 앞에 앉아 주의집중을 할 수 있도록 한다.

절차

- 단계 1: 친구들에게 자랑할 수 있는 여러 가지 내용을 생각하기
  - ① 어떤 것을 자랑할 것인지 생각하도록 하고 사전 조사된 내용으로 도움을 준다.
- 단계 2: 나의 자랑 거리 발표하기
  - ① 상장의 그림을 보며 언제 어떤 상을 받아 본 경험이 있는지 이야기한다.
  - ② 놀이동산의 사진을 보며 어느 놀이동산에 누구와 함께 갔었는지 이야기해 본다.
  - ③ 수족관, 박물관, 마술쇼 등의 사진을 보며 경험을 이야기한다.
  - ④ 친구의 이야기를 들었던 것을 기억해 보고 누가 어떤 것을 자랑했는지 이야기한다.
  - ⑤ 친구에게 추천해 주는 이야기를 나눌 수 있도록 한다.

아동들의 반응	평가
• 자료 사진을 보며 자신이 갔던 놀이동산에 대해 이야기하였다. • TV에서 본 마술에 대해 이야기할 수 있었다. • 상장을 받았던 경험에 대해서 이야기하기 어려웠고 서로의 이야기를 듣고 질문하고 대답하는 과정은 조금 어려웠다.	• 부모 교육을 통해 자녀와의 경험에 대해 자주 이야기할 수 있는 기회를 가져 보도록 해야 하며, 아동에게 보다 쉽게 기억될 수 있는 경험의 이야기를 선택하는 것이 좋겠다.

<3월/제3주/수요일/2교시/자기 이해하기>

활동 12

날짜	활동	내용
○○○○년 ○월 ○일	얘들아 모여 봐!	그림 이어서 그리기(협동화)

준비물	준비 조건
• 4절지 도화지/이젤/매직/종	• 이젤을 준비한다. • 이젤 앞에 의자를 놓고 앉아 설명을 들을 준비를 한다.

절차

- 단계 1: 그림 이어서 그리기의 진행 방법과 재료를 소개하기
- 단계 2: 게임 진행하기
  ① 순서를 정하여 앉는다.
  ② 교사가 주제를 알려 준다.
  – 봄 동산/우리 마을/우리 유치원 등
  ③ 첫 번째 아동은 시작 종소리와 함께 뛰어 나가 이젤에 그림을 그린다.
  ④ 종소리가 나면 들어오며 두 번째 아동이 뛰어나가 주제와 연관된 그림을 그린다. 종소리가 날 때마다 그리는 아동이 바뀌게 된다.
  ⑤ 종료 종소리가 울리면 멈추고 그림이 어떻게 완성되었는지 무엇이 그려졌는지 감상한다(교사가 그림에 약간의 도움을 주어 완성도를 높인다).
  ⑥ 2~3회 반복하여 진행한다.

아동들의 반응	평가
• 1회 진행 후에 방법을 잘 알고 진행하였다. • 순서를 기다리고 자기에게 기회가 왔을 때 그릴 수 있는 규칙을 잘 지켰다. 또한 게임을 통한 미술활동에 대해 즐거워하였으며 서로에게 무엇을 그리라고 이야기하며 상호 관계를 이루는 것이 관찰되었다.	• 스스로 그리기를 어려워하는 아동의 경우 함께 그려 완성시키는 협동화를 통해 자신감을 가지고 적극적으로 참여하도록 유도할 수 있었다. • 각자에게 주어진 기회를 잃지 않기 위해서 종소리 듣기, 순서대로 나가기 등의 규칙을 지키는 훈련을 하기에 유익하였다.

<3월/제4주/월요일/1교시/자기 이해하기>

활동 13

날짜	활동	내용
○○○○년 ○월 ○일	생각 놀이	여러 가지 직업/나의 희망

준비물	준비 조건
• 여러 가지 직업에 관한 그림 자료 (양궁 선수, 농부, 배우, 분장사) • 자신의 장래 희망에 대해 발표할 내용	• 아동이 의자에 앉아 교사와 칠판에 집중할 수 있도록 한다. • 친구가 발표할 때 관심을 가지고 경청하며 반응을 보일 수 있는 분위기를 만든다.

절차
• 단계 1: 여러 가지 직업 이해하기 ① 여러 가지 직업의 종류 발표해 보기 ② 직업의 종류를 생각해서 이야기한 아동에게 칭찬 등의 언어적인 보상 주기 ③ 또래 모델링을 통해 다른 아동들도 발표해 보도록 촉진하기 ④ 아동들이 발표한 것 이외의 다른 직업들도 알 수 있도록 교사가 그림 제시하기 ⑤ 교사가 제시한 그림을 보고 아동들이 맞추기: 농부, 양궁 선수, 배우, 분장사 ☞ 다음 장

아동들의 반응	평가
☞ 다음 장	☞ 다음 장

<3월/제4주/월요일/1교시/자기 이해하기> 계속

활동 13

날짜	활동	내용
○○○○년 ○월 ○일	생각 놀이	여러 가지 직업/나의 희망

준비물	준비 조건
☜ 앞 장	☜ 앞 장

절차
• 단계 2: 장래 희망 발표해 보기 ① 미리 생각해 온 자신의 장래 희망 발표해 보기 ② 발표의 형식에 맞춰 발표하도록 돕기 – 자기소개, '저', '저의'를 사용하여 표현한다 – 왜 그렇게 생각했는지 논리적으로 이야기한다. – 끝맺는다. ③ 다 들은 후 다른 친구들이 질문을 하거나 반응을 보이도록 촉진하기 ④ 칭찬하기 ⑤ 다른 아동들도 발표해 보도록 촉진하기 [사례 1] 교사: 지금 우리가 여러 가지 직업의 종류에 대해 살펴봤는데 이제, 친구들이 커서 어른이 되면 어떤 직업을 갖고 싶은지 이야기해 볼게요. 그럼, 제일 먼저 누가 발표해 볼까요? 아동 A: 저요! 교사: 나와 보세요. 아동 A: 저는 커서 요리사가 되고 싶습니다. 교사: 왜 요리사가 되고 싶어요? 아동 A: 저는 딸기 주스를 잘 만들기 때문입니다. 교사: 어디 요리사가 되고 싶어요? 아동 A: 힐튼 호텔 요리사요.

아동들의 반응	평가
• 다양한 직업에 대한 이해가 부족해 보였다. • 다른 친구가 보상을 받는 모습은 다른 아동들에게 자극이 되어 자신의 생각이나 의견을 발표해 보려는 분위기를 촉진시켰다. • 많이 접해 보지 못한 직업에 관한 그림을 흥미로워했다. • 친구가 장래 희망을 발표할 때 경청하거나 관심을 보이는 것이 부족하였다.	• 아동들이 집에서 부모님과 자신의 장래 희망에 대해 미리 생각해 보도록 과제를 제시했었는데 효과적이었다. • 아동들의 자신의 생각을 논리적이고도 예의 있게 발표하도록 돕는 기술이 더욱 필요하다.

<3월/제4주/월요일/2교시/자기 이해하기>

활동 14

날짜	활동	내용
○○○○년 ○월 ○일	얘들아! 모여 봐!	이런 사람은 움직이세요!

준비물	준비 조건
• 모둠이 될 수 있는 표지판 2개 • 아동들이 생각하고 행동할 수 있는 조건어	• 아동이 임의대로 두 모둠으로 나누어 서 있도록 한다. • 조건어를 끝까지 잘 듣고 맞은편 반환점으로 뛰어가는 게임의 규칙을 충분히 이해하도록 한다.

절차
• 단계 1: 두 모둠으로 나누어 서기 ① 아동이 임의대로 두 모둠으로 서 있도록 한다. • 단계 2: 게임의 규칙 이해하기 ① 교사가 제시하는 조건어를 끝까지 잘 듣도록 한다. ② 자신에게 해당되는 내용일 경우 맞은편 모둠으로 뛰어가는 것임을 이해하도록 한다. ③ 친구들을 모방하여 뛰는 것이 아니라 자신에게 해당될 경우에만 뛰는 것임을 이해하도록 한다. ④ 친구들을 관찰함으로써 친구들의 상황을 이해할 수 있도록 도와준다.

☞ 다음 장

아동들의 반응	평가
☞ 다음 장	☞ 다음 장

<3월/제4주/월요일/2교시/자기 이해하기> 계속

활동 14

날짜	활동	내용
○○○○년 ○월 ○일	얘들아! 모여 봐!	이런 사람은 움직이세요!

준비물	준비 조건
☜ 앞 장	☜ 앞 장

절차
[사례 1] 교사: 자, 이제 재미있는 게임을 하나 해 볼 거예요. 저기 표지판이 보이지요? 빨간 표지판 그리고 초록색 표지판. 먼저, 자기가 가고 싶은 표지판으로 가서 서 보세요. 아동들: 두 표지판에 나누어 선다. 교사: 이제 선생님이 간단한 문장을 읽어 줄게요. 자기에게 해당되는 내용이 있는 친구는 반대편 표지판으로 빨리 뛰어가는 거예요. – 오늘 운동화 신고 온 사람! 친구들의 이야기를 잘 듣는 사람! – 만화 '다그온'을 좋아하는 사람! 양치질을 혼자서 하는 사람! 아동들: 조건에 따라 움직인다.

아동들의 반응	평가
• 비교적 조건을 잘 듣고 움직였으며 흥미 있어 했다. • 외적인 조건에서는 빨리 움직였고 내적인 조건에 대해서는 약간의 시간이 필요했다. • 친구들의 반응과 행동을 살피는 모습이 관찰되었다.	• 흥분하여 조건을 숙고하지 않고 움직이는 친구들의 경우 중간중간에 환기시켜 주는 것이 필요하다. • 아동들의 생각이나 감정 등의 내적인 조건의 경우에는 미리 알아 놓아 정확하게 하는 것이 필요하다.

<3월/제4주/수요일/1교시/자기 이해하기>

활동 15

날짜	활동	내용
○○○○년 ○월 ○일	생각 놀이	위인들의 이야기

준비물	준비 조건
• 위인들과 연관된 사진 (세종대왕–가나다라, 만 원짜리 지폐/에디슨–전구 그림 등)	• 칠판 앞에 앉아 집중한다.

절차
• 단계 1: 위인이 누구인지에 대한 설명 듣기 ① 훌륭한 일을 한 사람, 좋은 일을 하여 유명해진 사람 등으로 설명한다. • 단계 2: 준비된 자료를 보며 이야기한다. ① 세종대왕의 동상 그림을 보며 누구인지 맞추어 본다. ② 가나다라마바사, 봉투 속에 들어 있는 만 원짜리 지폐 등을 보며 세종대왕이 한글을 만든 것과 훌륭한 왕이었음을 이야기한다. ③ 그 외 피카소, 모차르트, 에디슨에 대한 그림과 참고 사진을 보며 이야기한다. (참고 그림: 피카소의 작품, 붓과 물감 도구, 모차르트 그림, 악보) • 단계 3: 그림을 보며 오늘 나눈 위인과 그 업적에 대해 정리하고 이름을 기억할 수 있도록 한다.

아동들의 반응	평가
• 그림을 보며 누구인지, 어떤 일을 한 위인인지에 대하여 예상해 보며 흥미를 나타내었다. • 대체로 피카소에 대한 이해는 빠른 반면 세종대왕, 모차르트, 에디슨에 대해서는 상당히 생소함을 느끼는 듯하였다.	• 위인에 대한 자세한 설명과 우리가 어떤 사람이 되어야 할지에 대해 생각해 보고 이끌어 낼 수 있는 시간이 되었다. 전반적으로 직업에 대한 인지를 더욱 높이고 자신의 장래 희망을 구체적으로 이야기할 수 있는 도움이 더욱 필요했다.

<3월/제4주/수요일/2교시/자기 이해하기>

활동 16

날짜	활동	내용
○○○○년 ○월 ○일	얘들아 모여 봐!	미래의 나 그리기

준비물	준비 조건
• 그림을 도울 수 있는 참조 그림(요리사 복장, 운전기사 복장, 택시 등의 그림)/도화지/다양한 그리기 도구(연필, 지우개, 크레파스, 색연필)	• 자신의 장래 희망(직업)에 대해 생각해 오기(어머니를 통해 알아 둘 것) • 칠판 앞에 앉아 집중하도록 한다.

절차

- 단계 1: 나의 장래 희망 발표하기
  - ① 각 아동들이 요리사, 택시 기사 등을 말하였다.
- 단계 2: 구체적인 모습 그리기
  - ① 요리사와 운전기사의 복장에 대한 그림을 참고로 보여 준다.
  - ② 각자 어울리는 의상과 모자 등을 그려 밑그림을 완성한다.
  - ③ 함께 그릴 만한 적절한 사물을 등장시킨다.
    - – 오븐 레인지, 택시 등
  - ④ 색칠하여 완성한다.
- 단계 3: 자신의 그림에 대해 발표하기
  - ① 어떤 모습을 그렸는지 어떤 직업을 나타낸 것인지에 대해 발표한다.
  - ② 친구의 그림에 흥미를 갖고 이야기하도록 한다.

아동들의 반응	평가
• 제시된 그림을 보며 매우 좋아하며 흥미를 나타내었고 그리기 작업에 능숙한 아동의 경우에는 세부적인 사물까지 등장시켜 그림을 완성시켰다. • 직업에 대한 인지가 어려운 아동의 경우에 친구를 따라 장래 희망을 이야기하였고, 그리기 작업에는 열심히 참여하였다.	• 장래 희망에 대한 이야기를 나눈 후 그림으로 표현함으로써 생각과 의견을 보다 구체적으로 나타내는 작업이 되었다.

4월

친구 이해하기

S	M	T	W	T	F	S
			1	2	3	4
5	6	7	8	9	10	11
12	13	14	15	16	17	18
19	20	21	22	23	24	25
26	27	28	29	30	31	

<4월/제1주/월요일/1교시/친구 이해하기>

활동 17

날짜	활동	내용
○○○○년 ○월 ○일	생각 놀이	누구일까요?

준비물	준비 조건
• 종이, 필기도구	• 자신을 잘 표현하며 서로를 알아 가는 시간을 갖는다.

절차
• 단계 1: 자신에 대해 표현하기 ① 종이와 필기도구를 나누어 준다. ② 자신의 이름은 쓰지 않고 자신이 좋아하는 색깔, 음식, 만화, 친구, 과자 등을 적는다. ③ 적은 종이는 교사가 모아 주머니 속에 넣는다. • 단계 2: 누구일지 추측하기 ① 주머니의 종이 중에서 하나를 임의로 뽑는다. ② 펼쳐서 친구들에게 읽어 준다. ③ 어떤 친구에 대한 설명인지 생각해 보고 맞힌다. ④ 틀렸을 경우 나머지 친구들이 생각해 보는 시간을 갖는다. • 단계 3: 서로에 대해 이해하기 ① 종이에 써 놓은 것을 함께 읽고 각자가 좋아하는 것을 통해 서로를 이해하는 시간을 갖는다.

아동들의 반응	평가
• 어떤 친구인지 추측해 보는 것을 즐거워했다. 좀 어려워하는 아동도 있었다. • 종이를 뽑으면서 기대하며 즐거워하였다. • 자신에 대해 글로 표현하는 것을 어려워하는 아동도 있었다.	• 종이에 쓰여 있는 것을 보면서 누구일지 추측해 보고 맞혀 보는 형식으로 서로를 이해하는 것을 즐거워했다. • 자신에 대해 여러 가지로 표현할 수 있지만 글로 표현하는 것을 경험해 보는 시간이 되었다.

<4월/제1주/월요일/2교시/친구 이해하기>

활동 18

날짜	활동	내용
○○○○년 ○월 ○일	얘들아 모여 봐!	숨겨진 조약돌

준비물	준비 조건
• 돌멩이 • ○ × 기둥	• 질문의 내용에 집중하고 규칙에 따라 게임에 임한다. • 친구를 따라 하는 것이 아니라 스스로 생각하여 할 수 있도록 한다.

절차
• 단계 1: 게임의 규칙 이해하기 ① 게임의 규칙을 잘 듣는다. ② 이해한 것을 교사와 친구들에게 설명해 준다. • 단계 2: 문제를 이해하여 반응하기(○ × 기둥에 서기) ① 문제를 끝까지 잘 듣는다. ② 다른 친구의 반응을 모방하지 않고 스스로 생각한다. ③ 생각한 대로 ○ × 기둥으로 움직인다. • 단계 3: 결과 듣고 적절한 반응하기 결과를 듣고 자신의 행동에 대해 반응한다.

아동들의 반응	평가
• 많은 흥미를 보였으며 비교적 규칙에 따라 움직였다. • 난이도가 있는 문항일 경우 다른 친구들의 반응을 살펴 따라 하는 모습이 많았다.	• 스스로 생각하여 판단한 것을 행동으로 옮기는 면에서 좋은 활동이었다. • 친구의 행동을 따라 하는 경우가 많아 아쉬웠다.

<4월/제1주/수요일/1교시/친구 이해하기>

활동 19

날짜	활동	내용
○○○○년 ○월 ○일	생각 놀이	인터뷰

준비물	준비 조건
• 마이크/인터뷰의 방법과 질문이 적힌 자료/인터뷰의 상황을 표현한 그림 • 질문지의 내용은 다양하게 준비한다(이름, 나이 등의 신변에 관한 것/가족, 유치원, 사는 동네/장래 희망, 좋아하는 음식, 비디오, 유튜브 등 기호에 대한 것/장점, 잘 부르는 노래, 친한 친구).	• 칠판에 그림과 질문지를 준비한다. • 책상에 둘러앉으며 중앙에 마이크를 준비한다.

절차
• 단계 1: 그림을 보며 인터뷰의 방법과 상황 설명하기 • 단계 2: 친구와 일대일로 질문하고 대답하기 ① 순서를 정하여 누가 누구를 인터뷰할지 결정한다. ② 각 아동에게 적절한 질문지를 교사가 제시해 준다. ③ 인터뷰를 시작할 때는 "인터뷰를 시작하겠습니다."라고 이야기하도록 한다. ④ 적절한 억양과 표정으로 질문과 대답을 한다. ⑤ 질문과 답을 다하면 "인터뷰를 마치겠습니다."라고 이야기한다. • 단계 3: 인터뷰한 내용을 함께 이야기하고, 어떤 질문에 누가 어떻게 질문했는지 기억하기

아동들의 반응	평가
• 마이크를 들고 순서에 따라 질문하고 대답하기를 좋아하였고, 전반적으로 이전에 진행했던 수업의 내용을 잘 기억하여 신변에 관한 것, 기호와 연관된 것, 마음과 연관된 것 등을 잘 대답할 수 있었다. • 아동에 따라 아나운서와 비슷한 억양을 흉내 내며 진행하기를 적절히 잘하였다.	• 서로를 알기 원하고 나를 알리는 방법을 연습하는 것에 유익하였다. • 인터뷰라는 상황을 이해하고 역할을 바꾸어 가며 적절하게 질문과 대답을 하는 경험을 하였다. 특히, 적절한 억양으로 말하는 것을 훈련할 수 있었다.

<4월/제1주/수요일/2교시/친구 이해하기>

활동 20

날짜	활동	내용
○○○○년 ○월 ○일	얘들아 모여 봐!	친구의 얼굴 그리기

준비물	준비 조건
• 색도화지/파스텔/견본 그림	• 책상에 앉아 색도화지와 파스텔을 준비한다.

절차
• 단계 1: 주제 설명하기 • 단계 2: 그리기 진행하기 ① 교사가 준비한 그림을 보며 친구의 얼굴을 자세히 그려 나가는 방법을 보여 주고 완성된 그림을 감상한다. ② 파스텔을 이용하여 세워서 또는 눕혀서 사용하는 방법을 배운다. ③ 누구를 그릴 것인지 대상을 선정한다(모두 다른 친구를 서로 그리도록 한다). ④ 파스텔로 그린다. • 단계 3: 친구의 그림을 서로 감상하고 내 그림 소개하기

아동들의 반응	평가
• 그림 그리기에 집중하였고 그릴 대상을 자연스럽게 선정하였다. • 파스텔을 사용하기 싫다며 크레파스를 달라고 하는 아동이 있었고, 파스텔로 완성시켜 보도록 촉진하자 잘 받아들였다.	• 파스텔을 사용하여 넓은 면의 색칠을 보다 쉬운 방법으로 작업하도록 하였고, 파스텔로 그리고 손가락으로 문질러 표현하는 방법을 경험할 수 있었다. • 서로의 얼굴을 관찰하고 눈, 코, 입을 그리도록 지시하여 대상 표현의 기회를 넓혔다.

<4월/제2주/월요일/1교시/친구 이해하기>

활동 21

날짜	활동	내용
○○○○년 ○월 ○일	생각 놀이	추측하기-친구는 무얼 좋아할까?/요리 선정

준비물	준비 조건
• 아동의 이름판 • 색깔, 음식, 과자, 노래 등의 목록 • 요리 목록 3가지	• 친구에 대해 관심 갖고 생각해 보는 시간을 갖는다.

절차

- 단계 1: 수업 내용 예고하기
  - ① 아동의 이름이 적힌 4절 크기의 판을 제시한다.
  - ② 판의 세로는 아동의 이름, 가로는 목록이 적혀 있다.
  - ③ 친구들이 어떤 것을 좋아할지 추측해 보고 친구의 이름 옆에 좋아할 것 같은 그림을 붙이는 형식임을 이야기한다.
    - 예 "○○는 어떤 색깔을 좋아할까? 나와서 붙여 보자!"
- 단계 2: 생각해 볼 범주 제시하기
  - ① 색깔 중에서 친구들이 좋아할 만한 색깔을 추측해서 붙여 본다.
    - "○○는 빨간색을 좋아할 것 같아."라고 말하고, 빨간색을 친구의 이름 옆에 붙인다.
  - ② 음식, 과자, 노래, TV 프로그램 중에서도 각각 같은 방식으로 한다.
  - ③ 실제로 친구가 추측한 것과 일치하는지 본인의 의견을 들어본다.
- 단계 3: 자신의 의견을 투표를 통해 표현하며 결과를 받아들이기
  - ① 요리 목록을 듣고 어떤 것으로 투표할지 결정한다.
  - ② 1명씩 나와서 다른 친구들이 보지 않게 자신이 하고 싶은 요리 아래에 자신의 이름 스티커를 붙인다.
  - ③ 투표 결과를 보고 결과를 받아들인다.
  - ④ 요리에 필요한 재료를 생각해 보고 하나씩 나누어서 준비하기로 한다.

아동들의 반응	평가
• 나름대로 친구들이 좋아할 만한 것을 추측하여 스티커를 잘 붙였다. • 자기가 좋아하는 것을 친구들도 좋아할 것처럼 생각하는 아동들이 많았다. • 투표에 대해 기대하고 예측할 수 있는 아동들이 있었다.	• 친구가 무엇을 좋아할지 추측해 보며 서로에 대한 관심을 갖게 되었고, 친밀감을 형성할 수 있었다. • 자신이 생각하는 친구가 좋아할 만한 것과 실제로 친구들이 좋아하는 것의 차이를 인식하며 받아들이는 과정이 엿보였다.

<4월/제2주/월요일/2교시/친구 이해하기>

활동 22

날짜	활동	내용
○○○○년 ○월 ○일	얘들아 모여 봐!	종이 가방 만들어 좋아하는 것 담아 주기

준비물	준비 조건
• 종이 가방 만들 재료(색지, 풀, 반짝이 모루 등) • 친구에게 주고 싶은 선물	• 제시된 자료로 창의성 있게 만드는 시간을 갖고 친구에게 관심을 표현한다.

절차
• 단계 1: 종이 가방 만들기 ① 재료를 제시한다. ② 교사의 시연을 보고 주어진 재료로 종이 가방을 만든다. • 단계 2: 좋아하는 것 담기 ① 이미 준비한 선물을 꺼낸다. ② 각자가 좋아하는 것을 선택한 것임을 이야기한다. ③ 종이 가방에 선물을 담는다. • 단계 3: 친구에게 선물하기 ① 주고 싶은 친구를 마음속으로 생각해 본다. ② 선물이 한 아동에게 몰리게 될 경우 다른 방법으로 선물을 공평하게 나누도록 한다. • 단계 4: 이야기 나누기 ① 자신이 받은 선물을 보고 이야기를 나눈다. ② 친구에게 고마움을 표현한다.

아동들의 반응	평가
• 선물을 주고 싶은 친구가 한 아동으로 몰리게 되어 그냥 옆의 친구에게 주기로 했을 때 받아들이지 않으려는 아동이 있었다. • 선물이 자신의 기대와 다른 경우 불평하는 경우가 있었다. • 아직은 자신의 반응으로 인해 상대 친구의 마음이 상하고 속상하게 할 수 있다는 것을 인식하는 데 어려움이 있어 보인다.	• 자신의 반응이나 행동이 상대방의 감정을 상하게 하거나 기쁘게 할 수 있다는 것을 인식하는 데 도움이 필요해 보인다. • 자신의 것을 친구에게 나누어 줌으로써 친밀감을 높이며 아울러 이러한 관계를 통해 사회성 기술을 습득하는 데 도움이 될 수 있을 것이라고 평가된다.

<4월/제2주/수요일/1교시/친구 이해하기>

활동 23

날짜	활동	내용
○○○○년 ○월 ○일	생각 놀이	스무고개

준비물	준비 조건
• 문제가 적혀 있는 종이(문항이 나열되어 있고 맨 밑에 붙인 종이를 뜯어내면 정답이 있음)	• 칠판 앞에 앉아 집중한다.

절차

- 단계 1: 스무고개에 대한 설명하기
- 단계 2: 게임 진행하기
  ① 교사가 먼저 항목을 읽는다.
  ② 문제를 듣다가 정답을 알 것 같으면 손을 들고 이야기하도록 한다.
  ③ 정답을 맞힌 친구는 종이를 떼어 내고 확인한다.
  ④ 정답을 맞힌 친구가 문제를 내도록 한다.
  ⑤ 아동의 수준에 맞추어 한 아동이 풀 수 있는 적당한 문제를 주어 혼자 맞혀 보도록 한다.

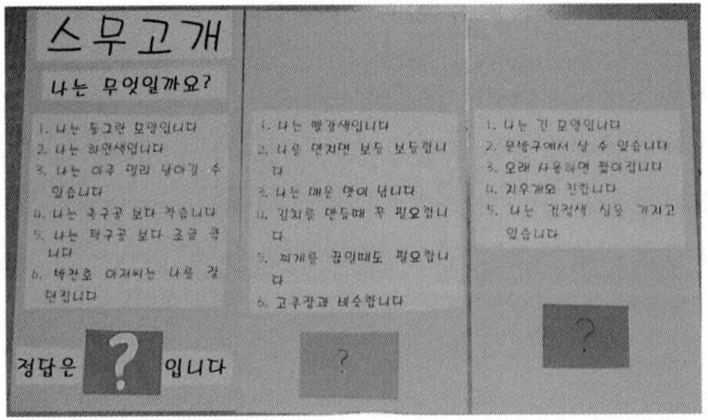

아동들의 반응	평가
• 스무고개에 대해 대부분의 아동이 이미 그 방법을 알고 있었고 진행을 기대하였다. • 아동에 따라 문제를 듣고 각 항목에 해당하는 적절한 사물이나 인물을 이야기할 수 있었다. • 적절한 답을 맞혔을 때 자신감을 얻었고 매우 즐거워하는 반응을 보였다. • 정답이 친구의 이름(○○○)이었을 때 문제를 내는 아동은 의미심장한 미소를 그 친구에게 보내며 항목을 읽었다.	• 스무고개에 있어서 필요한 규칙과 방법, 정답을 맞히기까지 추리해 나가는 과정을 함께 할 수 있었다. • 한 항목에 해당하는 것은 쉽게 말하지만 여러 항목에 적절한 정답을 유추하는 훈련을 할 수 있었다.

<4월/제2주/수요일/2교시/친구 이해하기>

활동 24

날짜	활동	내용
○○○○년 ○월 ○일	얘들아 모여 봐!	즐거운 요리 〈꼬치구이〉

준비물	준비 조건
• 요리 재료(꼬치 막대기, 어묵, 떡볶이 떡, 햄, 양념장)	• 요리 도구를 준비한다. • 특히, 가스를 사용하므로 주의해야 할 점을 말해 준다.

절차
• 단계 1: 요리의 주제 상기시키기 ① 각자 준비해 온 재료를 책상 위에 올려놓고 필요한 모든 재료에 대해 이야기한다. • 단계 2: 요리 진행하기 ① 적당한 크기로 재료를 썬다. ② 꼬치에 각 재료를 차례대로 끼운다. ③ 프라이팬을 달군 뒤 자기가 끼운 꼬치를 굽도록 한다. ④ 양념장을 만들어 바른다. ⑤ 완성된 요리를 접시 위에 담아 본다. • 단계 3: 시식 및 요리 평가하기 ① 자기가 만든 요리를 먹고 맛을 이야기해 본다. ② '달콤하다', '매콤하다'와 같은 맛에 대한 여러 낱말을 표현해 본다.

아동들의 반응	평가
• 요리에 대한 아동들의 반응은 항상 진지하고 즐거움이 넘친다. • 순서에 따라 꼬치를 끼우고 익기를 기다리는 동안 친구와 협력하는 활동을 진행할 수 있었다(순서에 따라 끼워 보고 서로 도움을 주도록 하였다). • 자기 물건에 대해 집착하는 아동의 경우 자신이 가져온 재료(꼬치 막대기)를 집으로 가져가겠다고 하였고 너무 많이 써버렸다고 울었다(실제로는 30개가량 가져온 것 중에 22개 정도가 남았다).	• 요리를 진행하는 동안 아동들이 자기가 가져온 재료에 대해 지나치게 이야기하는 경향이 있고, 특히 포장을 뜯지 않고 통째로 재료를 가져오는 것은 좋지 않았다. • 요리 진행 중 서로에게 도움을 주도록 하면 더욱 자연스럽게 상호작용을 유도할 수 있었다.

<4월/제3주/월요일/1교시/친구 이해하기>

활동 25

날짜	활동	내용
○○○○년 ○월 ○일	생각 놀이	○○ 옆에 앉은 ○○입니다!

준비물	준비 조건
• 없음	• 게임의 규칙을 이해하여 순발력 있게 임하도록 한다.

절차

• 단계 1: 게임의 규칙 이해하기

① 게임의 규칙에 대해 듣는다.

– 나란히 의자에 앉아 자신을 소개하는 게임이다.

– 자신을 소개할 때 "○○ 옆에 앉은 ○○입니다!"라고 소개한다.

– 그 옆의 친구도 마찬가지로 소개한다.

– 어느 정도 익숙해지면 이름으로 하지 않고 별명이나 재미있는 호칭으로 게임을 계속 한다.

② 교사와 몇 아동이 시연을 보인다.

• 단계 2: 게임하기

① 이름으로 소개한다.

② 흐름이 끊어지지 않고 순발력 있게 진행되도록 촉진한다.

③ 별명이나 재미있는 호칭을 사용하여 게임을 진행한다.

• 단계 3: 느낌 말하기

① 게임을 하고 난 소감을 돌아가면서 이야기한다.

② 게임을 정리한다.

아동들의 반응	평가
• 단순한 듯하면서도 의외로 어려워하였다. • 순발력을 요하는 게임을 할 때 어려워하였다.	• 계속 상대방에 대해 인식해야 하는 게임이므로 사회성 증진에 좋은 게임이었다. • 이름으로 할 때보다 별명으로 하는 것을 더 재미있어 하였다.

<4월/제3주/월요일/2교시/친구 이해하기>

활동 26

날짜	활동	내용
○○○○년 ○월 ○일	얘들아 모여 봐!	친구 동물화

준비물	준비 조건
• 여러 가지 동물 그림 • 얼굴 그림만 빠진 친구들의 초상화	• 상대방을 배려하고 존중하는 마음을 배운다.

절차
• 단계 1: 다양한 동물의 특징 알기 ① 미리 준비한 동물 그림을 제시한다. ② 각 동물의 특징을 파악하여 이야기를 나눈다. • 단계 2: 친구에게 어울리는 동물 사진 매치하기 ① 친구들의 얼굴이 빠진 초상화 틀을 제시한다. ② 한 친구를 언급하며 어떤 동물이 어울릴지 생각해 보도록 한다. ③ 친구의 얼굴에 어울리는 동물의 그림을 붙이도록 한다. ④ 어떤 면에서 어울리는지 이유를 설명해 보도록 한다. ⑤ 본인에게 기분이 어떤지 들어본다. • 단계 3: 정리하기 ① 자신에게 어울릴 것 같은 동물이 마음에 안 들 경우 어떻게 할 것인지에 관해 이야기를 나눈다. ② 친구에게 어울릴 것 같은 동물을 매치할 때 친구의 마음이 어떨지 생각해 보도록 언급한다.

아동들의 반응	평가
• 친구의 이미지와 맞는 동물을 잘 선정하여 적절하게 연결하였다. • 친구에게 돼지가 어울릴 것 같다는 이야기를 한 아동이 있어 상대방의 기분이 어떨지 생각해 볼 기회를 주었다. • 자신을 돼지 같다고 한 이야기를 듣고 한 아동이 기분 나빠 하였다.	• 단순한 아이템이었지만 사회성 증진에 좋은 프로그램이었다. • 상대방의 감정을 예측하고 마음을 읽는 데에 좋은 프로그램이었다. • 아동들에게 아직은 어려운 감이 있지만 계속 촉진을 주는 것이 필요하다고 생각된다.

<4월/제3주/수요일/1교시/친구 이해하기>

활동 27

날짜	활동	내용
○○○○년 ○월 ○일	생각 놀이	부분 사진 보고 맞히기

준비물	준비 조건
• 아동의 얼굴 사진(확대된 것)/사진을 부분적으로 가릴 수 있는 종이(점차 작은 구멍에서 점차 크게 뚫어진 것으로 준비함)	• 칠판 앞에 앉아 준비한다. • 그림을 잘 볼 수 있도록 자리를 배치한다.

절차

- 단계 1: 방법 설명하기(구멍으로 보이는 그림을 보고 맞히는 것).
- 단계 2: 진행하기
  - ① 눈, 코, 입의 일부만이 보이는 자료를 제시한다.
  - ② 추측하여 보도록 한다.
  - ③ 조금 더 큰 구멍이 나 있는 종이로 바꾸어 관찰하도록 한다.
  - ④ 누구의 얼굴인지를 생각해 보고 맞혀 보도록 유도한다.
  - ⑤ 단계적으로 더욱 많은 부분을 보여 주고 정답을 맞히면 가린 종이 없이 사진을 보도록 한다.
  - ⑥ 사진을 바꾸어 가며 진행한다.

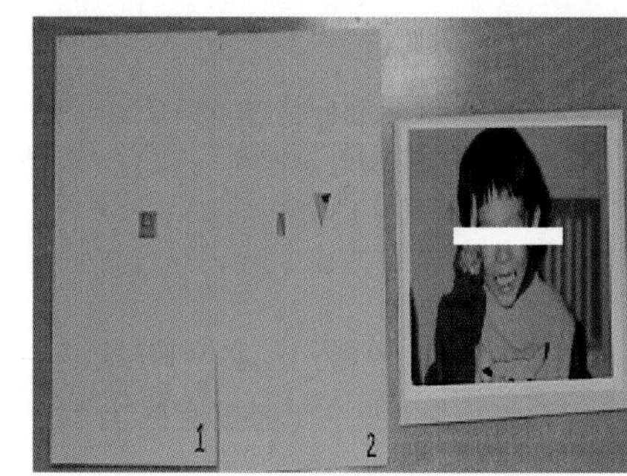

아동들의 반응	평가
• 매우 큰 흥미도를 나타내었다. 아동들은 부분 사진을 보며 관심을 보였고, 추측하여 볼 때 자기 자신이나 친구의 이름을 말하며 즐겁게 진행하였다. • 한 아동의 경우 추측할 때마다 자기 이름만을 거듭 말하여 다른 사람일 가능성을 생각하여 보도록 하였다. • 친구의 얼굴이 나오면 그 친구를 쳐다보며 재미있어 하고 자연스럽게 '○○였다'라고 말하며 상호작용을 하였다.	• 친구의 얼굴뿐 아니라 애니메이션 캐릭터나 유명한 스타들의 사진을 첨가하여 진행하면 더욱 효과적일 것으로 생각된다. • 사진 속의 친구의 모습을 보며 친밀감을 형성할 수 있었고 친구를 생각하고 우정을 나누는 기회가 될 수 있었다. • 특히, 결과를 알아보는 시간에는 호기심을 가지고 집중하였고, 왜 그렇게 추측했었는지 또 자신이 추측한 것과 맞았는지 틀렸는지에 대해 이야기할 수 있었다.

<4월/제3주/수요일/2교시/친구 이해하기>

활동 28

날짜	활동	내용
○○○○년 ○월 ○일	얘들아 모여 봐!	비행공 만들기

준비물	준비 조건
• 스트로(구부러지는 것)/스티로폼 공/플라스틱 뚜껑(생수통 뚜껑)/가위	• 책상에 둘러앉아 작업을 준비한다.

절차

- 단계 1: 완성품을 입으로 불어서 공을 떠올리는 방법 보여 주기
- 단계 2: 만드는 방법 소개하기
  ① 스트로의 입에 무는 부분을 가위로 십자모양으로 자른다.
  ② 자른 부분을 바깥쪽으로 벌려서 펼쳐지도록 한다.
  ③ 병뚜껑에 구멍을 내고 스트로를 끼운다.
  (달군 송곳을 사용해야 하므로 교사가 미리 뚫어 놓는다.)
  ④ 스티로폼 공을 벌어진 스트로우 끝에 올려놓고 다른 쪽을 입에 대고 분다.
  ⑤ 여러 번 연습하여 성공하도록 촉진한다.

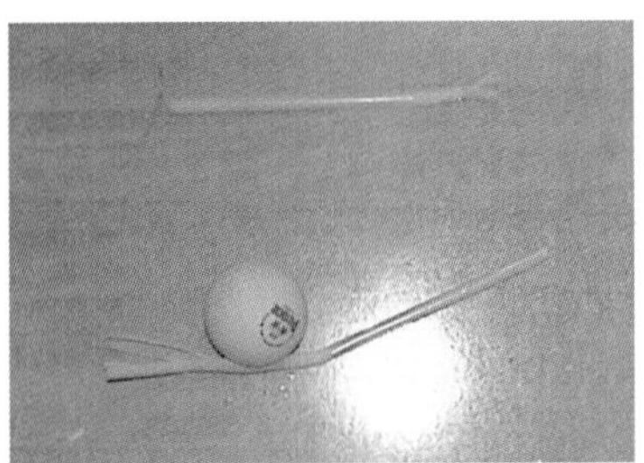

아동들의 반응	평가
• 전반적으로 매우 흥미진진하였다. • 공이 떠올라 있는 것을 신기해하였고 불기 연습을 반복하여 성공시키려는 노력을 보였다. • 잘되지 않는다고 화를 내는 아동에게 교사와 친구에게 물어보고 도움을 받도록 촉진하였더니 성공시킨 후에 좋아하였다.	• 오리기/접기/끼우기 등의 작업을 통해 방법과 순서를 인지하고 소근육의 능력을 훈련할 수 있었다. • 불어서 공을 띄우는 것이 다소 어려운 아동이 있었지만 놀잇감을 직접 만들어 사용하여 봄으로써 성취감을 얻을 수 있었다. • 친구를 도와주거나 친구의 활동을 관찰하고 나의 작업에 연관시키는 작업을 경험할 수 있었다.

<4월/제4주/월요일/1교시/친구 이해하기>

활동 29

날짜	활동	내용
○○○○년 ○월 ○일	생각 놀이	친구를 즐겁게!

준비물	준비 조건
• 친구에게 위로가 필요한 여러 가지 상황	• 칠판 앞에 앉아 집중한다.

절차

• 단계 1: 친구를 즐겁게 할 수 있는 방법 생각하기

① 친구를 즐겁게 할 수 있는 방법에 대해 이야기한다.

② 친구를 칭찬하거나 위로하거나 양보하는 것이 친구를 즐겁게 할 수 있음을 이야기한다.

• 단계 2: 친구를 즐겁게 할 수 있는 표현 고르기

① 친구를 칭찬하는 말, 속상하게 하는 말과 객관적인 표현을 함께 제시한다.

예 즐겁게 하는 말: "너 얼굴이 참 잘생겼다."
"넌 그림을 잘 그려."
"너는 엄마 말씀을 잘 듣는 것 같아."
"너는 친구를 잘 도와주는 것 같아."
"너는 음식을 골고루 잘 먹는 것 같아 좋아."
"너는 노래를 참 잘해."

예 속상하게 하는 말: "너랑 안 놀 거야."
"너희 집에 놀러 안 갈 거야."

② 1명씩 나와서 친구를 즐겁게 하는 말을 고른다.

③ 자신을 칭찬하는 표현을 들었을 때 기분이 어떨지 생각해 본다.

④ 속상하게 하는 표현을 들었을 때 기분이 어떨지 생각해 본다.

• 단계 3: 긍정적 표현 강화하기

① 칭찬을 들었을 때 기분이 좋은 것처럼 칭찬을 할 때 상대방을 즐겁게 할 수 있음을 이야기한다.

아동들의 반응	평가
• 모두들 즐겁게 하는 표현을 잘 알고 있었다. • 일부러 속상하게 하는 표현을 하는 아동도 있었다.	• 상대방의 기분을 예측하여 즐겁게 하는 표현이 어떤 것인지에 대해서는 인식이 있었으나 실제 상황에서 전이가 되도록 지도하는 것이 필요하다고 사료된다. • 지속적인 관심을 갖고 지도하는 것이 필요하다.

<4월/제4주/월요일/2교시/친구 이해하기>

활동 30

날짜	활동	내용
○○○○년 ○월 ○일	얘들아 모여 봐!	신기한 과학-자석 놀이

준비물	준비 조건
• 막대자석 2개 • 동물(고양이와 개 2쌍) 그림 • 자석에 붙는 물건과 그렇지 않은 것	• 실험을 통해 사물의 원리를 이해하도록 한다.

절차

• 단계 1: 자석의 특징 보여 주기

① 막대자석의 N극에는 고양이 그림, S극에는 개의 그림을 붙인다(또 다른 막대자석의 N극에는 개의 그림, S극에는 고양이 그림을 붙인다).

② 두 막대자석의 같은 극끼리 가까이 가져다 댄다.

③ 서로 미는 힘(척력)이 작용함을 언급한다.

– 이때 고양이와 개는 사이가 좋지 않아 서로 미는 것임을 이야기하며 이해력을 높인다.

• 단계 2: 자석의 특징 설명하기

① 자석의 구조를 설명한다(N극과 S극).

② 자석의 성질을 설명한다.

– 같은 극끼리는 밀어낸다(척력).

– 다른 극끼리는 끌어당긴다(인력).

• 단계 3: 자석에 붙는 것과 붙지 않는 것 구별하기

① 자석을 다양한 물건에 대보고 자석에 붙는 것과 그렇지 않는 것을 구분해 본다.

② 자석을 대 보지 않고도 예측해 본다.

아동들의 반응	평가
• 자석에 대해 선행 지식이 있는 아동이 많았다. • 실제로 자석에 대어 보며 흥미 있어 하였다.	• 아동들이 실험 도구를 스스로 조작해 보며 탐구심을 갖고 즐거워하였다. • 눈에 보이지 않는 자기력에 대해 앙숙인 개와 고양이를 예로 들어 설명하여 명확한 이해를 도왔다.

<4월/제4주/수요일/1교시/친구 이해하기>

활동 31

날짜	활동	내용
○○○○년 ○월 ○일	생각 놀이	친구의 감정 맞히기

준비물	준비 조건
• 상황이 그려져 있는 그림(어린이집, 유치원, 놀이 상황 등) • 친구들의 얼굴 사진(얼굴 부분만 동그랗게 오려놓고 뒷면에 벨크로테이프를 붙임)	• 준비된 그림을 칠판에 붙여 놓는다. • 칠판 앞에 의자를 놓고 앉아 설명을 들을 준비를 한다.

절차

- 단계 1: 그림 속의 친구의 감정을 맞히는 놀이임을 설명하고 간단한 예시 들어주기
- 단계 2: 놀이의 진행하기

① 그림을 보며 어떤 상황인지, 무엇이 등장해 있는지 이야기해 보도록 한다.

② 정확한 상황을 교사가 설명해 주면서 친구의 감정이 어떨지에 대해 함께 이야기한다.

예 "이 그림은 어린이집, 유치원이네.", "친구가 와서 반갑게 인사하네.", "그런데 자동차 놀이를 하던 친구는 계속 자동차만 보며 놀고 또 다른 친구는 손을 흔들지도 않아.", "반갑게 인사를 한 이 친구의 기분이 어떨까?", "우리는 이럴 때 어떻게 해야 하지?", "뭐라고 말하면 좋을까?" 등

③ 우리가 겪는 상황으로 가정하기 위해 얼굴 부분에 아동의 사진을 붙이고 다시 이야기를 해 보도록 촉진한다.

예 "○○가 넘어졌네.", "○○의 기분이 어떨까?", "보고 있는 ○○는 어떻게 해야 할까?", "○○가 인사하네.", "그런데 친구들이 인사를 받지 않고 계속 하던 놀이만 하고 있으면 ○○의 기분이 어떨까? 등

④ 서로에게 좋은 친구가 되어 주기 위해 꼭 필요한 것들을 이야기한다.

예 "신나게 놀고 있는데 친구가 온다면 그래도 먼저 인사를 해야겠네.", "그림을 잘 그리는 친구가 있으면 꼭 칭찬을 해 주자.", "칭찬해 주면 친구의 기분이 좋아질 거야.", "뛰어가던 친구가 넘어지면 꼭 가서 일으켜 주고 '많이 아프니?', '괜찮아?', '조심해.'라고 이야기하자." 등

아동들의 반응	평가
• 그림을 보면서 매우 흥미로워하였고 사진을 꺼내 붙이자 깔깔대며 신나게 웃고 서로를 쳐다보며 좋아하였다. 또 자기 사진을 붙여 달라고 이야기하기도 하였다. • 이야기를 해 보도록 하자, 비교적 상황을 잘 설명하였고 감정을 맞히는 이야기도 적극적으로 발표하였다. • 아동에 따라 "좋아요.", "나빠요."라고만 이야기하기도 하였다.	• 사진을 이용하여 적극적인 개입을 도울 수 있었다. • 나아가 사진이 붙은 친구가 자기 역할을 직접해 보는 역할놀이 방법으로 연장시키는 작업을 진행해 보면 더욱 효과적일 것이라 여겨진다.

<4월/제4주/수요일/2교시/친구 이해하기>

활동 32

날짜	활동	내용
○○○○년 ○월 ○일	얘들아 모여 봐!	물건 먼저 잡기

준비물	준비 조건
• 놀이에 사용할 다양한 물건들(정육면체 박스/공/손가락 크기의 작은 인형/제기 등) • 바구니 2개 • 가슴에 붙일 명찰	• 게임 진행에 적합한 공간, 중앙에 경계선이 되도록 테이프를 붙여 놓는다. • 정렬하여 앉아 설명을 들을 준비를 한다.

절차

- 단계 1: 진행 방법 소개하기
  ① 2명씩 편을 만든다.
  ② 명찰을 가슴에 붙인다. 이때 같은 팀끼리는 연관된 다른 이름을 붙이고 상대편에는 나와 똑같은 이름을 붙인 친구가 있게 된다.
  ③ 중앙선에 물건 1개를 올려놓는다.
  ④ 호루라기 소리와 함께 이름을 부르면 양쪽에서 같은 이름을 가진 친구가 뛰어나와 중앙에 있는 물건을 잡는다.
  ⑤ 물건을 잡은 친구는 자기편 바구니에 올려놓는다.
  ⑥ 번갈아서 게임을 진행한 후 바구니에 넣은 물건의 가짓수를 세어 보고 전체 개수로 승부를 가린다.
  – 자기 이름을 정확히 듣고 나오도록 지시한다.
  – 신속하게 움직여 물건을 잡도록 한다.
  – 물건은 크기와 질감, 기능이 다양한 것을 선택한다.
- 단계 2: 게임 진행하기
  ① 편을 만든다.
  ② 계속해서 바뀌는 호칭에 적응하게 하고 자기를 부르는 소리를 잘 듣고 나오도록 한다.
  ③ 바구니의 물건을 함께 세어 보고 이긴 팀은 만세를 부른다. 진 팀에게도 격려를 한다.
  ④ 어떤 이름이 가장 재미있게 생각되었는지 이야기한다.

아동들의 반응	평가
• 게임을 매우 재미있어 하였고 적절한 경쟁심을 유도할 수 있었다. 특히, 이름이 바뀌어 새로운 이름으로 게임을 하게 될 때마다 재차 확인해 보며 즐거워하였고, 상의에 밀착되어 붙어 있는 이름으로 인해 활동하기에 편하였다. 한 아동의 경우에는 손으로 계속 만지작거리고 신기해하였다. • 아동에 따라 이름과는 상관없이 뛰어나오거나 너무 급하여 이름을 듣지 못하곤 하여 반복하여 연습하였다.	• 호칭이 바뀔 때마다 자기 이름을 확인해 보고 수행하며 자기 이름을 듣고도 나가지 않는 친구를 서로 촉진해 주는 것, 순발력 있게 물건을 잡고 방법을 잘 지키는 것 등의 훈련을 하기에 효과적이었고, 아동의 호기심과 흥미를 끌기에 좋은 프로그램이 되었다.

5월

가족 이해하기

S	M	T	W	T	F	S
			1	2	3	4
5	6	7	8	9	10	11
12	13	14	15	16	17	18
19	20	21	22	23	24	25
26	27	28	29	30	31	

<5월/제1주/월요일/1교시/가족 이해하기>

활동 33

날짜	활동	내용
○○○○년 ○월 ○일	생각 놀이	우리 아빠를 소개합니다!

준비물	준비 조건
• 아빠에 대해 소개할 자료(사진, 물건 등)	• 준비한 자료로 매너 있게 소개하도록 한다.

절차
• 단계 1: 우리 아빠 자랑하기 ① 자원하는 아동부터 1명씩 나와 준비한 자료를 친구들에게 보여 준다. ② 아빠의 직업, 성격, 좋아하는 음식 등에 대해 소개한다. ③ 아동과 함께 시간을 보낼 때 주로 어떻게 하는지 이야기한다. • 단계 2: 경청하기 ① 다른 친구의 발표에 대해 관심을 갖고 경청한다. ② 궁금한 것은 질문한다. • 단계 3: 이야기 나누기 ① 아동들이 발표한 내용을 정리한다. ② 아빠에 대한 고마운 마음을 갖도록 한다.

아동들의 반응	평가
• 사진이나 아빠가 쓰는 물건 등을 보여 주며 신이 나서 친구들에게 설명하였다. • 다른 친구의 발표를 경청하기보다는 "우리 아빠는……" 하며 중간에 이야기를 끊는 경우가 있었다. • 친구의 아빠를 자신의 아빠와 비교하며 섭섭함을 표현하는 아동도 있었다.	• 아빠가 하시는 일이나 아빠의 성격에 대해 이야기를 나누며 아빠에 대해 이해하는 시간을 가졌다. • 아빠에 대해 고마움을 갖고 표현하는 시간이 되었다.

<5월/제1주/월요일/2교시/가족 이해하기>

활동 34

날짜	활동	내용
○○○○년 ○월 ○일	얘들아 모여 봐!	아빠 되어 보기

준비물	준비 조건
• 아빠 구두 • 반환점	• 게임의 규칙을 이해하고 친구와 함께 경쟁 놀이를 한다.

절차
• 단계 1: 게임의 규칙 이해하기 ① 게임의 규칙을 잘 듣는다. ② 이해한 것을 교사와 친구들에게 설명해 준다. • 단계 2: 아빠 구두 신고 반환점 돌아오기 ① 자원하는 2명이 나와 출발선 앞에 선다. ② 아빠 구두를 신는다. ③ 출발 신호에 따라 뛰어가 반환점을 돌아온다. ④ 승패를 가른다(먼저 도착한 아동이 이긴다). • 단계 3: 소감 나누기 ① 아빠 구두를 신고 뛰었을 때의 느낌을 나누어 본다. 예 "구두가 너무 무거웠어요.", "구두가 커서 뛰기 힘들었어요." 등

아동들의 반응	평가
• 즐거워하였으며 경쟁심을 가지고 임하였다. • 아빠 구두를 신고 약간 버거워하였지만 열심히 게임에 임하였다.	• 아빠 구두를 신고 게임을 함으로써 잠시나마 아빠의 입장이 되어 볼 수 있었다. • 경쟁 및 협동하는 게임이 사회성의 증진에 도움이 될 것이라고 생각된다.

<5월/제1주/수요일/1교시/가족 이해하기>

활동 35

날짜	활동	내용
○○○○년 ○월 ○일	생각 놀이	내가 가족을 위해 할 수 있는 일

준비물	준비 조건
• '내가 가족을 위해 할 수 있는 일'이 적힌 종이(각 내용은 종이 테이프로 가려져 있음) • 아동의 이름이 적힌 종이(벨크로테이프 부착)	• 책상 앞에 의자를 놓고 앉아 설명을 들을 준비를 한다. • 친구들이 집에서 가족을 위해 할 수 있는 일에 대한 사전 조사(부모에게 적어서 내도록 함)

절차

- 단계 1: 가족을 위해 할 수 있는 일이 무엇이 있는지 생각해 보기
- 단계 2: 친구들이 자유롭게 발표하기
  ① 친구들이 준비된 내용과 똑같거나 비슷한 내용을 발표하면 종이를 떼어서 읽어 주고 그 내용 앞에는 발표한 친구의 이름을 붙인다.
  ② 친구들이 발표할 내용이 더 이상 없으면 교사가 종이를 떼어서 읽어 주고 가족을 위해 그 일을 해 본 친구가 손을 들도록 하여 그 친구의 이름을 붙여 준다.
  ③ 골고루 이름이 붙도록 유도해 주고 앞으로 가족을 위해 어떤 일을 할 것인지 생각해 보고 이야기한다.
  예 [제시된 내용 ① 우리 집 화분에 물 주기 ② 아빠 구두 닦아 드리기 ③ 신발을 가지런히 정리하기 ④ 밥 먹은 후에 설거지를 도와 드리기 ⑤ 엄마 아빠 안마 해드리기 ⑥ 아빠 심부름하기 ⑦ 내가 스스로 할 일을 잘하기(양치질/세수/옷 갈아입기) ⑧ 엄마가 바쁘실 때 전화 받기 ⑨ 엄마가 식탁 차릴 때 도와 드리기 ⑩ 엄마와 시장바구니 함께 들기]

아동들의 반응	평가
• 교사가 적극적으로 촉진하면 대답하였으나 대부분의 아동들이 1가지 이상 스스로 대답하기는 어려웠다. • 자기 이름을 붙여 줄 때마다 성취감을 느끼는 반응을 나타내었다. • 내용을 먼저 제시해 주고 집에서 가족을 위해 한 적이 있는지를 물어보면 수월하게 대답하였다.	• 사전 조사를 했지만 아동들이 적어 온 내용이 조금 미약하였다. 아동이 집에서 가족을 돕는 모습을 미리 사진으로 준비하도록 하는 등의 더욱 구체적인 조사와 준비가 필요하다고 평가된다. • 가족 교육을 통해 앞으로 집에서 할 수 있는 역할을 맡고 잘 수행해 보며 잘한 것에 대해 보상을 받도록 한다.

<5월/제1주/수요일/2교시/가족 이해하기>

활동 36

날짜	활동	내용
○○○○년 ○월 ○일	얘들아 모여 봐!	엄마 선물 만들기 (병뚜껑 브로치)

준비물	준비 조건
• 아동 준비물: 병뚜껑(주스병, 잼병, 페트병 등)/선물 상자 • 꾸밀 재료(구슬/콩/아크릴 물감/스트로/모루 등)와 접착제, 완성된 브로치 • 브로치용 옷핀/실리콘 접착제	• 책상 앞에 모여 집중한다. • 미리 병뚜껑을 가져오도록 공고를 하며 무엇을 만들지에 대해서도 생각해 보고 오도록 한다.

절차
• 단계 1: 브로치 옷에 달아 보기 ① 교사가 미리 만들어 본 브로치를 보여 주고 옷에 달아 보도록 한다(준비된 재료로 만들어진 것). ② 어버이날에 엄마에게 선물할 것임을 이야기해 준다. • 단계 2: 만드는 방법(먼저 교사가 시연을 보여 준다.) 소개하기 ① 뚜껑에 먼저 아크릴 물감으로 색칠을 한다(물을 적게 사용하여 빠른 시간 내에 마르도록 한다). ② 콩, 구슬, 스트로, 모루 등의 재료를 접착제를 사용하여 붙인다. ③ 마르는 동안 손을 대지 않도록 한다. ④ 교사의 시연을 본 후 스스로 진행한다. ⑤ 접착제가 다른 곳에 묻지 않도록 조심하면서 스스로 붙여 보도록 한다. ⑥ 다 꾸민 것을 서로 자랑하고 상자에 넣어 두고 다음 주에 엄마에게 드리도록 한다. ⑦ 충분히 마른 후에 교사가 옷핀을 붙여 주고 1주 후에 나누어 준다.

아동들의 반응	평가
• 브로치를 단 교사를 보고 예쁘다고 하며 관심을 나타내었다. • 시연 과정을 집중하여 보았고 스스로 만들려는 의욕을 나타내었으며 다양한 재료를 사용해 보도록 지시하였을 때 잘 따랐다. • 비교적 조심해서 접착제를 사용할 수 있었다.	• 엄마에게 드릴 선물을 직접 만들어 보며 가족에 대한 자긍감과 스스로의 역할에 대한 성취를 느낄 수 있었다. • 1주 후에 완성된 모양을 보며 대단히 만족하였고 스스로 색칠하고 붙여 본 것을 기억할 수 있었다.

<5월/제2주/월요일/1교시/가족 이해하기>

활동 37

날짜	활동	내용
○○○○년 ○월 ○일	생각 놀이	엄마에게 어울리는 것/ 요리 선정

준비물	준비 조건
• 잡지나 신문에서 오려낸 옷, 액세서리, 가방 등의 사진 • 종이 • 요리 목록 3가지	• 칠판 앞에 앉아 주의집중을 한다. • 친구의 발표를 경청하고 자신이 준비한 자료를 조리 있게 발표한다.

절차
• 단계 1: 엄마에게 어울리는 것 추천하기 ① 교사가 준비한 사진이나 그림을 제시한다. ② 옷, 액세서리, 가방 등의 사진을 보면서 모양이나 색깔 등에 대한 감상을 나눈다. ③ 엄마에게 어울릴 만한 것을 생각해 본다. ④ 자신의 엄마에게 어울릴 만한 사진을 종이에 붙인다. • 단계 2: 우리 엄마는…… 뒷말 완성하기 ① 우리 엄마에게 어울리는 것을 친구들에게 추천한다. ② 왜 그렇게 생각했는지 이야기한다. ③ 자신이 생각하는 엄마의 성격이나 좋아하시는 것, 싫어하시는 것에 대해 생각을 나눈다. • 단계 3: 자신의 의견을 투표를 통해 표현하며 결과를 받아들이기 ① 요리 목록을 듣고 어떤 것으로 투표할지 결정한다. ② 1명씩 나와서 자신이 하고 싶은 요리 아래에 스마일 스티커를 붙인다. ③ 투표 결과를 보고 결과를 받아들인다. ④ 요리에 필요한 재료를 생각해 보고 하나씩 나누어서 준비하기로 한다.

아동들의 반응	평가
• 엄마에게 어울릴 만한 것을 잘 선정하여 붙였다. • 주로 자신이 좋아하고 관심을 갖고 있는 것을 선정하는 아동도 있었다. • 투표에 대해 굉장한 호기심을 표현했으며 처음보다 결과를 긍정적으로 받아들이려고 한다.	• 엄마가 어떤 것을 좋아하시는지에 대해 생각해 보는 시간을 통해 엄마에 대해 이해하는 시간을 가졌다. • 요리를 아동 스스로가 결정할 수 있으며 다음의 준비물을 스스로 생각해 보는 시간이 되어 좋았다.

<5월/제2주/월요일/2교시/가족 이해하기>

활동 38

날짜	활동	내용
○○○○년 ○월 ○일	얘들아 모여 봐!	조건 놀이 '만약 ~라면'

준비물	준비 조건
• 다양한 조건문이 제시된 문항	• 제시한 자료를 집중해서 보도록 촉진한다. • 규칙에 따라 자신의 순서에만 이야기하도록 한다.

절차
• 단계 1: '가정'의 의미 알기 ① 아직 일어나지는 않았지만 일어날 수도 있는 일에 대해 상상하는 것임을 이야기한다. ② 예를 제시한다. –"내가 만일 새라면?" ③ 제시한 예에 대해 어떻게 반응할 것인지 질문한다. • 단계 2: 조건문 제시하기 ① 조건문을 제시한다. 예 "_______ 가 만일 _______ 라면?" "텔레비전에 나온다면?" "오늘이 내 생일이라면?" "의사/경찰관/슈퍼 주인이(가) 된다면?" "바다에 빠진다면?" "동생이 생긴다면?" "호랑이를 만난다면?" ② 각 조건문에 대해 어떻게 반응할 것인지 아동들의 의견을 들어 본다. • 단계 3: 정리하기 ① 다른 친구들의 생각을 들어보며 서로의 생각이 다를 수 있음을 이야기한다. ② 조건문의 의미에 대해 정리하는 시간을 갖는다.

아동들의 반응	평가
• 아직 일어나지 않았지만 상상하는 것을 아동들이 즐거워했다. • 상상하기가 어려운 아동의 경우 다른 친구들의 반응을 모방하여 반응하는 아동도 있었다.	• 난이도가 있는 내용이었지만 경험해 볼 만한 내용이 되었다. • 아동들의 상상력을 증진시켜 줄 수 있는 내용이었다고 평가된다.

<5월/제2주/수요일/1교시/가족 이해하기>

활동 39

날짜	활동	내용
○○○○년 ○월 ○일	생각 놀이	동시 감상

준비물	준비 조건
• 동시가 적힌 종이 (글씨로만 되어 있는 것과 각 단어에 글씨 대신 간혹 그림을 삽입한 것을 준비) • 동시는 엄마와 아빠에 대한 것을 준비함	• 칠판 앞에 의자를 놓고 앉아 설명을 들을 준비를 한다.

절차

- 단계 1: 가족을 생각할 때 무엇이 생각나는지 기분이 어떤지에 대해 생각하고 발표하기
- 단계 2: 동시 감상하기
  - ① 동시를 다 함께 읽어 본다.
  - ② 각각 앞으로 나와 동시를 읽어 보도록 하며 앉아 있는 친구들은 귀를 기울여 감상하도록 한다.
  - ③ 동시와 연관된 질문하고 답하기

    예 "창문을 보면 누가 생각난다고 하였나요?", "엄마가 우리를 위해 해 주시는 일은 무엇이 있나요?", "무서울 때 누가 생각나나요?", "아빠의 손을 잡으면 어떤 느낌이 든다고 했나요?", "친구들은 아빠의 손을 잡고 다녀 봤나요?", "느낌이 어땠나요?" 등
- 동시 참조

아빠의 손 아빠의 손을 잡고/ 길을 걸으면/아빠의 큰 손에/내 손이 담기어/나도 키가 쑥쑥 커진 것 같다/안 보아도 알아/안 만져 봐도 알아/세상에서 제일 커단 손/세상에서 제일 단단한 손/따뜻하고/고마운/우리 아빠의 손

창문 창문을 보면/엄마가 생각나요/비가 올 때/나를 막아 주고/바람이 불면/바람을 막아 주고/땀을 흘릴 땐/바람을 보내 주는/창문/창문을 보면/엄마가 생각나요

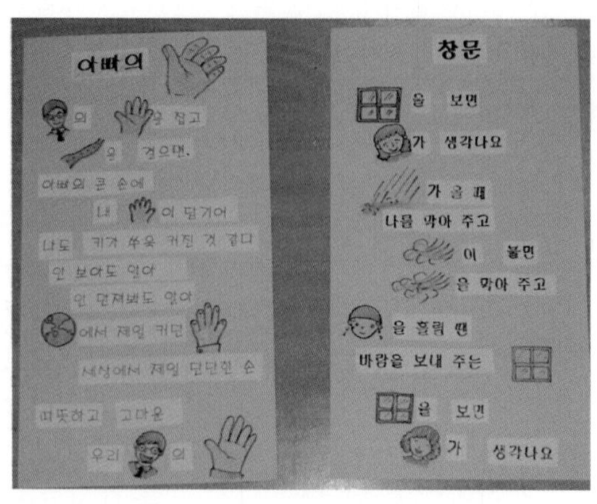

아동들의 반응	평가
• 그림이 삽입되어 있는 것과 글씨로만 만들어진 것 중에 좋은 것을 선택하여 읽어 보도록 하였다(절반 비율로 선택함). • 아직 한글 습득이 어려운 아동의 경우에는 교사를 따라 낭독하였다. • 비교적 대답을 잘하였으나 아빠의 손을 잡아 본 적이 없다고 이야기하기도 하며 질문에 대해 이해가 조금 어려운 듯하였다.	• 질문에 대답하는 것을 통해 아동이 시를 듣고 이해한 정도를 평가해 볼 수 있었다. • 아동에 따라 집중하기 어려운 경우가 있어 음악과 미리 녹음된 녹음 자료 등을 사용하여 보다 큰 효과를 얻을 수 있을 것이라 생각된다.

<5월/제2주/수요일/2교시/가족 이해하기>

활동 40

날짜	활동	내용
○○○○년 ○월 ○일	얘들아 모여 봐!	즐거운 요리 〈샌드위치〉

준비물	준비 조건
• 요리 재료(식빵, 햄, 치즈, 잼, 오이 등)	• 손을 깨끗이 씻고 자리에 앉는다.

절차
• 단계 1: 요리의 주제를 이야기하고 준비해 온 재료 꺼내기 • 단계 2: 필요한 재료가 무엇인지와 재료의 특징과 기호에 대해서 이야기하기 ① 만드는 방법을 보여 주고 각자 재료를 선택하여 순서대로 진행하도록 한다. ② 친구와 역할을 바꿔 보기도 하며 자유롭게 진행한다(숟가락으로 잼을 바르던 아동이 햄을 끼운다). ③ 다 만든 후에 빵 칼로 자르고 접시에 담아 먹는다. ④ 좋아하는 기호에 대해 이야기한다. 예 "저는 햄을 좋아해요", "저는 오이를 싫어해요." 등 ⑤ 이야기를 나눈 후에 교사가 다른 긍정적인 반응으로 유도해 준다. 예 "오이는 우리 몸에 참 좋아요.", "비타민이 많아요.", "골고루 먹어야 건강해요.", "○○가 싫더라도 오늘은 한번 먹어 볼래?" 등

아동들의 반응	평가
• 요리 과정에서 즐거움을 나누고 매우 적극적이었다. 또한 재료에 대해서도 자신의 기호에 대해서도 이야기하고 경험도 자연스럽게 이야기할 수 있었다. • 자신이 싫어하는 재료를 빼서 먹지 않기도 하고 친구가 재료를 흘리거나 만드는 것이 서투르면 "○○가 흘렸어요.", "야! 그렇게 하는 것 아니야."라고 말하며 다소 흥분하기도 하였다.	• 자신이 준비해 온 재료에 대해 더욱 관심을 기울여 만들었다. 요리 진행을 통해 보다 활동적이고 긍정적인 상호작용을 경험할 수 있었고 서로에게 협력하는 활동의 경험이 더욱 필요하다.

<5월/제3주/월요일/1교시/가족 이해하기>

활동 41

날짜	활동	내용
○○○○년 ○월 ○일	생각 놀이	이런 동생이 있으면 좋겠어요!

준비물	준비 조건
• 남자/여자 아동 그림	• 자신의 생각이나 감정을 자연스럽고 적절하게 표현하도록 한다.

절차
• 단계 1: 가족에 관해 이야기하기 ① 자신의 가족에 대해 간략하게 소개한다. – 가족구성원의 수, 성격 등 ② 동생에 관해 이야기한다(동생이 있는지의 여부, 있으면 어떤지……). • 단계 2: 동생에 대한 생각 말하기 ① 동생이 있는 친구는 동생의 성격, 좋아하는 것 등을 나눈다. ② 아동의 동생에 관한 태도도 함께 나눈다. ③ 자신에게 있었으면 하는 동생상에 관해 생각해 본다. ④ 자신이 바라는 동생의 모습에 관해 이야기를 나눈다. – 성별, 성격, 자신에 대한 태도, 이럴 땐 이랬으면~ ⑤ 왜 그런지 이유를 들어 본다. • 단계 3: 정리하기 ① 현재 동생이 있는 아동은 동생을 사랑하고 긍정적인 관계를 발전시키도록 돕는다. ② 동생이 없는 아동은 상상해 봄으로써 즐거운 시간을 갖는다.

아동들의 반응	평가
• 동생이 있는 아동은 동생에 대해 귀찮아하거나 경쟁적인 관계로 생각하는 경향이 있었다. • 동생이 없는 아동은 동생에 대해 상상해 보면서 즐거워하였고, 동생이 있었으면 좋겠다는 반응을 보였다. • 모두 바라는 동생상은 공통적이었다.	• 동생에 관한 바람직한 상을 갖도록 돕는 기회가 되었다. • 동생에 관해 상상해 보는 독특한 형태의 수업이었다.

<5월/제3주/월요일/2교시/가족 이해하기>

활동 42

날짜	활동	내용
○○○○년 ○월 ○일	얘들아 모여 봐!	[실험] 정전기

준비물	준비 조건
• 플라스틱 판 2개, 풍선, 종잇조각, 헝겊, 빗 등	• 간단한 실험을 통해 정전기의 원리를 알아본다.

절차

- 단계 1: 정전기에 대해 알기
  ① 빗을 헝겊으로 문질러 머리카락에 대어 본다.
  ② 왜 이러한 현상이 나타나는지 생각해 보고 이야기를 나눈다.
  ③ '정전기'로 인한 것임을 이야기한다.
  ④ 정전기란 무엇인지 정의한다.
- 단계 2: 실험하기
  ① 플라스틱 판을 헝겊으로 문질러 정전기를 일으킨 다음 바닥에 종잇조각을 놓고 플라스틱 판을 공중에 놓는다.
  ② 일어나는 현상을 관찰한다.
  ③ 왜 그럴지 생각해 본다.
  ④ 풍선, 다른 플라스틱 제품들을 가지고 정전기를 일으켜 현상을 관찰한다.
  ⑤ 우리 주변에서도 이러한 예를 흔히 볼 수 있음을 이야기한다.
- 단계 3: 정리하기
  ① 실험 절차를 정리한다.
  ② 실험의 결과와 원리를 정리한다.

아동들의 반응	평가
• 우리 주변에서 흔히 볼 수 있는 현상이기 때문에 아동들이 편안하게 생각하고 적극적으로 임하였다. • 준비한 자료 외에 교실의 다른 사물들을 탐색하며 응용하려는 모습을 보였다.	• 일상생활에서 쉽게 접할 수 있는 현상을 실험을 통해서 원리를 이해하는 시간이 되었다. • 익숙하므로 아동들이 자발적이고 적극적으로 임하였다.

<5월/제3주/수요일/1교시/가족 이해하기>

활동 43

날짜	활동	내용
○○○○년 ○월 ○일	생각 놀이	소리 듣고 상상하기

준비물	준비 조건
• 주변에서 들을 수 있는 소리를 비롯한 여러 가지 소리가 녹음된 녹음 자료 • 카세트(휴대전화 사용 가능)	• 녹음 자료를 잘 들을 수 있는 위치로 의자를 배열하고 앉아 집중할 수 있도록 한다.

절차

• 단계 1: 활동 소개하기

① 소리를 듣고 맞히려는 소리를 듣고 무슨 소리인지 알면 손을 들고 답을 이야기하도록 한다.

• 단계 2: 소리를 듣고 맞히기

① 첫 번째 소리를 듣는다.

② 아동이 생각한 것을 이야기하도록 한다.

③ 다시 한번 소리를 듣고 과연 그러한지 확인해 본다.

• 녹음된 소리

엄마가 요리하시는 소리: 그릇 부딪치는 소리, 도마에다 칼질하는 소리, 가스레인지 켜는 소리, 음식 뒤적이는 소리 등/아빠가 신문을 부스럭거리며 보시고 TV 뉴스를 들으시는 소리/코 고는 소리/상점에서 '어서 오세요'라고 인사하는 소리/엄마가 '사랑해'라고 말하는 소리/새 소리/재미있는 효과음 등

아동들의 반응	평가
• 소리를 듣는 것에 상당히 집중할 수 있었고, 무슨 소리인지 인지가 될 때마다 적극적으로 자기 생각을 이야기하였으며 대단히 자세하게 소리에 대한 설명을 할 수 있었다. • 특히, 엄마가 요리하시는 소리에 대해 '도마에서 썰어요', '불을 켜는 소리', '음식 만드는 소리' 등으로 이야기하였고, 코 고는 소리나 재미있는 효과음이 들리면 매우 재미있어 하며 웃으면서 대답하였다. • 엄마가 나에게 '사랑해'라고 말하는 소리에 대해서는 전반적으로 이야기하기가 조금 어려웠다. • '어서 오세요'에 대해서는 여러 가지 경우를 이야기하며 다양한 장소에서 말할 수 있는 것임을 이야기해 보았다.	• 아동들이 청각적인 자극에 대해 어떻게 반응하며, 소리를 듣고 자신의 생활과 얼마나 연관시킬 수 있는지 잘 알 수 있었고, 상당히 좋은 효과를 거둘 수 있었다. • 소리를 듣고 그림을 그려 보도록 하는 등의 방법으로 활용해 보면 좋은 학습 효과를 얻을 수 있을 것이라고 생각된다.

<5월/제3주/수요일/2교시/가족 이해하기>

활동 44

날짜	활동	내용
○○○○년 ○월 ○일	얘들아 모여 봐!	우리 가족 풍차 만들기

준비물	준비 조건
• 1,000ml 우유팩/색종이/가위/풀/칼 • 아동의 가족사진(가족구성원 각각의 얼굴이 잘 나온 것을 오려서 가져오도록 함)	• 준비물을 꺼내 책상 위에 올려놓고 앉아 집중한다. 자신이 가져온 가족사진, 우유팩 등을 빠짐없이 준비할 수 있도록 한다.

절차

- 단계 1: 완성품 보며 풍차 돌려 보기
- 단계 2: 만드는 방법(교사가 미리 준비하여 빠른 시간 내에 아동들 앞에서 만드는 과정을 보여준다.) 설명하기
  - ① 우유팩에 풍차의 벽과 지붕이 되도록 색종이를 오려 붙이고 벽돌과 지붕 기와, 문, 창문 등을 그린다. 문과 창문 등을 칼로 도려내어 사실감을 더 한다(칼은 교사만 사용한다).
  - ② 색종이 3장을 사용하여 풍차 막대기를 접고 가운데 부분을 서로 붙여 풍차 날개 모양을 만든다.
  - ③ 스트로 끝을 3cm 정도 2등분하여 잘라내고 ②를 붙인다.
  - ④ 우유팩에 송곳으로 구멍을 뚫어 ③을 끼운다.
  - ⑤ 날개 끝에 가족사진을 각각 붙인다.
- 단계 3: 제작하기/감상하기
  - ① 교사가 조금씩 도움을 주되 아동이 직접 만들어 보도록 한다.
  - ② 완성한 후에 서로 다른 점을 비교해 보고(색/그림/모양) 돌려 보며 잠시 놀이를 한다.

아동들의 반응	평가
• 풍차 만들기를 좋아하였고 재미있게 진행하였으나 다소 어렵다는 반응을 보이기도 하였다. • 가족사진을 모두 붙이자 자랑스러워하고 직접 만든 것에 흡족해하였다. • 1주 후에 만든 것을 집으로 가지고 가도록 하자 지난주의 수업 과정을 기억해 보고 자신이 했던 것에 대해 상기해 보았다.	• 흥미도가 높았고 활동에 대한 의욕이 넘쳤다. 특히, 스스로 하려는 시도를 격려해 주고 촉진하자 집중하여 활동할 수 있었고 성취감을 얻을 수 있었다. 움직이는 작품으로 더욱 재미있는 과제가 되었다. 반면, 제작 시간이 다소 길고 과정이 복잡할 수 있다. 교사가 세심하게 준비하여 아동이 지나치게 어려운 과제로 여기지 않도록 도움을 주는 것이 필요하다.

<5월/제4주/월요일/1교시/가족 이해하기>

활동 45

날짜	활동	내용
○○○○년 ○월 ○일	생각 놀이	닮았어요

준비물	준비 조건
• 엄마, 아빠와 함께 찍은 사진 • 엄마, 아기 동물의 사진	• 칠판 앞에 앉아 집중한다.

절차
• 단계 1: 닮았다는 개념 알기 ① 엄마, 아기 동물의 사진을 제시한다. ② 닮은 점을 찾아보며 닮았다는 개념을 이해한다. • 단계 2: 엄마, 아빠와 닮은 점 찾기 ① 엄마, 아빠와 함께 찍은 사진을 자세히 본다. ② 외모에 있어서 닮은 점을 찾아낸다. ③ 성격, 기호, 습관 등에서도 비슷한 점을 생각해서 친구들에게 발표한다. • 단계 3: 정리하기 가족은 외모뿐 아니라 성격이나 습관 등도 닮았다고 이야기한다.

아동들의 반응	평가
• 사진을 통해 부모님과 자신이 닮았음을 실제로 실감하는 시간이 되었다. • 외모뿐 아니라 성격이나 기호, 습관 등도 닮는다는 것을 신기해하였다.	• 가족이 서로 닮았다는 것을 통해 한 가족이라는 것에 대한 감정을 심어 줄 수 있었다.

<5월/제4주/월요일/2교시/가족 이해하기>

활동 46

날짜	활동	내용
○○○○년 ○월 ○일	얘들아 모여 봐!	뜨거운 감자

준비물	준비 조건
• 빠른 음악 • 뜨거운 감자(또는 돌아가며 게임하기에 적당한 장난감)	• 게임의 규칙을 이해하여 순발력 있게 임하도록 돕는다.

절차
• 단계 1: 게임의 규칙 이해하기 ① 아동들이 동그랗게 둘러앉는다. ② 음악이 시작되면 한 아동부터 시작하여 뜨거운 감자를 옆 친구에게 준다. ③ 음악이 끝날 때까지 감자를 계속 돌린다. ④ 음악이 멈췄을 때 감자를 들고 있는 아동은 정한 벌칙을 받는다. • 단계 2: 게임하기 ① 벌칙을 정한다(인디언 밥, 코끼리 코 돌기, 오리걸음 걷기 등). ② 게임을 시작한다. ③ 음악에 따라 순발력 있게 게임이 진행되도록 분위기를 촉진한다. • 단계 3: 정리하기 ① 게임을 정리하고 느낌을 나눈다. 예 "마음이 조마조마 했어요.", "긴장이 되었어요." 등

아동들의 반응	평가
• 간단한 게임이었기에 금방 익혔다. • 자신에게서 감자가 멈출까 봐 긴장하는 모습이 역력했다.	• 신나게 게임을 즐기는 시간이 되었다. • 순발력과 민첩함을 길러 주는 시간이 되었다.

<5월/제4주/수요일/1교시/가족 이해하기>

활동 47

날짜	활동	내용
○○○○년 ○월 ○일	생각 놀이	콜라주(가족이 좋아하는 것/가족에게 필요한 것)

준비물	준비 조건
• 콜라주 재료: 다양한 물건, 가구, 소품류의 사진들 • 주제가 적혀 있고 칸이 나누어져 있는 종이판(아빠가 좋아하는 것/엄마에게 필요한 것/동생에게 주고 싶은 것 등) • 풀	• 칠판 앞에 의자를 놓고 앉아 설명을 들을 준비를 한다. • 작은 간이 책상을 칠판 옆에 놓고 잡지 사진, 풀 등을 올려놓는다.

절차

- 단계 1: 준비된 그림을 몇 가지 제시해 주고 주제와 방법에 대해 설명해 주기
- 단계 2: 진행 방법 설명하기
  - ① 한 아동이 칠판 앞으로 나온다.
  - ② 원하는 주제를 고르도록 한다. 아동이 스스로 선택하는 것을 망설이거나 어려우면 교사가 자연스럽게 권해 준다.
  - ③ 주제와 연관된 사진을 골라 붙이도록 한다. 이때 아동의 의견을 존중해 주며 선택한 것에 대해 아동이 그 이유를 발표하도록 한다. 선택이 어려운 경우에는 2~3가지 사진을 앞에 놓아 주고 다시 선택하여 붙이도록 한다.
  - 예 엄마에게 필요한 것-한 아동은 세탁기 그림을 골라 붙인다.
    동생이 좋아하는 것-탕수육 사진을 골라 붙인다.

아동들의 반응	평가
• 다양한 사진을 보며 호기심을 나타내었다. • 어떤 주제를 선택할 것인지 생각하고 고민하였고 아동에 따라 먼저 한 아동과 같은 주제만을 선택하는 모습이 관찰되었다. • 이유를 발표하기 다소 어려운 아동의 경우에는 선택한 사물의 이름을 반복하여 말하거나 '내가 골랐어' 등을 이야기하였다. 이유를 이야기할 수 있도록 촉진하고 친구들에게 정확하게 이야기해 주도록 하는 것에 비교적 잘 따랐다.	• 콜라주 기법을 통해 보다 적극적이고 흥미로운 주제로의 접근이 가능했다. 특히, 잡지 사진 중에서 고르도록 했을 때 자율적으로 열심히 들추어 보고 선택할 수 있었다. • 선택한 이유를 설명해 보도록 하자 각자의 생각을 자유롭게 이야기하였고, 그 이유에 대해 교사가 호응을 해 주며 좀 더 구체적이고 납득할 만한 이유를 이야기해 보도록 도움을 줄 수 있었다.

<5월/제4주/수요일/2교시/가족 이해하기>

활동 48

날짜	활동	내용
○○○○년 ○월 ○일	얘들아 모여 봐!	휴지 속대를 이용한 인형 만들기

준비물	준비 조건
• 휴지 속대/잡지 그림(주로 인물 사진으로 준비함. 성인 남자, 성인 여자, 아동들) • 가위/풀/흰 종이/색연필/연필/크레파스/색종이, 눈 • 접착제	• 준비물을 꺼내 책상 위에 올려놓고 앉아 집중한다. 자신이 가져온 휴지 속대, 인형극 대본을 빠짐없이 준비할 수 있도록 한다.

절차

- 단계 1: 휴지를 이용하여 만든 인형을 보여 주기
- 단계 2: 만드는 법 설명하기
  - ① 휴지 속대를 보여 주고 인형 모양을 만든다.
  - ② 모자 모양 종이접기를 하여 붙인다.
  - ③ 눈, 코, 입 부분을 오리거나 그려 완성한다.
  - ④ 교사의 시연을 본 후 스스로 진행한다.
  - ⑤ 풀이나 접착제가 다른 곳에 묻지 않도록 조심하면서 스스로 붙여 보도록 한다.
  - ⑥ 각자 만든 인형을 사용하여 종이 인형극을 흉내 낸다.
  - ⑦ 충분히 마른 후에 잘 보관하였다가 때때로 인형극을 하고 1주 후에 나누어 준다.

아동들의 반응	평가
• 다른 친구의 반응을 살피면서 만들었다. • 선생님의 지시대로 만들려고 노력했다. • 생각보다 어려워하였다. • 만든 인형으로 인형극 하는 것을 재미있어 했다.	• 다른 사람의 생각에 맞추어 필요한 말을 하려고 노력했다. • 상황에 맞게 대화하는 훈련을 할 수 있었다. • 상호작용과 다른 사람의 마음을 읽어 내는 좋은 활동이었다.

6월

친구 알기

S	M	T	W	T	F	S
			1	2	3	4
5	6	7	8	9	10	11
12	13	14	15	16	17	18
19	20	21	22	23	24	25
26	27	28	29	30	31	

<6월/제1주/월요일/1교시/친구 알기>

활동 49

날짜	활동	내용
○○○○년 ○월 ○일	생각 놀이	내가 좋아하는 친구

준비물	준비 조건
• 자신이 좋아하는 친구에 대해 소개할 내용	• 자신이 준비한 내용을 친구들에게 추천하고 경청할 수 있는 분위기를 만든다.

절차

- 단계 1: 내가 좋아하는 친구에 대해 소개하기
  - ① 준비한 자료로 자신이 좋아하는 친구에 대해 소개한다.
    - 이름, 나이, 어떻게 알게 된 친구인지, 왜 좋아하는지에 관해 자신의 생각을 조리 있게 이야기한다.
  - ② 다른 아동들은 친구의 발표를 경청한다.
  - ③ 궁금한 것을 질문하고 발표하는 아동은 이에 대해 답변한다.
- 단계 2: 지금 우리 반에서 좋아하는 친구에 관해 이야기하기
  - ① 좋아하는 친구에 대해 이야기하기
  - ② 좋아하는 이유에 대해 이야기하기

아동들의 반응	평가
• 각자 다니고 있는 유치원에서 친한 친구에 관해 신이 나서 발표를 하였다. • 친구에 대해 질문이 많았는데 자신의 관심사를 주로 질문하였고, 앞에서 발표하는 아동은 질문에 성심껏 대답을 해 주었다.	• 친구의 장점 등을 생각해 보고 친구에게 좋아하는 감정을 표현해 보는 좋은 기회가 되었다. • 아동들이 발표의 매너를 익혀 가고 있다. 발표하는 아동은 조리 있게 발표하는 것을 연습하고 있고, 다른 아동들은 경청하고 궁금한 것은 질문하는 것을 통해 매너 있게 발표하는 훈련이 되고 있다.

<6월/제1주/월요일/2교시/친구 알기>

활동 50

날짜	활동	내용
○○○○년 ○월 ○일	얘들아 모여 봐!	박수 전달하기

준비물	준비 조건
• 없음	• 게임의 규칙을 이해하여 신나게 게임에 임하도록 한다.

절차
• 단계 1: 게임의 규칙 이해하기 ① 게임의 규칙을 잘 듣는다. ② 이해한 것을 교사와 친구들에게 설명해 준다. • 단계 2: 게임하기 ① 모두 둥글게 앉는다. ② 아동들 중 1명이 오른쪽이나 왼쪽 아동을 향해 박수를 보낸다. ③ 박수를 받은 아동은 다시 옆 아동에게 박수를 보낸다. ④ 박수를 보낼 때는 방향, 빠르기, 크기, 수를 마음대로 변화시킬 수 있다. ⑤ 박수를 보낼 때에는 자신이 받은 박수와 자연스럽게 이어지도록 한다. ⑥ 전체적으로 파도가 일렁이듯 리듬감 있게 전달되도록 한다. ⑦ 처음에는 박자를 정해서 실시하고 익숙해지면 자유롭게 박자를 변화시키도록 한다. • 단계 3: 정리 및 평가하기 게임을 정리하고 느낀 점을 이야기한다.

아동들의 반응	평가
• 빠르기와 수를 조절하며 했는데 처음에는 어려워했으나 점차 게임을 파악하여 임했다. • 한 아동이 어려워하여 흐름이 끊어지는 경우가 많았다. 흐름이 끊어지지 않고 매끄럽게 연결될 때는 아동들 모두 즐거워하였다.	• 옆 친구의 행동을 잘 관찰해야 가능한 게임이므로 다른 사람에게 관심을 갖고 주시하게 되어 좋았다. • 익숙해져서 다양한 조건으로 재미있게 게임하기 위해서는 연습이 필요하다고 생각되었다.

<6월/제1주/수요일/1교시/친구 알기>

활동 51

날짜	활동	내용
○○○○년 ○월 ○일	생각 놀이	새로운 친구를 사귀려면……

준비물	준비 조건
• 새로운 친구를 만났을 때 자기소개를 하는 예시가 적힌 자료(인사하는 방법/나에 대한 소개의 내용/친구에게 놀이를 권하는 자연스러운 대화의 내용) • 그림 자료(놀이터에서 친구가 넘어짐/유치원에서 친구가 입실함/친구가 그림을 매우 잘 그림)와 아동의 얼굴 사진(그림의 얼굴 부분에 붙일 수 있도록 벨크로테이프가 붙어 있음)	• 칠판 앞에 앉아 집중할 수 있도록 한다.

절차
• 단계 1: 새로운 친구를 만나게 되는 상황에 대해 이야기 나누기(유치원, 놀이터, 친지 등) • 단계 2: 친구에게 나를 소개하고 사귀는 방법에 대해 배우기 ① 내 이름을 소개한다. ② 나이, 사는 곳에 대해 이야기하며 질문도 한다. ③ 친구가 좋아하는 놀이에 대해 묻는다. ④ 놀이를 함께 하자고 권하고 반응을 기다린다. ⑤ 친구를 기분 좋게 해 주는 이야기를 한다(칭찬).

아동들의 반응	평가
• 친구와 함께 역할을 바꾸어 해 보도록 하자 그림 자료를 보며 적절한 이야기를 진행할 수 있었다. • 그림 자료를 보며 아동의 얼굴을 붙여 주자 좋아하며 관심을 집중할 수 있었고, 그림에 대한 내용 설명도 적극적으로 하였다.	• 적당한 억양으로 이야기하는 연습이 더욱 필요하다. 자연스럽게 자신을 소개하는 이야기를 할 수 있도록 하였는데, 이후에 자연스러운 상황을 통해 반복적으로 경험할 수 있는 기회를 제공해야 한다고 생각한다.

<6월/제1주/수요일/2교시/친구 알기>

활동 52

날짜	활동	내용
○○○○년 ○월 ○일	얘들아 모여 봐!	위치 바꾸기 게임

준비물	준비 조건
• 그림 자료와 아동의 이름표 (다양한 자세와 포즈를 취한 간략한 인물들의 그림: 일렬로 서 있는 모양, 가운데 2명은 서로의 어깨를 잡고 양쪽으로 앉아 있는 모양 등 7~8장/각각의 인물 아래에 이름을 붙일 자리를 마련하여 아동의 이름을 붙여 줌)	• 의자와 칠판 등을 치우고 넓은 공간을 마련한다. 아동들은 방석에 앉아 설명을 들을 준비를 한다.

절차

• 단계 1: 게임의 방법 설명하기

① 그림 1장을 예시로 들고 어떤 포즈인지 어떤 순서로 배열하여 서 있는지를 이야기한다.

• 단계 2: 그림에 맞게 행동하기

① 아동들이 그림을 보고 직접 움직이도록 한다.

② 호루라기 소리와 함께 시작한다.

③ 스스로 할 때까지 기다려 준다.

④ 자연스럽게 협력하고 서로 이야기하도록 한다.

⑤ 정확하게 되었을 때 호루라기를 분다.

⑥ 칭찬해 주고 다음 그림으로 진행한다.

아동들의 반응	평가
• 몸을 움직여 표현하는 것에 열광적으로 임했다. • 자기가 보고 생각한 대로 포즈를 취하였다가도 스스로 잘못된 점이 발견되면 얼른 배열을 고치기도 하였다. • 대부분의 아동들이 정확하게 포즈를 취하였다. 다리를 펴거나 손을 올리거나 방향을 바꾸거나 하는 것 등을 그림을 확인하며 진행하였다. • 다른 친구가 그림과 다르면 이야기해서 고치도록 하는 등의 모습이 관찰되었다.	• 집중과 흥미도가 매우 높았고 정확하게 수행한 후에 성취감을 얻는 좋은 경험이 되었다. • 서로 자연스럽게 협력하고 상호작용을 하는 모습이 지속적으로 관찰되었다.

<6월/제2주/월요일/1교시/친구 알기>

활동 53

날짜	활동	내용
○○○○년 ○월 ○일	생각 놀이	친구를 위로해요/ 요리 선정 투표

준비물	준비 조건
• 친구가 속상할 만한 상황의 예 • 요리 목록 3가지	• 칠판 앞에 앉아 주의집중을 한다.

절차

• 단계 1: 감정 이해하기–속상함

① 속상함을 느낄 만한 상황의 예를 제시한다.

② 자신이라면 어떤 감정을 느끼겠는지 생각해 보고 발표해 본다.

③ '속상함'이라는 감정에 대해 이야기한다.

• 단계 2: 다른 사람의 감정 이해하고 적절한 반응 나타내기

① 친구가 속상할 만한 상황을 제시하고 어떤 감정을 느낄 것인지 생각해 보도록 한다.

② 상대방이 속상할 만한 상황을 이해하도록 한다.

③ 속상해하는 친구에게 어떻게 대해야 할지 이야기를 나눈다.

• 단계 3: 자신의 의견을 투표를 통해 표현하며 결과를 받아들이기

① 요리 목록을 듣고 어떤 것으로 투표할지 생각해 본다.

② 1명씩 나와서 자신이 하고 싶은 요리 아래에 스마일 스티커를 붙인다.

③ 투표 결과를 보고 결과를 받아들인다.

④ 요리에 필요한 재료를 생각해 보고 하나씩 나누어서 준비하기로 한다.

아동들의 반응	평가
• 자신의 속상한 감정은 어느 정도 이해하고 표현할 수 있으나 다른 사람이 속상할 것이라는 이해는 부족해 보인다. • 속상해하는 친구에게 어떤 말로 위로해야 할지 어려워하였다. • 투표라는 형식에 새로워하고 즐거워하나 그 결과가 자신의 의견과 다를 경우 받아들이는 것을 어려워하는 아동들이 있다.	• 다른 사람의 감정을 이해하여 언어적·행동적으로 적절하게 반응하는 것을 돕는 것이 필요하다. • 자신의 행동이나 말이 상대방의 감정을 상하게 할 수 있음과 그럴 경우 어떻게 해야 하는지에 대해서도 지속적인 도움이 필요하다. • 요리에 대해 편안해하고 기대한다. 요리 투표를 할 것을 미리 알고 기대하는 표현을 한다.

<6월/제2주/월요일/2교시/친구 알기>

활동 54

날짜	활동	내용
○○○○년 ○월 ○일	얘들아 모여 봐!	동시 감상과 친구 그리기

준비물	준비 조건
• 동시 한 편–「친구야 나랑 놀자」 • 흰 도화지, 크레파스	• 시를 감상할 수 있는 분위기를 조성한다. • 감상한 것을 자유롭게 표현할 수 있도록 한다.

절차

- 단계 1: 동시 감상하기
  ① 동시를 감상하는 적절한 태도에 관해 이야기를 나눈다.
  ② 교사가 읽어 주는 동시를 감상한다.
  ③ 자원하는 아동에 한해 동시를 읊을 수 있도록 기회를 준다.
  ④ 감상 후의 소감에 관해 발표한다.
- 단계 2: 감상한 것을 그림으로 표현하기
  ① 감상하고 느낀 것을 자유롭게 표현하도록 한다.
  ② 그린 그림을 함께 본다.
  ③ 자신의 느낌을 친구들에게 설명한다.
- 단계 3: 정리하기
  친구가 소중하며 사이좋게 지내야 함을 언급한다.
- 동시 참조

친구야 나랑 놀자

달그락달그락/친구와 함께 소꿉놀이를 하면 재미있어요/깡충깡충/친구와 함께 뛰면 신이 나요/또박또박/친구와 함께 책을 읽으면 즐거워요/나는나는/친구와 함께 해서 좋아요

아동들의 반응	평가
• 동시를 감상하는 것을 처음에는 어색해하였으나 조용히 감상하는 시간을 가졌다. • 감상한 것을 그림으로 잘 표현하였다.	• 동시나 그림 등을 감상함으로써 느끼고 표현할 수 있는 기회가 되었는데 앞으로도 자주 활용할 필요를 느낀다. • 느끼고 끝나는 것이 아니라 표현할 수 있어서 좋은 경험이 되었다. 말로 표현하는 것에서 그림으로, 신체로 표현하는 기회를 자주 가짐으로써 아동들의 창조성과 표현력의 증진에도 도움이 될 것이다.

<6월/제2주/수요일/1교시/친구 알기>

활동 55

날짜	활동	내용
○○○○년 ○월 ○일	생각 놀이	친구 앙케트

준비물	준비 조건
• 앙케트지(이름, 나이, 가족, 취미, 기호와 연관된 질문, 친구에 대한 질문 등이 적힌 종이)/연필과 지우개 • 함께 앙케트지를 모아 초록반[3] 앙케트 집을 만들 수 있도록 표지를 준비한다.	• 책상 앞에 앉아 연필과 지우개를 준비하고 교사의 설명을 듣는다. • 신변에 대한 질문을 자연스럽게 1~2가지 한다.

절차

• 단계 1: 앙케트 소개하기

① 앙케트의 의미와 이것을 통해 친구에 대해 더욱 자세히 알 수 있다는 점을 말한다.

• 단계 2: 질문지를 읽고 한 문제씩 답을 기록하기

① 이름, 가족, 나이 등을 기록한다.

② 친구에 대한 문제에 대해서는 이야기하고 써 보도록 한다.

③ 기록을 다 한 후에 서로의 앙케트 내용을 발표한다.

④ 서로 이야기한 내용을 기억하고 있는지 질문해 보고 친구에 대해 잘 알도록 이야기한다.

⑤ 앙케트지를 걷어 앙케트집을 만든다.

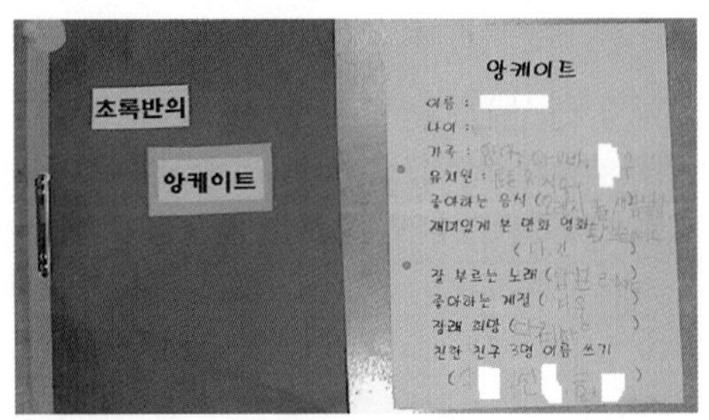

아동들의 반응	평가
• 한글을 익힌 아동은 비교적 쉽게 적응하여 내용을 이야기하였고, 다소 미약하여도 도움을 받아 기록할 수 있었다. • 아동에 따라 초록반의 친구들을 의도적으로 제외하고 오전에 다니는 유치원 친구들만을 적기도 하였다. • 친구에 대해 가족, 사는 곳 등은 비교적 잘 기억하고 답할 수 있었다.	• 스스로 자기의 신변과 기호에 대해 이야기할 수 있고 정확하게 표현할 수 있는 기회가 되었다. • 다른 사람들의 이야기를 듣고 관심을 기울이는 것을 훈련하는 기회가 되었다.

3) 자폐아동들에게 개념을 구체화하기 위하여 어린이집이나 유치원에서 경험했을 법한 반 이름을 명명해 준 것이다. 임상 장면에서 프로그램 성격에 맞게 명명하면 된다. '서울유치원' 역시 실제 유치원이 아니라 아동의 눈높이에 맞는 용어로 보조자, 임상가들과 협의하여 만든 이름이다(활동 70, 71, 157, 158).

<6월/제2주/수요일/2교시/친구 알기>

활동 56

날짜	활동	내용
○○○○년 ○월 ○일	얘들아! 모여 봐	즐거운 요리 〈핫케이크〉

준비물	준비 조건
• 투표를 통해 정한 요리 〈핫케이크〉 • 요리 재료: 핫케이크 가루, 시럽, 프라이팬, 식용유, 우유 등	• 손을 씻고 와서 착석한다.

절차
• 단계 1: 요리의 방법에 대해 이야기하기 • 단계 2: 진행 절차 소개하기 ① 재료를 이야기한다. ② 핫케이크 가루와 우유를 섞는다. ③ 프라이팬에 식용유를 두른다. ④ 핫케이크를 굽는다. – 우유과 가루를 섞는것, 구워진 핫케이크를 자르는 것 등을 아동들이 직접 해 보도록 한다.

아동들의 반응	평가
• 요리에 대해 매우 즐거워하며 신이 나서 진행에 임하였다. • 이전에 먹어 본 경험에 대해서 자연스럽게 이야기하였고, 역할이 주어지기를 기대하고 주어진 역할에 대해 열심히 수행하였다. • 아동에 따라 가루를 고의적으로 흘려 보려고 하였으나 전체적인 진행에 관심을 잃지는 않았다.	• 자조 기술을 익히는 작업에 대한 관심이 매우 높다. 특히, 도구를 사용해 보도록 하는 경험을 좋아하며 성취감이 높은 즐거운 경험이 되었다. 요리에 대한 기대감과 호응이 전반적으로 높아 지시에 따라 적극적으로 수행하는 것을 훈련하는 좋은 경험이 되었다.

<6월/제3주/월요일/1교시/친구 알기>

활동 57

날짜	활동	내용
○○○○년 ○월 ○일	생각 놀이	가계도 만들기

준비물	준비 조건
• 아동의 가계도(아동을 포함하여 친가/외가의 3대의 사진과 명단) • 가계도판	• 칠판 앞에 앉아 주의집중을 할 수 있도록 한다.

절차
• 단계 1: 가계도의 의미 알기 ① 가계도를 제시하며 구조를 설명한다. ② 친가, 외가를 포함하여 3대에 관해 이야기를 나눈다. • 단계 2: 자신의 가계도 꾸미기 ① 준비한 사진과 명단으로 자신의 가계도를 꾸민다. ② 자신의 가계도를 친구들에게 설명한다. • 단계 3: 친구들의 발표를 경청하고 관심 보이기 ① 친구들의 가계도에 대해서 듣고 궁금한 것을 질문한다. • 단계 4: 정리하기 ① 가계도를 통해, 부모님과 조부모님, 나아가서는 조상들에 관해 생각해 보는 시간을 갖는다. ② 지금의 '내'가 있기까지 많은 분들이 있었음을 인식한다.

아동들의 반응	평가
• 처음 접하는 가계도에 관해 새로워하였다. 특히 자신과 연관하여 생각해 보면서 즐거워하였다. • 사진을 붙여 실제로 보면서 더 실감 나 하였다. • 부모님, 조부모님에 관해 새롭게 인식하는 것 같아 보였다.	• 조금 어려운 개념이긴 했지만 자신의 뿌리와 현재 위치를 살펴볼 수 있는 중요한 기회였다. • 가계도를 이해하는 데 있어 필수적인 '결혼'의 개념도 함께 언급할 수 있었다.

<6월/제3주/월요일/2교시/친구 알기>

활동 58

날짜	활동	내용
○○○○년 ○월 ○일	얘들아 모여 봐!	[실험] 소금 결정 만들기

준비물	준비 조건
• 소금, 물, 알코올램프, 삼발이, 증발 접시	• 실험의 방법을 유의하면서 안전하게 임한다.

절차

- 단계 1: 실험의 목적과 필요한 재료 알기
  - ① 실험을 통해 소금 결정을 얻고 그 모양을 관찰할 예정임을 설명한다.
  - ② 실험에 필요한 준비물을 공지한다.
    - –소금, 물, 알코올램프, 삼발이, 증발 접시 등
  - ③ 실험 시 주의점을 설명한다.
    - –불을 사용하는 실험이므로 조심해서 실험하도록 한다.
    - –실험의 순서대로 임할 것을 이야기한다.
- 단계 2: 실험하기
  - ① 소금과 물을 섞어 소금물을 만든다.
  - ② 알코올램프에 불을 붙인다.
  - ③ 삼발이 위에 증발 접시를 올려놓는다.
  - ④ 증발 접시에 소금물을 넣고 가열한다.
  - ⑤ 소금만 남을 때까지 한참을 가열하고 결정을 관찰한다.
  - ⑥ 결정의 모양에 대해 이야기를 나눈다.
- 단계 3: 증발의 원리 알기
  - ① 소금물에 열을 가하면 물이 증발하여 소금만 남음을 이야기한다.
  - ② '증발'이란 물이 수증기가 되어 공기 중으로 날아가 물에 녹아 있던 것만 남는 것임을 설명한다.

아동들의 반응	평가
• 실험에 흥미로워하였다. • 아동들은 '앗! 뜨거' 같은 감탄어를 사용하였다.	• 실험을 통해 자연현상에서 쉽게 접할 수 있는 원리를 이해하는 기회가 되었다. • 스스로 조작할 수 있는 실험이 되어 아동들의 참여도와 관심이 높았다.

<6월/제3주/수요일/1교시/친구 알기>

활동 59

날짜	활동	내용
○○○○년 ○월 ○일	생각 놀이	친구가 좋아하는 말

준비물	준비 조건
• 친구 사진이 붙어 있는 앙케트 조사 카드 • 친구가 좋아하는 말	• 책상 앞에 앉아 집중할 수 있도록 한다.

절차

- 단계 1: 활동 소개하기
  - ① 준비된 앙케트 카드를 앞면을 보여 주며 누가 참여했는지 보여 준다.
- 단계 2: 원하는 친구를 선택하고 친구가 좋아하는 말 생각하기
  - ① 어떤 친구가 나올지를 생각한다.
  - ② 손을 드는 친구를 추천한다.
  - ③ 친구가 좋아하는 말을 읽어 준다.
  - ④ "사랑해.", "좋아해.", "나는 분홍색 모자를 좋아해." 등의 말을 하고 동작을 따라 한다.
  - ⑤ 다른 친구가 좋아하는 말을 생각하며 다른 사람의 생각이 어떠한지 이야기한다.

아동들의 반응	평가
• 친구의 사진이 나올 때마다 쳐다보며 좋아했다. • 다른 친구를 추천하면서 홍겨워했다. • 자신에 대한 좋아하는 말을 공개할 때마다 집중하였다. • 박수 쳐 주고, 안아 주고 좋아했다. • 친구는 예쁜 말을 좋아한다고 했다.	• 앙케트 카드를 예쁘게 만들어 사용하는 것이 효과적이었다. 친구 얼굴을 사진으로 보면서 좋아했다. 선명한 카드와 사진을 보고 그 안에 쓰인 글을 보는 것이 효과가 있는 것 같다. 앙케트 조사 중 윤곽선을 그려 주고 이름을 써 보게 하는 등의 시각적인 촉진이 도움 되었다. 친구의 생각을 알아낸다는 점에서 성취감을 느끼며 매우 만족하는 모습을 보였다.

<6월/제3주/수요일/2교시/친구 알기>

활동 60

날짜	활동	내용
○○○○년 ○월 ○일	얘들아! 모여 봐	폐품을 이용한 공작

준비물	준비 조건
• 여러 가지 폐품들(휴지 속대, 상자, 각종 종이류의 속대 등) • 접착할 수 있는 도구(스카치테이프, 양면테이프, 청테이프 등)	• 책상 앞에 앉아 집중할 수 있도록 한다.

절차

- 단계 1: 활동 소개하기
  - ① 준비된 여러 가지 폐품을 보며 어떤 것을 만들 수 있을지 어떻게 조합해 볼 것인지 이야기를 나눈다.
- 단계 2: 각기 주제를 선택하고 만들기
  - ① 먼저 사용하고 싶은 폐품을 고르고 테이프로 붙이기를 시작한다.
  - ② 그림을 그려 넣거나 다양하게 꾸미는 방법을 생각해 보도록 한다.
  - ③ 자유롭게 진행한 후 마치는 시간에 대해 예고해 주고 마친다.
  - ④ 각자 자신이 무엇을 만들었는지 그 효과가 어떠한지 이야기한다.

아동들의 반응	평가
• 서로 폐품을 나누어 가지는 과정에서 의견 충돌을 보이기도 하였으나 양보하고 협력하도록 지시하자 잘 따랐다. • 테이프로 이어 붙이며 자유롭게 진행하는 분위기에 따를 수 있었고 즐겁게 작업하였다. • 자신이 하기로 한 작업에 대해 집중하였다. • 곰 인형, 한강 다리 등을 만들었다.	• 주어진 조건 안에서 자유롭게 진행해 보도록 하였고, 다양한 질문을 통해 아동이 스스로 작업을 계획하고 방법을 터득해 나가도록 조언해 주었다. 작업이 끝난 후에 서로의 작품을 감상하도록 하자 성취감을 느끼며 매우 만족하는 모습을 보였다.

<6월/제4주/월요일/1교시/친구 알기>

활동 61

날짜	활동	내용
○○○○년 ○월 ○일	생각 놀이	할머니, 할아버지께 편지 쓰기

준비물	준비 조건
• 할머니, 할아버지의 이름, 주소 적힌 카드 • 편지지, 편지 봉투, 우표	• 할머니, 할아버지께 마음을 표현하도록 한다.

절차

• 단계 1: 편지의 형식 이해하기

① 편지를 쓰는 형식을 이해한다.

– 인사말

– 안부 묻기

– 하고 싶은 말

– 작별 인사

– 날짜, 보낸 사람

② 편지 봉투의 형식(보낸 사람, 받는 사람 주소 등)을 이해한다.

편지쓰기

1. 안부 인사

2. 하고 싶은 말

3. 작별 인사

4. 날짜

5. 보낸 사람 이름

• 단계 2: 할머니, 할아버지에 대해 생각하기

① 할머니, 할아버지에 대해 생각해 본다.

② 하고 싶은 말을 생각해 본다.

• 단계 3: 편지 쓰기

① 편지의 형식을 기억하며 하고 싶은 말로 편지를 쓴다.

② 어려운 표현이나 철자에 관해서는 교사가 힌트를 준다.

• 단계 4: 정리하기

① 편지를 봉투에 담아 우표를 붙여 보내도록 공고한다.

아동들의 반응	평가
• 대부분 편지의 형식대로 기록했다. • 하고 싶은 말을 글로 잘 표현하는 아동도 있었고 어려워하는 아동도 있었으나 교사의 도움으로 비교적 적절하게 잘 썼다.	• 평소에 자주 만나지는 못하지만 고맙거나 보고 싶은 마음을 글로 담아 표현해 보는 좋은 기회가 되었다. • 쉽고 빠르고 간편한 전화보다 편지를 이용하여 마음을 표현하는 좋은 기회가 되었다.

<6월/제4주/월요일/2교시/친구 알기>

활동 62

날짜	활동	내용
○○○○년 ○월 ○일	얘들아 모여 봐!	연속 그림 그리기(기하 패턴)

준비물	준비 조건
• 손바닥 크기의 하얀 종이를 6~7개 이어 놓은 종이띠 여러 개(맨 앞과 중간중간에는 기하학적인 모양이 그려져 있음) • 크레파스	• 과제에 집중하여 임하도록 분위기를 조성한다.

절차
• 단계 1: 게임의 규칙 알기 ① 종이띠를 제시한다. ② 맨 앞과 중간중간에는 기하학적인 그림이 그려 있는데 규칙을 파악하여 그다음에는 어떤 그림이 나올지 예측하는 게임이다. ③ 어떤 그림이 나올지 예측이 가는 아동은 손을 들고 나와 그림을 그려 본다. • 단계 2: 게임하기 ① 종이띠를 칠판에 붙여 제시한다. ② 잠깐 생각해 보고 규칙성을 파악한다. ③ 어떤 그림이 나올지 예측이 가는 아동은 손을 든다. ④ 나와서 그림을 그려 본다. ⑤ 왜 그렇게 생각했는지 이유를 들어 본다. ⑥ 규칙성을 파악하도록 정리해 준다. • 단계 3: 정리하기 ① 앞의 그림을 보고 규칙성을 파악할 수 있음을 언급한다.

아동들의 반응	평가
• 재미있어 하였고 생각보다 규칙성을 빨리 파악하였다. • 평소에 주의집중을 잘하지 못했던 아동도 참여도가 높았고 수행률이 높았다.	• 주어진 자료를 보고 사고하여 규칙을 파악하는 게임으로 사고력의 획득에 도움이 되었다.

<6월/제4주/수요일/1교시/친구 알기>

활동 63

날짜	활동	내용
○○○○년 ○월 ○일	생각 놀이	친척에게 전화로 인사하려면……

준비물	준비 조건
• 전화로 이야기하는 여러 인사말이 적힌 종이/친구들이 역할을 바꾸어 대화할 수 있도록 준비된 대화말/전화기	• 책상 앞에 정돈하고 앉아 주의를 집중하도록 한다.

절차

- 단계 1: 주제에 대한 설명 및 도입하기
  ① 경험에 대해 질문해 보고 어떤 인사말이 적당할지 무슨 대화를 하는지에 대해 자유롭게 이야기한다.
- 단계 2: 대화를 읽고 의미를 파악한 후 시연하기
  ① 대화를 읽고 어떤 내용으로 서로 이야기하는 것이 좋을지 소개한다.
  ② 아동들이 전화기를 들고 직접 전화를 걸고 이야기하는 역할을 한다.
  ③ 처음에는 교사가 상대방 역할을 해 주고 다음에는 친구들이 서로에게 역할이 되어 주도록 한다.
  ④ 아동들이 인사를 하고 안부를 묻는 것을 반복하여 이야기해 보도록 한다.

아동들의 반응	평가
• 전화기를 들고 이야기하는 것에 대해 흥미를 나타내었다. 아동에 따라 이야기하는 것을 회피하고 엉뚱한 말을 하는 것으로 친구와 선생님의 반응을 살펴보기도 하였다. 대부분 시골에 사시는 할머니, 할아버지에게 전화를 걸어 보겠다고 이야기하며 진행하였다. 상대방 역할을 해 주는 아동이 "오냐", "그래"라고 할머니처럼 이야기하며 반응해 주어 자연스러운 대화로 이끄는 것에 도움이 되었다.	• 인사하고 안부를 묻는 훈련이 계속적으로 필요하다. 실제 생활 속에서도 이 같은 훈련을 반복할 수 있도록 부모 교육을 통해 도움을 주는 것이 효과적이다. 대인관계에서 매너 있게 상대방을 대하고 자신을 소개하는 방법을 배울 수 있다.

<6월/제4주/수요일/2교시/친구 알기>

활동 64

날짜	활동	내용
○○○○년 ○월 ○일	얘들아 모여 봐!	마음을 전하는 우체통

준비물	준비 조건
• 우체통 • 우체통에 넣을 편지(한 달 동안 친구에게 편지를 쓰고 입실 후 우체통에 넣도록 미리 계획함) • 할아버지 할머니께 보낼 편지(초안을 써 오도록 함)/편지 봉투/주소/우표 등	• 우체통 개봉을 이야기해 주고 기대하도록 한다. • 할아버지께 드릴 편지를 꺼내 준비한다.

절차

- 단계 1: 우체통 개봉에 대하여 예고하기(내가 받을 편지에 대해 예상해 보고 기대감을 갖도록 조성)
- 단계 2: 편지 배달과 할아버지, 할머니께 편지 쓰기
  ① 자신이 받은 편지에 대해 반응을 나타내도록 한다.
    – 몇 통을 받았는지 누구에게 받았는지, 내가 보낸 편지를 친구가 잘 받았는지 등에 대해 유도한다.
  ② 편지를 꺼내서 읽고 서로 내용을 듣도록 한다.
  ③ 할아버지, 할머니께 쓴 편지를 꺼내 수정할 부분을 수정하고 마무리한다.
  ④ 어머니가 적어 주신 주소를 꺼내 아동이 봉투에 직접 주소를 적어 본다.
  ⑤ 우표를 붙이고 우체통에 넣는다.
    – 이후에 아동이 할아버지, 할머니께 쓴 편지는 교사가 실제 우체통에 넣어 편지를 부치고, 가정에서 이에 대한 피드백을 받도록 한다.
    – 또한 우체국에 대해 이야기해 보고 편지를 이후에도 교실의 우체통을 이용할 수 있음을 공고한다.

아동들의 반응	평가
• 편지를 받는 것에 대해 기대감을 가졌다. 한 아동은 그다지 좋아하지 않는 친구가 보내 준 편지를 받지 않겠다고 이야기하기도 하였으나 교사가 받고 읽어 보도록 하자 따라서 수행하였다. 편지와 주소를 직접 써 보고 스스로 대견해하기도 하였고 이와 연관해서 친척에 대한 이야기, 경험을 스스로 나누기도 하였다.	• 친구와 더욱 친밀한 관계를 형성하는 기회가 되었다. 아동에 따라 우체통에 대해 매주 관심을 갖고 자주 열어 보고 싶어 하고 궁금해하며 개봉을 기대하기도 하여 예고된 활동에 대해 기억하고 적절한 태도로 준비되는 반응을 나타내었다.

7월

우리 동네 알기

S	M	T	W	T	F	S
			1	2	3	4
5	6	7	8	9	10	11
12	13	14	15	16	17	18
19	20	21	22	23	24	25
26	27	28	29	30	31	

<7월/제1주/월요일/1교시/우리 동네 알기>

활동 65

날짜	활동	내용
○○○○년 ○월 ○일	생각 놀이	우리 동네 자랑!

준비물	준비 조건
• 자기가 살고 있는 동네에 관한 자료 (동네 이름, 사진, 동네에서 유명한 것에 관한 자료)	• 칠판 앞에 앉아 주의를 집중한다.

절차
• 단계 1: 자신이 살고 있는 동네 이름 소개하기 ① 교사가 동네 이름이 적힌 카드 중 하나를 선택하여 아동들에게 보여 주며 누구의 동네인지 물어본다. ② 그 동네에 살고 있는 아동은 손을 든다. ③ 나머지 아동들에게도 같은 방법으로 질문한다. • 단계 2: 동네 자랑하기 ① 자원하는 아동부터 준비한 자료를 보여 주며 자신의 동네를 소개한다. – 이름, 주변의 유명한 시설물 등 ② 다른 아동들도 모두 자신의 동네를 소개한다. • 단계 3: 친구의 발표에 대해 반응 보이기 ① 친구의 발표 내용 듣고 궁금한 것을 질문한다. ② 발표 내용을 함께 정리한다.

아동들의 반응	평가
• 자신의 동네에 대해 모두 자부심이 대단하였다. 주로 자신의 동네에 월드컵 경기장 등 월드컵과 관련된 시설이 있는 경우가 자부심이 더 하였다. • 다른 친구의 발표를 경청하기보다는 자신의 동네를 자랑하기에 바빴다. 경청하는 훈련이 필요하다.	• 자신이 살고 있는 동네에 관심을 갖고 자세하게 알아보는 좋은 기회가 되었다.

<7월/제1주/월요일/2교시/우리 동네 알기>

활동 66

날짜	활동	내용
○○○○년 ○월 ○일	얘들아 모여 봐!	우리 마을 말판 게임

준비물	준비 조건
• 마을을 배경으로 한 말판 • 주사위 • 말판: 아동의 개수만큼	• 규칙을 이해하여 매너 있게 게임에 임하도록 한다.

절차

- 단계 1: 게임의 규칙 이해하기
  - ① 게임의 규칙을 잘 듣는다.
  - ② 이해한 것을 교사와 친구들에게 설명해 준다.
- 단계 2: 게임하기
  - ① 순서를 정하고 말판을 정한다.
  - ② 주사위를 던져 나온 개수만큼 말판을 움직인다. 이때 ○칸 앞으로, ○칸 뒤로 등의 조건문에 따라 움직인다.
  - ③ 아동은 자신의 말판이 있는 곳을 다른 친구들에게 이야기해 준다.
  - ④ 도착점에 가장 먼저 도착한 아동이 이긴다.
- 단계 3: 정리하기
  - ① 승패를 이야기하고 게임을 정리한다.

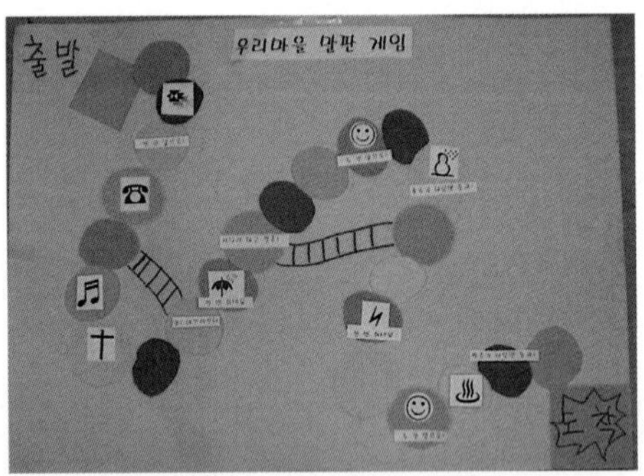

아동들의 반응	평가
• 게임의 규칙을 빨리 습득하는 편이었다. • 순서를 정하는 시간에 모두 자신이 먼저 하고 싶어 가위 바위 보 또는 주사위를 던져 나온 개수만큼 차례를 정했다. • 게임을 즐거워하였으며 말판의 조건물을 기대하고 즐거워했다.	• 주사위를 사용하여 할 수 있는 간단한 게임이었다. • 조건문을 예측해 볼 수 없어 더 긴장감을 가지고 임했다. • 동네에 있는 시설물들을 게임을 통해 습득할 수 있는 기회가 되었다.

<7월/제1주/수요일/1교시/우리 동네 알기>

활동 67

날짜	활동	내용
○○○○년 ○월 ○일	생각 놀이	무슨 뜻일까?(상징 기호)

준비물	준비 조건
• 상징 기호 모음(학교/비행장/지하철/주차장 등)/상징 기호와 연관된 수수께끼 문제	• 칠판 앞에 앉아 주의를 집중하도록 한다.

절차

• 단계 1: 상징 기호의 의미 알기

① 그림을 통해 알 수 있도록 해 주는 여러 기호에 대해 이야기한다.

② 도입에서는 비교적 쉬운 한두 가지 예를 들어준다.

• 단계 2: 기호 모음을 보며 예측해 보고 정답을 알아보기

① 각각의 정답은 종이로 살짝 가린 상태로 기호만을 먼저 보고 연상하여 이야기하도록 한다.

예 주차장을 알리는 P자 표시: "무엇을 의미하는 것일까?", "주차장이라고?", "정답을 알아보자."

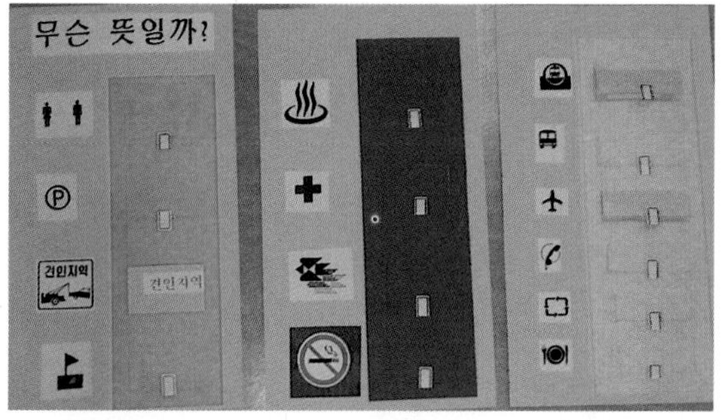

아동들의 반응	평가
• 기호에 대해 신기해하며 예측을 잘하였다. 정답을 맞힌 아동은 환호성을 지르며 자랑스러워하였다. 기호에 대해 대체적으로 흥미도가 높았다.	• 마을을 구성하는 요소들을 기호와 연관하여 기억해 볼 수 있도록 하자 매우 효과적으로 이해하고 기억할 수 있었다.

<7월/제1주/수요일/2교시/우리 동네 알기>

활동 68

날짜	활동	내용
○○○○년 ○월 ○일	얘들아 모여 봐!	실 달린 공 만들기

준비물	준비 조건
• 종이컵, 색종이, 실, 나무젓가락, 알루미늄 포일, 풀, 스카치테이프, 가위 등	• 준비물을 꺼내어 책상 앞에 앉아 주의를 집중하도록 한다.

절차

• 단계 1: 실 달린 공의 완성작품을 보여 주고 놀이 방법 설명하기

① "어떻게 놀이하는 것일까? 손잡이를 잡고 움직여서 공이 컵 안에 들어오면 성공이야." 라고 말한다.

• 단계 2: 제작 과정 소개하기

① 색종이를 잘라 종이컵을 예쁘게 장식한다.

② 나무젓가락을 자르고 테이프로 고정하며 젓가락 사이에 실을 끼우고 여러 번 돌려 묶어 고정시킨다.

③ 칼로 컵에 틈을 만들고 나무젓가락을 끼운다.

④ 알루미늄 포일을 동그랗게 말아서 공을 만들고 나무젓가락에 맨 실을 공에 묶어 고정시킨다.

⑤ 빠지거나 찢어지는 부분이 없도록 테이프로 붙이고 풀로 고정한다.

⑥ 완성된 작품을 가지고 놀이 방법을 익힌다.

• 단계 3: 놀이 방법 익히기

① 놀이 방법을 익혀 스스로 성공하는 경험을 여러 번 할 수 있도록 도와준다.

② 성공시키기 쉽도록 실의 길이를 조정해 준다.

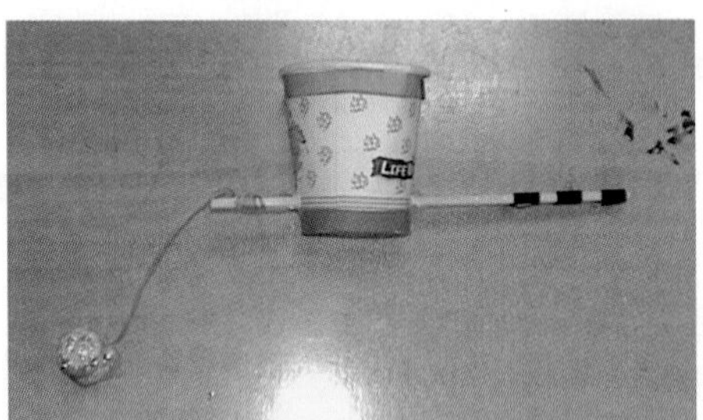

아동들의 반응	평가
• 놀이 방법에 대해 흥미로워했고 성공시키려고 여러 번 시도하는 모습이 관찰되었다. 특히, 과정에서 순서를 기억하고 스스로 진행하는 면에서 대체적으로 능숙해진 모습을 나타내었다.	• 과정이 다소 복잡했음에도 아동들이 수행하는 능력이 매우 향상되었음을 알 수 있었다. 특히, 자신이 만든 것에 대해 성취감이 컸고 어떻게 하면 더욱 좋은 작업이 될 수 있는지를 스스로 생각하고 조절하려는 의욕을 나타내었다.

<7월/제2주/월요일/1교시/우리 동네 알기>

활동 69

날짜	활동	내용
○○○○년 ○월 ○일	생각 놀이	내가 좋아하는 곳/ 요리 선정 투표

준비물	준비 조건
• 자신의 동네에서 좋아하는 곳(사진/소개할 만한 이야기/자료) • 투표 자료	• 자신이 준비한 내용을 자연스럽고 조리 있게 발표하도록 돕는다.

절차
• 단계 1: 준비한 자료로 자신의 동네에서 좋아하는 곳 추천하기 ① 매너 있고 조리 있게 발표한다. – 편의점, 장난감 말 타는 가게, 도서관 등 이때 준비한 사진을 보여 주거나 그곳을 나타내는 물건 등을 친구들에게 보여 줄 수 있다. ② 다른 친구의 발표를 경청하고 궁금한 것은 질문한다. • 단계 2: 아동들이 준비한 장소에 관한 특징과 이유 알아보기 ① 그 장소를 묘사하며 어떤 것이 있는지 이야기해 본다. ② 왜 그곳을 좋아하는지 이유를 이야기한다. • 단계 3: 요리 투표하기 ① 함께 해 볼 요리 3가지를 제시한다. ② 어떤 요리를 선정할지 속으로 생각해 본다. ③ 1명씩 나와서 투표한다. ④ 결과에 승복한다.

아동들의 반응	평가
• 자신이 준비한 자료는 비교적 조리 있게 발표하였다. • 다른 친구들이 발표할 때 경청하고 관심을 보였으며 적절하게 질문하였다. • 공개투표이므로 다른 친구의 투표를 보고 따라 하는 경우가 있었으며, 다수결에 의해 자신이 좋아하지 않는 요리가 선정될 경우 결과를 받아들이기 어려워하는 아동도 있었다.	• 자신이 좋아하고 즐겨 가는 곳을 친구들에게 추천하고 다른 친구의 것을 들어 보면서 서로에 대해 더 잘 아는 기회가 되었다. • 투표의 매너를 익혀 나가는 것이 필요하다. 다수결에 의해 자신이 원하는 대로 되지 않을 수도 있음을 인식하는 것이 필요해 보인다.

<7월/제2주/월요일/2교시/우리 동네 알기>

활동 70

날짜	활동	내용
○○○○년 ○월 ○일	얘들아 모여 봐!	연상 놀이

준비물	준비 조건
• 게임에 제시될 단어 목록들	• 즐거운 게임이 되도록 제시되는 자료에 집중한다.

절차

• 단계 1: 게임의 규칙 알기

① 게임의 규칙을 설명한다.

– 교사가 하나의 단어를 제시한다.

– 아동들은 그 단어를 듣고 떠오르는 느낌이나 감정을 하나의 단어로 표현한다.

– 그 단어를 듣고 다음 친구가 떠오르는 느낌이나 감정을 하나의 단어로 표현한다.

– 계속 꼬리를 물어 진행해 간다.

– 처음의 제시된 단어와 마지막의 단어가 어떻게 달라졌는지 이야기를 나눈다.

• 단계 2: 게임하기

① 교사가 단어를 제시한다.

– 유치원/초록반/김○○/김○○/박○○/○○○ 선생님/여름/물 등

② 각자 떠오르는 느낌을 릴레이식으로 전개해 나간다.

③ 처음의 제시된 단어와 마지막의 단어를 비교하며 차이점을 이야기한다.

④ 왜 차이점이 생기게 되었는지 이야기를 나눈다.

• 단계 3: 정리하기

① 게임을 정리한다.

아동들의 반응	평가
• 제시되는 단어에 대한 느낌을 잘 나누었다. • 처음의 단어와 마지막 단어의 느낌이 완전히 달라지는 것에 대해 새로워하였다. • 한 아동이 어려워하여 반응이 즉각적이지 않아 게임의 흐름이 끊기기도 하였다.	• 느낌을 이야기해 보는 기회를 자주 갖는 것이 좋을 것 같다. • 같은 게임을 귓속말로도 진행하면 좋을 것 같다.

<7월/제2주/수요일/1교시/우리 동네 알기>

활동 71

날짜	활동	내용
○○○○년 ○월 ○일	생각 놀이	유치원 오는 길

준비물	준비 조건
• 유치원 오는 길에 대한 약도(서울역, 서울타워, 빌딩 등과 건물의 특징을 선명하게 나타낸 그림을 사용함)	• 칠판 앞에 앉아 주의를 집중하도록 한다.

절차

- 단계 1: 약도에 대한 이해 돕기
  - ① "약도는 어떨 때 필요할까? 약도를 보면 무엇을 알 수 있을까? 약도에는 무엇이 나타나 있을까?"라고 질문한다.
- 단계 2: 약도를 보며 유치원 오는 길에 대해 이야기 나누기
  - ① 내가 기억하고 있는 건물, 위치 등에 대해 이야기한다.
    - **예** "○○는 어디에서 셔틀 버스를 타니?", "서울역은 무엇을 하는 곳일까?", "서울타워에 가 본 적 있니?", "우리 유치원은 무슨 동일까?", "우리 유치원에서 가장 가까운 지하철역은 어디일까?", "약도가 있으면 어떤 점이 편리할까?", "우리 유치원 주변에는 이런 것들이 있구나!"

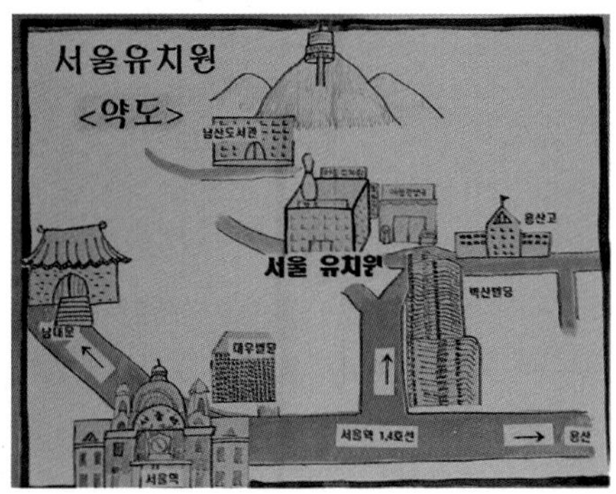

아동들의 반응	평가
• 약도에 대해 관심이 크고 그림으로 이해하는 것에 대해 즐거움을 나타내었다. 특히, 그림과 글씨를 보며 기억하고 교사에게 질문을 하거나 자신의 경험을 이야기하며 호응하였다. 약도의 필요성에 대해 "모르는 길을 잘 갈 수 있어요."라고 대답하기도 하였고, 한 아동은 자신의 집 주변의 약도를 그려 와서 친구들에게 소개하기도 하였다.	• 그림 자료를 통해 아동들의 기억 향상을 돕고 경험을 정확하게 나누는 데 효과적이었다. 아울러 우리 유치원 주변, 우리 마을을 보다 친밀하게 느끼고 설명할 수 있었다.

<7월/제2주/수요일/2교시/우리 동네 알기>

활동 72

날짜	활동	내용
○○○○년 ○월 ○일	얘들아 모여 봐!	즐거운 요리 〈팥빙수〉

준비물	준비 조건
• 팥빙수 재료(팥빙수 기계, 얼음, 팥, 제리, 과일통조림, 연유 등)	• 손을 깨끗이 씻는다. • 각자 가져온 준비물을 꺼내 책상 앞에 앉아 주의를 집중한다.

절차

- 단계 1: 요리 투표로 결정된 요리의 주제에 대해 이야기하고 기대감 갖기
  - ① 아동들이 자연스럽게 경험을 나누도록 한다.
  - – 누구와 어디서 먹어 봤는지 등
- 단계 2: 요리 진행하기
  - ① 가져온 재료를 꺼내어 그릇에 덜고 얼음을 준비한다.
  - ② 팥빙수 기계를 이용하여 얼음을 간다(아동이 번갈아 얼음을 갈도록 한다).
  - ③ 얼음 위에 준비된 재료를 보기 좋게 올린다.
- 단계 3: 이웃에게 가져다 드리기
  - ① 이웃에게 오늘의 요리에 대해 설명하고 시식하도록 한다.
  - ② 아동들은 자유롭게 팥빙수를 먹고 좋아하는 재료에 대해 이야기한다.

아동들의 반응	평가
• 서로 도움을 주고받으며 요리 과정에 함께 할 수 있었다. 아동에 따라 이전에 먹어 본 경험을 이야기하였다. 팥빙수 요리를 좋아하고 만드는 과정에서 느낀 점을 이야기하며 즐거워했다. 좋아하지 않는 재료를 덜어내거나 먹지 않겠다고 거부하기도 하였다.	• 자신이 가져온 재료가 무엇인지 직접 이야기할 수 있도록 하며 재료를 넣고 젓는 활동을 수행할 수 있도록 하여 자조기술 향상을 도울 수 있었다.

<7월/제3주/월요일/1교시/우리 동네 알기>

활동 73

날짜	활동	내용
○○○○년 ○월 ○일	생각 놀이	가게 놀이

준비물	준비 조건
• 슈퍼마켓 장면 – 여러 종류의 과자 – 돈(10,000원, 1,000원, 500원, 100원, 50원)	• 역할을 나누어 하는 놀이를 즐긴다.

절차
• 단계 1: 과제 분석하기 ① 가게에서 물건을 사는 절차와 필요한 말에 관한 과제를 분석한다. ② 실제로 필요한 말을 사용해 본다. • 단계 2: 가게 놀이하기 ① 역할을 나눈다. ② 가게 주인: 얼마인지 이야기해 주고 돈을 받고 물건을 담아 준다. 필요한 경우 거스름돈을 건네준다. 손님: 물건을 고르고 돈을 지불한다. ③ 역할을 바꾸어서 해 본다. • 단계 3: 정리하기

아동들의 반응	평가
• 우리 동네에서 가장 많이 가고 좋아하는 곳이 슈퍼마켓이어서 아동들이 친숙해했고 어느 정도는 역할 놀이가 가능하였다. • 주인 역할을 생소해했다. • 아직 화폐에 대한 개념이 형성되지 않아 돈을 지불하고 거슬러 주는 것이 매끄럽지 않아 보였다.	• 슈퍼마켓뿐 아니라 다른 곳까지 확대하여 해 보면 좋을 것이라고 생각된다. • 사전에 과제분석을 한 것이 효과적이었다고 생각된다.

<7월/제3주/월요일/2교시/우리 동네 알기>

활동 74

날짜	활동	내용
○○○○년 ○월 ○일	얘들아 모여 봐!	풍선이 부풀어요

준비물	준비 조건
• 풍선, 투명한 유리병: 아동들 개수만큼 • 소다 • 식초	• 관찰력과 탐구력을 가지고 실험에 임한다.

절차
• 단계 1: 실험의 준비물과 절차 이야기하기 ① 실험에 필요한 준비물을 확인한다. ② 실험에 필요한 절차를 예고한다. – 유리병에 소다를 넣는다. – 식초를 넣는다. – 풍선을 병의 입구에 씌운다. – 결과를 관찰한다. • 단계 2: 실험하기 ① 각자 실험 재료를 분배 받는다. ② 실험의 순서를 기억하며 실험을 해 본다. ③ 결과를 관찰한다. • 단계 3: 정리하기 ① 실험의 절차를 회상해 본다. ② 실험을 한 소감을 발표해 본다.

아동들의 반응	평가
• 실험에 대해 생소해하고 실험 도구를 조작해 보는 것만으로도 즐거워했다. • 예상된 대로 실험 결과가 산출되었을 때 아동들이 신기해하고 성취감을 느꼈다.	• 실험 도구를 가지고 스스로 조작해 보는 시간이 되었다. 앞으로도 실험의 기회를 통해 스스로 조작하고 성취감을 느낄 수 있는 기회가 많이 제공되어야 할 것으로 보인다.

<7월/제3주/수요일/1교시/우리 동네 알기>

활동 75

날짜	활동	내용
○○○○년 ○월 ○일	생각 놀이	이곳에서는 이렇게

준비물	준비 조건
• 사진과 그림 자료: 에티켓을 지켜야 하는 장소(음악회나 공연장)/자주 가는 가게에서의 예절과 연관된 그림(비디오 가게 등)/교실 안에서의 상황 등	• 칠판 앞에 앉아 주의를 집중하도록 한다.

절차

- 단계 1: 에티켓과 기본적인 예절에 대해 이야기하기(경험)
- 단계 2: 그림을 보며 적절한 태도나 대화에 대해 이야기하기

  예 비디오 가게
  "먼저 무엇을 할까요?", "인사를 해요."
  조용히 보고 싶은 비디오를 고른다.
  "얼마예요?"라고 묻는다.
  "안녕히 계세요." 라고 인사한다.

  예 공연장
  조용히 공연을 본다.
  음식물을 먹거나 마시지 않는다.
  함께 간 부모님의 말씀을 잘 듣는다.
  공연이 끝나면 박수를 친다. 등

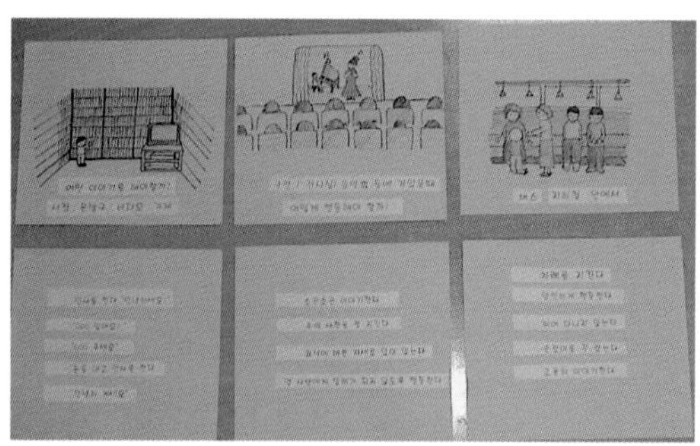

아동들의 반응	평가
• 다양하게 자신의 의견을 발표하였다. 최근 공연장에 다녀온 경험을 함께 이야기하며 신나게 대답하였다. 한 아동은 자신의 경험만을 다소 과장하여 이야기하여 전체적인 주제와 관계없는 이야기를 하였다.	• 일상에서 경험하게 되는 실제적인 상황에 대한 예시를 통해 자신의 경험과 자신의 모습을 알고 앞으로 긍정적인 모습을 위한 감독 기술을 배우도록 하였다.

<7월/제3주/수요일/2교시/우리 동네 알기>

활동 76

날짜	활동	내용
○○○○년 ○월 ○일	얘들아 모여 봐!	딴 사람일세

준비물	준비 조건
• 다양한 물건을 담을 수 있는 상자(크고 입구가 넓어 속이 잘 보이는 것)/2명의 인물이 나란히 적힌 종이/제시된 인물과 연관성 있는 각종 물건/역할을 바꾸는 시간을 알려 주는 호루라기	• 발판을 깔고 그 위에 앉아 게임의 방법을 들을 수 있는 준비를 한다.

절차

• 단계 1: 게임 방법 설명 및 시연하기

① 인물이 적힌 종이를 선택한다.

② 예 '할머니: 안정환'이라고 쓰여 있다.

③ 먼저 할머니와 연관된 물건을 찾는다.

– 지팡이, 돋보기안경 등

④ 할머니 흉내를 낸다.

– 꾸부리고 걷는다./할머니 목소리로 이야기한다./잘 안 보이는 듯 연기한다.

⑤ 호루라기 소리가 들리면 사용했던 물건을 내려놓고 두 번째 인물인 안정환과 연관된 물건을 찾는다

– 축구공/축구화 등

• 단계 2: 아동의 연기 대결하기

① 교사의 시연을 본 대로 실행한다.

• 단계 3: 평가하기

① 가장 재미있었던 표현, 새로운 방법으로 다시 해 보고 싶은 인물 등을 이야기하고 칭찬을 한다.

아동들의 반응	평가
• 아동에 따라 역할을 연기하기 어려워하고 전혀 관계없는 행동을 하는 것으로 회피하기도 하여 한 아동은 친구들 앞에서 연기하기를 부끄러워하였다. 상황에 익숙하게 반응하는 아동들은 재미있고 다양한 방법으로 자신의 역할을 표현하였다.	• 주제와 연관된 사물을 집어내는 연습이 더욱 필요하다. 대체적으로 적절한 사물 선택에 관심이 크지 않고 소극적이었다. 시간의 제한을 주는 다른 방법을 사용하는 것이 효과적일 것이라 생각된다(똑딱똑딱 하는 음향/한 역할을 끝내고 다른 역할을 시작해야 하는 시점에 대한 보다 명확한 제시).

<7월/제4주/월요일/1교시/우리 동네 알기>

활동 77

날짜	활동	내용
○○○○년 ○월 ○일	생각 놀이	우리 동네를 보호해요

준비물	준비 조건
• 재활용품(페트병, 통조림병, 종이 등) • 재활용 분리 수거통 • 대야, 물, 세제, 인형	• 칠판 앞에 앉아 집중한다.

절차
• 단계 1: 오염/공해에 대해 알기 ① 대야의 물에 세제를 푼다. ② 인형이 머리 감고 목욕하는 장면을 시연해 보인다. ③ 설거지하는 장면을 연출한다. ④ 자원하는 아동이 나와서 교사의 시연대로 해 본다. ⑤ 그 물이 우리 동네를 오염시킨다는 것을 이야기한다. ⑥ 세제를 조금씩 써서 우리 동네를 보호해야 한다는 것을 이야기한다. • 단계 2: 쓰레기 분리수거에 대해 알기 ① 우리가 쓰고 버리는 쓰레기에는 어떤 종류가 있는지 아동과 함께 열거해 본다. ② 쓰레기도 종류에 따라 버려야 함을 이야기한다. ③ 쓰레기 분리수거 통에 쓰레기를 분리해서 버리는 것을 시연해 보인다. ④ 쓰레기를 모아 놓은 통을 제시하고 한 아동씩 나와서 쓰레기를 분리해서 버린다. • 단계 3: 정리하기 ① 오염을 최소한으로 하기 위해 어떻게 해야 할지 정리해 본다. ② 쓰레기를 분리해서 버려야 하는 것에 대해 정리한다.

아동들의 반응	평가
• 실제로 나와서 해 보면서 흥미를 많이 보이고 참여도가 높았다.	• 요즘 환경에 대한 관심이 높아지고 있는데 꼭 다루어 볼 만한 주제였다. • 가정 학습으로 전환이 되었는지 피드백이 있으면 좋을 것이다.

<7월/제4주/월요일/2교시/우리 동네 알기>

활동 78

날짜	활동	내용
○○○○년 ○월 ○일	얘들아 모여 봐!	무엇일까? 촉감으로 알아보기

준비물	준비 조건
• 여러 가지 촉감의 물건들 플라스틱, 유리병, 캔, 사포, 솜, 고무찰흙, 돌 등 • 물체 주머니	• 탐구심을 갖고 임하도록 돕는다.

절차
• 단계 1: 여러 가지 촉감의 물건이 담긴 주머니 제시하기 ① 다양한 촉감의 물건이 있음을 이야기한다. ② 한 아동씩 나와서 물체 주머니에 손을 넣고 하나의 물건을 잡도록 한다. ③ 어떤 촉감인지 이야기하고 어떤 물건일지 추측해 본다. ④ 물건을 꺼내 추측과 일치하는지 확인해 본다. • 단계 2: 여러 가지 촉감을 이야기해 보기 예 "딱딱해요.", "말랑말랑해요.", "거칠거칠해요.", "부드러워요." 등 • 단계 3: 정리하기 ① 여러 가지 촉감에 대해 이야기한다. ② 추측한 것과 실제가 다를 수 있음과 그때의 감정에 대해 이야기를 나눈다.

아동들의 반응	평가
• 추측하는 것을 즐거워했다. • 추측과 실제 상황이 다른 경우 당황하였다. • 여러 가지 촉감을 구체적으로 표현해 보았는데 생소해했다.	• 아동들이 추측해 보는 것을 즐거워하는데 추측해 볼 수 있는 기회를 많이 제공해야 함을 느꼈다. • 추측과 실제가 다를 경우의 감정 이해와 처리에서 지속적인 도움이 필요하다.

<7월/제4주/수요일/1교시/우리 동네 알기>

활동 79

날짜	활동	내용
○○○○년 ○월 ○일	생각 놀이	법과 규칙! 중요해요

준비물	준비 조건
• 제헌절을 표시한 달력 • 국회의사당 사진 • 국회 모습 • 규칙을 정한 판	• 칠판 앞에 앉아서 집중한다.

절차
• 단계 1: 제헌절 날짜와 제헌절이 무슨 의미인지 이야기하기 ① 달력에 제헌절 날짜를 동그라미 한다. ② 한 아동씩 나와서 제헌절 7월 17일에 동그라미 친 후 제헌절이라고 말한다. ③ 제헌절은 법을 만드는 날이라고 말한다. ④ 국회의사당은 법을 만드는 사람들이 일하는 곳이라고 말한다. ⑤ 국회의원, 국회에서 회의하는 모습을 보고 법을 만드는 일을 한다고 말한다. • 단계 2: 제헌절은 나라의 법을 만드는 날이라고 말하기 ① “제헌절은 나라 법을 만드는 날이에요.”, “나라를 만드는 사람을 국회의원이라고 해요.”라고 말한다. ② 국회의사당/국회의원/국회에서 나라의 법을 만드는 일을 한다고 말한다. • 단계 3: 정리하기 ① 나라의 법을 만드는 날이 제헌절이라고 한다. ② 국회의사당에서 국회의원이 나라의 법을 만든다고 한다. ③ 제헌절은 7월 17일이라고 말한다.

아동들의 반응	평가
• 국회의사당 사진을 보고 TV에서 본 적이 있다고 말했다. • 어려워하는 아동들도 있었다. • 규칙이 중요하다고 했다.	• 규칙이나 법은 친구 사이에도 중요하다고 했다. • 싸우면 좋지 않은 것이라고 했다. • 규칙을 알게 하기 위해 아동들이 이해하는 내용을 중심으로 더 쉽게 자료 준비를 해야겠다고 생각했다. • 제헌절은 나라에서 정한 중요한 날임을 더 강조해야겠다.

<7월/제4주/수요일/2교시/우리 동네 알기>

활동 80

날짜	활동	내용
○○○○년 ○월 ○일	얘들아 모여 봐!	법이나 규칙을 잘 지켜요!

준비물	준비 조건
• 마분지 • 규칙을 적은 종이 • 규칙과 차례 지키는 친구들 사진 • 일과표 초안	• 책상에 모여 앉아 준비물을 받는다.

절차

• 단계 1: 제헌절은 나라의 법과 규칙을 만드는 날임을 상기시키기
① 제헌절은 나라의 법과 규칙을 만드는 날임을 말한다.
② 친구 사이에도 규칙이 필요하다는 것을 말한다.
③ 친구들이 중요하다고 생각하는 규칙을 말한다.
④ 규칙을 정하면 서로 편하다고 말한다.

• 단계 2: 중요하게 여기는 규칙 만들기
① '약속을 지켜요.', '간식은 줄을 서서 받아요.', '말할 때는 손을 들어서 허락을 받아요.', '친구랑 장난감을 나누어요.' 등 규칙을 만든다.
② 친구끼리 정한 규칙을 약속판에 붙인다.
③ 약속판에 붙인 규칙은 서로 지켜야 한다고 말한다.
④ 서로 정한 규칙을 통 안에 넣고 차례를 뽑는다.
⑤ 뽑힌 규칙을 읽어 보고 친구에게 설명한다.

• 단계 3: 정리하기
① 나라를 다스리는 규칙은 법이라고 말한다.
② 친구들 사이에 약속을 지키도록 만드는 것을 규칙이라고 말한다.
③ 우리 반을 다스리는 것은 친구끼리 정한 규칙을 지키는 것이라고 말한다.

아동들의 반응	평가
• 차례 지키기, 손을 들고 말하기, 줄서기 그림을 판에 붙이면서 흥미로워했다. • 규칙이 중요하다고 했다. • 친구끼리 서로 싸우지 않아야 한다고 했다.	• 시간표 작성에 필요한 그림을 아동이 실제 경험한 사진을 가지고 사용하니 더 흥미로워했다. • 친구의 이름을 붙이고 중요하다고 말한 규칙을 친구들에게 서로 말하게 하니 상호작용을 늘릴 수 있었다. • 그림과 사진을 사용한 시간표를 작성하여 규칙을 만들고 따르게 하면 좋을 듯하다.

8월

우리나라

S	M	T	W	T	F	S
			1	2	3	4
5	6	7	8	9	10	11
12	13	14	15	16	17	18
19	20	21	22	23	24	25
26	27	28	29	30	31	

<8월/제1주/월요일/1교시/우리나라>

활동 81

날짜	활동	내용
○○○○년 ○월 ○일	생각 놀이	우리나라가 이렇게 변했어요!

준비물	준비 조건
• 우리나라의 옛날과 현재의 변화상에 관한 자료(집/의복/음식/교통수단 등)	• 칠판 앞에 앉아 주의를 집중한다.

절차

- 단계 1: 우리나라의 현재 모습에 대해 이야기하기
  - ① 현재 우리나라의 모습에 대해 이야기를 나눈다.
    - –우리가 먹는 음식: 피자, 햄버거 등의 다른 나라의 음식도 많이 먹고 있다는 점을 언급한다.
    - –우리가 살고 있는 곳: 아파트, 주택 등
    - –우리가 입는 옷: 공장에서 한꺼번에 만든 합성 섬유 옷
    - –현재의 교통수단: 자동차, 기차, 비행기 등
- 단계 2: 옛날의 우리나라의 모습에 관해 이야기 나누기
  - ① 옛날의 집: 초가집, 기와집
  - ② 옛날에 먹었던 음식: 떡, 나물 등
  - ③ 옛날에 입었던 옷: 한복–직접 만들어서 입었다.
  - ④ 옛날에 타고 다니던 것: 가마, 말, 배
- 단계 3: 옛날과 오늘날의 변화 말하기
  - ① 옛날과 오늘날의 차이점에 관해 이야기를 나눈다.
  - ② 각자의 느낀 점을 발표해 본다.

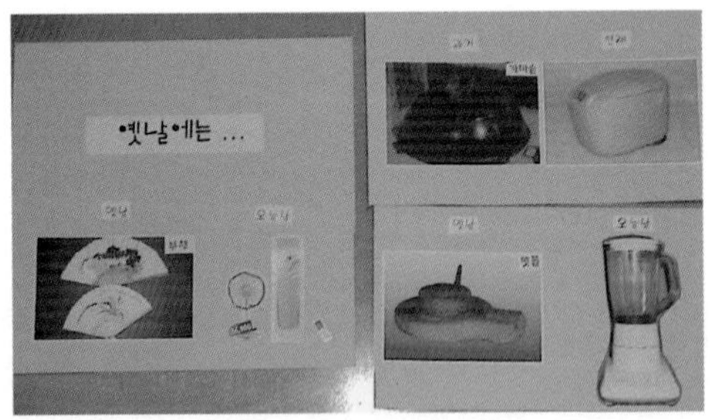

아동들의 반응	평가
• 오늘날 우리가 접하는 음식이나 옷, 집 등은 서양의 것이 많다는 것에 대하여 새로워했다. • 비교적 옛날의 모습에 관해 많이 알고 있는 편이었다.	• 옛날 조상들의 모습을 다양한 측면에서 생각해 볼 수 있는 좋은 기회가 되었다.

<8월/제1주/월요일/2교시/우리나라>

활동 82

날짜	활동	내용
○○○○년 ○월 ○일	얘들아 모여 봐!	빙고게임

준비물	준비 조건
• 빙고판	• 단순한 규칙이 있는 게임을 이해하여 게임에 즐겁게 임하도록 돕는다.

절차

• 단계 1: 게임의 규칙 이해하기
  ① 게임의 규칙을 잘 듣는다.
  ② 이해한 것을 교사와 친구들에게 설명해 준다.

• 단계 2: 게임하기
  ① 빙고판과 필기구를 받는다.
  ② 어떤 항목을 고를지 제시한다.
    – 과일, 동물 이름 등
  ③ 생각나는 대로 항목을 이야기해 보고 교사는 칠판에 적는다.
  ④ 각자의 빙고판을 채우되 다른 친구가 보지 못하도록 하고 자신도 다른 친구의 것을 보지 않는 규칙을 따른다.
  ⑤ 돌아가며 하나씩 이야기하고 자신의 빙고판에서 지워 나간다.
  ⑥ 다 지운 사람은 재빨리 '빙고!'를 외친다.

• 단계 3: 승패 판정하기
  ① 누가 이겼는지 이야기해 본다.
  ② 게임을 정리한다.

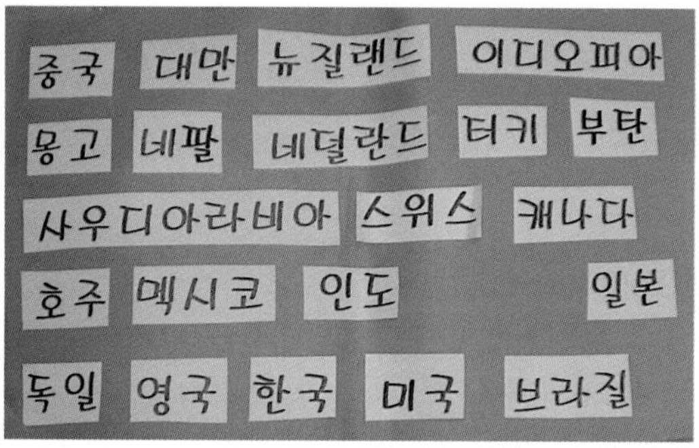

아동들의 반응	평가
• 처음 해 보는 게임이어서 어려워하였다.	• 게임이 진행될수록 아동들이 흥미로워하였다.

<8월/제1주/수요일/1교시/우리나라>

활동 83

날짜	활동	내용
○○○○년 ○월 ○일	생각 놀이	자랑스러운 태극기

준비물	준비 조건
• 태극기와 연관된 자료(태극기 그림/건곤감리 보고 그리기/각 부분의 의미에 대한 설명 등)	• 칠판 앞에 앉아 주의를 집중하도록 한다.

절차

• 단계 1: 태극기의 의미 알기

① 우리나라를 대표하는 국기이다.

② 색, 모양에 대한 특징에 대해 이야기한다.

③ 각 부분의 의미에 대해 이야기한다.

④ 태극기를 사용하는 장소와 상황에 대해 이야기한다.

– 경험: "월드컵 때 얼굴에 그렸어요.", "흔들었어요." 등

• 단계 2: 이야기한 것에 대해 기억하고 답하기

① 느낌, 생각을 자유롭게 이야기하도록 한다.

② 건곤감리를 보고 그려 보도록 한다.

아동들의 반응	평가
• 국기에 대한 관심이 높다. 특히, 월드컵 때 태극기를 흔들며 응원한 것 등에 이야기하며 관심을 나타내었다. 그려 보도록 하자 모두 정확한 특징을 알고 따라서 그릴 수 있었다.	• 우리나라의 국기에 대해 자랑스러운 마음을 가지도록 하는 것과 국기의 의미에 대해 알아보는 시간이었다. 특히, 땅, 하늘, 사람 등과 연관된 의미에 홍미를 나타내었다.

<8월/제1주/수요일/2교시/우리나라>

활동 84

날짜	활동	내용
○○○○년 ○월 ○일	얘들아 모여 봐!	전통 무늬 손수건 염색하기

준비물	준비 조건
• 염색 물감/흰색 무지 손수건/전통 무늬 도장(도자기 만들 때 사용하는 용품)/그 외 작업복이나 앞치마/신문지/작품이 마르는 동안 걸어 놓을 수 있는 대와 빨래집게	• 준비물을 꺼내어 책상 앞에 앉아 주의를 집중하도록 한다.

절차

• 단계 1: 염색의 의미 알기

① 원래 하얀색이었던 헝겊에 빨간색 염색 물감을 사용하면 빨간색 천이 된다.
② 파란색 염색 물감으로 염색을 하면 파란색이 된다.
③ 물감을 서로 섞어도 된다(아동들이 사용 시에는 2가지 이상 섞지 않도록 주의한다).
④ 염색 물감을 사용하면 물로 빨았을 때 지워지지 않는다고 이야기해 준다.

• 단계 2: 제작 과정

① 책상에 염색 물감이 묻지 않도록 신문지를 책상 위에 편다.
② 작업복을 입는다.
③ 원하는 색의 물감을 선택한다.
④ 되도록 물을 사용하지 않고 물감을 짜서 꼭 짠 붓으로 잘 풀어 놓는다.
⑤ 예쁜 도장을 선택하여 물감을 묻히고 손수건에 찍는다.

• 단계 3: 빨래집게를 이용하여 매달아서 말린다.

① 말리는 동안 어떤 모양으로 도장을 찍었는지, 어떤 색을 사용했는지, 마른 후에 어떻게 될지 이야기한다.

아동들의 반응	평가
• 염색의 방법에 대해 흥미가 컸다. 보기 좋은 모양으로 예쁜 도장을 사용하여 완성시키려고 열심히 진행하였다. 특히, 아동들은 말리는 도중에 "나중에 지워지지 않나요?", "언제 마르나요?"라고 물으며 관심을 지속적으로 나타내었고 1주 후에 빨아서 건조된 손수건을 보며 어떤 모양을 만들었는지 자신의 작업에 대해 비교적 정확하게 기억하고 이야기하였다.	• 다양한 도장을 사용하여 표현하는 능력을 향상하였다. 특히, 자신이 만든 것에 대해 성취감이 컸고 어떻게 하면 더욱 좋은 작업이 될 수 있는지를 스스로 생각하고 조절하려는 의욕을 나타내었다.

<8월/제2주/월요일/1교시/우리나라>

활동 85

날짜	활동	내용
○○○○년 ○월 ○일	생각 놀이	내가 좋아하는 우리나라 음식 소개하기/요리 선정 투표

준비물	준비 조건
• 자신이 좋아하는 우리나라 음식에 관한 자료(사진/소개할 만한 이야기) • 투표 자료	• 자신이 준비한 내용을 자연스럽고 조리 있게 발표하도록 돕는다.

절차
• 단계 1: 준비한 자료로 자신이 좋아하는 우리나라의 음식 추천하기 ① 매너 있고 조리 있게 발표한다. ② 다른 친구의 발표를 경청하고 궁금한 것은 질문한다. • 단계 2: 아동들이 준비한 전통음식에 관한 특징 알아보기 ① 음식의 사진을 보여 준다. ② 음식의 맛과 느낀 점을 소개해 준다. ③ 재료를 설명해 준다. • 단계 3: 요리 투표하기 ① 우리나라의 전통음식을 소개한다(불고기, 비빔밥, 김치 등). ② 어떤 요리를 선정할지 속으로 생각해 본다. ③ 1명씩 나와서 비밀 투표한다. ④ 결과를 공개하고 결과에 승복한다.

아동들의 반응	평가
• 자신이 준비한 자료는 신나게 발표하였으나 조리 있게 말하는 것에 도움이 필요했다. • 다른 친구들이 발표할 때 경청하고 질문하는 훈련이 필요하다. • 우리나라의 음식을 잘 먹어야겠다는 반응이 있었다. • 투표 후에 결과를 받아들이는 마음이 필요하다.	• 우리나라의 음식에 관해 알고 관심을 갖는 기회가 되었다. • 비밀 투표를 즐거워하였고 투표의 매너를 익혀 나가는 모습이 보인다.

<8월/제2주/월요일/2교시/우리나라>

활동 86

날짜	활동	내용
○○○○년 ○월 ○일	얘들아 모여 봐!	전통음악에 맞춰 춤을!

준비물	준비 조건
• 전통음악이 담긴 테이프: 봉산 탈춤, 꼭두각시 음악 • 한삼, 탈	• 전통음악을 들어 보고 몸으로 표현하도록 돕는다.

절차
• 단계 1: 전통음악 감상하기 ① 전통음악을 감상한다. ② 느낌을 이야기해 본다. • 단계 2: 전통음악에 맞춘 춤추기 ① 전통춤에 필요한 탈과 한삼에 관해 이야기한다. ② 교사의 시연을 본다. ③ 1명씩 나와 음악에 따라 춤을 춘다. • 단계 3: 정리하기 ① 느낌을 이야기해 본다.

아동들의 반응	평가
• 전통음악에 관해 신기해했지만 전통춤에 대해 더 신기해하며 흥겨워하였다. • 굉장히 적극적이고 자발적인 태도로 임했고, 평소에 주의집중이 어려웠던 아동도 다른 친구를 모방하며 적극적으로 참여하였다.	• 평소에 접해 보지 못했는데 새롭게 접해 보는 기회가 되었고, 춤을 통해 흥을 돋우는 기회가 되었다.

<8월/제2주/수요일/1교시/우리나라>

활동 87

날짜	활동	내용
○○○○년 ○월 ○일	생각 놀이	우리나라의 말과 글

준비물	준비 조건
• 사진 자료: 세종대왕/훈민정음/가나다라마바사, ㅔ ㅣ ㅗ ㅜ 등	• 칠판 앞에 앉아 주의를 집중하도록 한다.

절차

• 단계 1: 우리나라의 말과 글에 대해서 알기
  ① "우리나라의 말과 다른 나라의 말의 차이점, 한글과 알파벳, 이외의 다른 나라의 문자와의 차이에 대해서 알자."라고 말한다.
  ② "우리나라의 글은 누가 만들었을까?"라고 말한다.
• 단계 2: 자음과 모음 읽기
  ① 자음 읽기를 한다.
  ② 모음 읽기를 한다.
• 단계 3: 우리나라와 한글에 대한 자랑스러운 마음 가지기

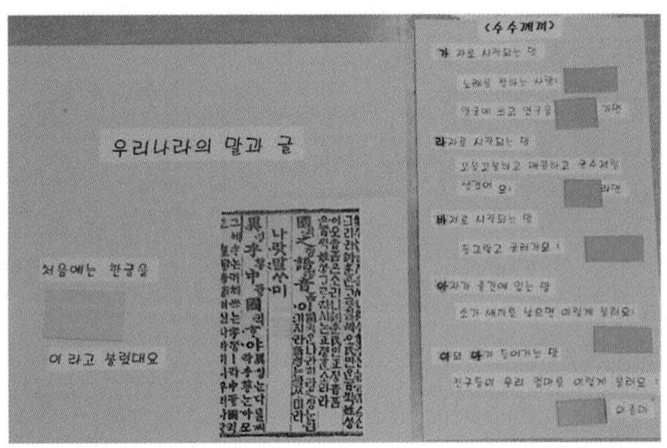

아동들의 반응	평가
• 훈민정음/세종대왕 등에 대해 이야기하자 자신이 알고 있는 세종대왕과 한글에 대해 발표하였다.	• 그림 자료를 보며 우리나라에 대한 관심을 넓힐 수 있었고, 우리나라의 자랑거리를 스스로 알고 자랑할 수 있도록 하였다.

<8월/제1주/수요일/2교시/우리나라>

활동 88

날짜	활동	내용
○○○○년 ○월 ○일	얘들아 모여 봐!	즐거운 요리 〈불고기〉

준비물	준비 조건
• 불고기 재료(돼지고기 썰어 놓은 것/간장/파/마늘/식용유/설탕/참기름 등 • 가열 조리 기구(프라이팬/휴대용 가스레인지)	• 손을 깨끗이 씻는다. 각자 가져온 준비물을 꺼내 책상 앞에 앉아 주의를 집중한다.

절차

• 단계 1: 요리활동 소개하기

① 요리 투표로 결정된 요리의 주제에 대해 이야기하고 기대감을 갖도록 한다.

② 아동들이 자연스럽게 경험을 나누도록 한다.

예 "불고기를 자주 먹나요?", "누구와 어디서 먹어 봤나요? ", "좋아하나요?"

• 단계 2: 요리 진행하기

① 가져온 재료를 꺼내어 준비한다.

② 고기에 밑간을 한다.

– 양념하기/버무리기(위생장갑을 착용하고 아동이 주무르도록 한다.)

③ 프라이팬에 기름을 두르고 달군 후에 불고기를 익힌다.

④ 각자 그릇에 덜고 시식한다.

• 단계 3: 이웃과 나누어 먹기

① 이웃에게 오늘의 요리에 대해 설명하고 시식하도록 한다.

② 아동들은 자유롭게 준비해 온 밥과 불고기를 함께 먹는다.

아동들의 반응	평가
• 서로 도움을 주고받으며 요리 과정에 함께 할 수 있었다. 아동에 따라 이전에 먹어 본 경험을 이야기하였다. "많이 먹을 거야.", "냄새가 좋다." 등을 이야기하며 기대감을 나타내었다. 실제 요리를 끝내고 매우 맛있게 시식을 하였다. 또한 우리나라를 대표하는 요리인 것에 대해 잘 알고 이야기하였다.	• 자신이 가져온 재료가 무엇인지 직접 이야기할 수 있도록 하며 순서와 방법을 잘 알고 지시대로 수행할 수 있도록 하여 자조기술 향상을 도울 수 있었다.

<8월/제3주/월요일/1교시/우리나라>

활동 89

날짜	활동	내용
○○○○년 ○월 ○일	생각 놀이	○○○처럼 되고 싶어요!

준비물	준비 조건
• 자신이 되고 싶은 우리나라의 위인에 관한 자료	• 친구의 말을 경청하고 매너 있게 발표하도록 돕는다.

절차

• 단계 1: 위인의 의미 설명하기

① 위인은 위대한 업적을 남긴 훌륭한 사람임을 이야기한다.

② 우리가 알고 있는 위인에 대해 열거해 본다.

– 세종대왕, 이순신, 유관순 등

• 단계 2: 자신이 되고 싶은 위인에 관해 발표하기

① 자신이 되고 싶은 위인에 관해 준비한 자료로 친구들에게 소개한다.

② 발표 내용을 듣고 궁금한 것을 질문한다.

아동들의 반응	평가
• 엄마와 함께 준비한 자료를 읽는 수준으로 발표한 아동도 있었다. • 다른 친구가 발표할 때 경청하는 예의를 훈련하는 것이 필요해 보인다.	• 위인의 삶에 대해 알아보고 자신도 닮아 훌륭한 사람이 되겠다는 생각을 하게 되는 좋은 기회였다.

<8월/제3주/월요일/2교시/우리나라>

활동 90

날짜	활동	내용
○○○○년 ○월 ○일	얘들아 모여 봐!	우리나라의 상징

준비물	준비 조건
• 우리나라를 상징하는 그림이나 사물 (88 올림픽 마크, 호돌이, 고궁의 사진, 김치, 가야금, 청와대, 민속촌, 태권도, 사물놀이 등)	• 제시되는 자료에 주의를 집중하도록 한다.

절차
• 단계 1: '상징'이라는 말의 의미 알기 • 단계 2: 우리나라를 상징하는 것 알기 ① 우리나라를 상징하는 것에 무엇이 있는지 열거해 본다. ② 자료를 제시한다. ③ 제시되는 자료가 왜 우리나라를 상징하는 것인지 이야기 나눈다. • 단계 3: 정리하기 ① 우리나라를 상징하는 것에 대해 알아봄으로써 나라에 대해 자부심을 갖도록 돕는다.

아동들의 반응	평가
• 대부분의 자료를 보고 안다는 반응을 하였다. • 상징이라는 개념을 새롭게 이해하는 듯했다.	• 우리나라만의 특징을 배움으로써 대한민국에 대한 자부심을 키워 줄 수 있었다.

<8월/제3주/수요일/1교시/우리나라>

활동 91

날짜	활동	내용
○○○○년 ○월 ○일	생각 놀이	퍼즐로 알아보는 우리나라

준비물	준비 조건
• 가로세로 퍼즐: 가로 문제, 세로 문제가 적힌 자료/정답을 써 넣도록 되어 있는 자료(아동들이 직접 정답을 써 넣을 수 있도록 만들어져 있음)	• 칠판 앞에 앉아 주의를 집중하도록 한다.

절차
• 단계 1: 그동안 배웠던 우리나라와 연관된 내용을 복습하고 기억하기 • 단계 2: 가로세로 1가지씩 순서대로 퍼즐 맞추기 ① 정답을 맞힌 친구는 앞으로 나와 정답을 칸에 기록한다. ② 가로세로에 해당하는 글자를 보고 아는 것과 문제를 듣고 정답을 생각하는 것을 연습하면서 문제를 풀어 간다. • 단계 3: 문제를 모두 푼 후에 누가 맞힌 정답인지 가장 어려웠던 문제는 무엇인지 이야기하기 ① 간단하게 몇 가지 문제를 제시하고 정답을 기억하고 맞히도록 한다.

아동들의 반응	평가
• 학습을 통해 기억하고 있는 사항을 적극적으로 발표하여 활기 있게 진행되었다. 정답을 정확하게 알고 있기도 하고 다소 엉뚱한 단어와 혼동하기도 하였다. 전체적으로 기억해 보도록 하자 비교적 정확하게 문제와 답을 알았다.	• 아동의 이해 정도와 기억에 대해 평가해 보고 정확한 의미와 답을 알 수 있도록 도울 수 있었다. 퀴즈를 맞히는 방법, 주어진 힌트를 적절하게 사용할 수 있기의 능력을 훈련하였다.

<8월/제3주/수요일/2교시/우리나라>

활동 92

날짜	활동	내용
○○○○년 ○월 ○일	얘들아 모여 봐!	지도를 꾸며요

준비물	준비 조건
• 대한민국 전도(간략하게 그려서 준비) 조각 지도(전도 위에 올려서 전체 모양을 완성시킬 수 있는 것)/크레파스(노랑/황토색/밤색 3가지색의 묶음을 아동 인원수대로 준비함)	• 책상 앞에 앉아 집중할 수 있도록 한다.

절차
• 단계 1: 진행 방법 설명 및 시연하기 ① 대한민국 전도를 펼쳐 놓고 대표적인 도시를 설명한다. ② 조각 그림을 선택(각각 2조각을 선택)한다. ③ 조각 지도에 표시된 대로 노랑, 황토, 밤색을 구분하여 선을 따라 색칠한다. ④ 색칠 후에 전체 전도 위에 자리를 찾아 붙인다. – 이때 자신이 가지고 있는 지도 조각의 모양을 잘 보고 전체 그림에서 적절한 곳을 찾는다. – 서로 도움을 주고받기도 한다. • 단계 2: 완성된 지도를 보고 완성된 모양을 감상하기 ① 중요한 지역을 교사가 알려 주고 지역 이름이 적힌 표시를 위치에 붙이도록 한다.

아동들의 반응	평가
• 대체적으로 지도에 대한 관심이 컸다. 아동들은 정해진 색대로 색칠을 매우 잘하였고, 지도 위에 붙여 나갈 때 적절한 위치를 찾기까지 여러 번 시도하여 완성시킬 수 있었다. 자신이 알고 있는 도시를 이야기하며 질문하기도 하고 서로 알려 주기도 하였다.	• 방법을 이해하고 색칠하고 완성시키는 방법을 잘 알고 수행하였다. 지도, 지역에 대한 관심이 크고 호응도가 높다. 특징을 잘 보고 관찰 후에 모양을 찾아내는 능력을 훈련하였다. 협동화 작업에서 얻는 또래와의 적절한 협력과 경쟁심을 유도할 수 있었다.

<8월/제4주/월요일/1교시/우리나라>

활동 93

날짜	활동	내용
○○○○년 ○월 ○일	생각 놀이	우리나라는……

준비물	준비 조건
• 우리나라를 소개할 수 있는 자료들(지도, 문화 유적지 사진 등)	• 칠판 앞에 앉아 집중한다. • 제시되는 자료에 주의를 집중한다.

절차

- 단계 1: '대한민국' 하면 떠오르는 것을 말하기
  ① 우리나라에 대해 친구들이 알고 있는 모든 것을 이야기해 본다.
  –월드컵, 김치, 한복 등
- 단계 2: 우리나라의 지리적인 특징 소개하기
  ① 우리나라의 지도를 제시하며, 생김새가 호랑이를 닮았음을 이야기한다.
  ② 3면이 바다이고 휴전선을 경계로 위는 북한, 아래는 우리가 살고 있는 대한민국임을 이야기한다.
  ③ 주변 나라로는 중국, 일본 등이 있음을 이야기한다.
  ④ 각 도와 시에 대해 간략하게 이야기를 나눈다.
- 단계 3: 우리나라의 유명한 음식 설명하기
  ① 우리나라의 유명한 음식으로 김치, 불고기, 비빔밥 등이 있음을 자료와 함께 제시한다.
- 단계 4: 기타 우리나라의 특징 확인하기
  ① 그 밖의 우리나라의 상징이 될 만한 것을 제시한다.
  –태권도, 사물놀이, 가야금, 거문고, 부채춤

아동들의 반응	평가
• 우리나라를 특징짓는 물건 등에 관해 관심을 많이 보였다. 특히, 옛날 물건이 많았는데 많이 접해 보지 못한 것들이어서 그랬는지 많은 흥미를 보였다. • 우리나라의 지리적인 특징에 관해서는 생소해하였으나 그 이외의 것들은 이미 알고 있는 경우가 많았다.	• 우리나라를 나타낼 수 있는 것들을 지리, 음식, 악기 등 여러 각도로 조명해 보는 시간이 되어 한국을 좀 더 이해하기에 좋았다.

<8월/제4주/월요일/2교시/우리나라>

활동 94

날짜	활동	내용
○○○○년 ○월 ○일	얘들아 모여 봐!	우리나라의 놀이 〈비석치기〉

준비물	준비 조건
• 비석치기용 비석 2개, 돌 2개, 발판 2개	• 경쟁 놀이를 하며 게임을 즐기도록 분위기를 조성한다.

절차
• 단계 1: 게임 소개하기 ① 전통놀이인 비석치기를 현대식으로 응용한 놀이임을 소개한다. ② 게임의 규칙과 순서를 이야기한다. –2명이 하는 경쟁 놀이이다. –1명씩 발판에 선다. –교사가 제시하는 판에서 지시하는 대로 움직인다. –각자 돌을 하나씩 받는다. –제시된 판에 나온 대로 돌을 얹어 앞의 비석을 돌아오는 게임이다. –먼저 온 사람이 이긴다. • 단계 2: 게임하기 ① 순서대로 게임에 임한다. ② 게임의 조건이 든 판을 제시한다. –떡장수: 떡장수처럼 돌을 머리 위에 얹고 돌아오기 –장군: 장군처럼 돌을 어깨 위에 얹고 돌아오기 –뚱보 아저씨: 배 위에 얹고 돌아오기 –신문 배달원: 신문 배달원처럼 돌을 팔에 끼고 돌아오기 ③ 게임하고 승패를 가른다.

아동들의 반응	평가
• 조건에 따라 다양한 게임이 연출되었고 아동들이 굉장히 즐거워하였다. 비교적 하기 쉬운 신문 배달원을 선호하였다. • 간단한 게임이어서 그런지 게임의 규칙을 숙지하여 규칙대로 임했다. • 전통 놀이에 대해 신기해하고 즐거워하였다.	• 조건이 재미있었다. 조건이 다양해서 아동들이 더 즐거워하였다. • 전통 놀이를 많이 접해 볼 수 있는 기회를 주는 것이 좋을 것 같다.

<8월/제4주/수요일/1교시/우리나라>

활동 95

날짜	활동	내용
○○○○년 ○월 ○일	생각 놀이	옛날에는……

준비물	준비 조건
• 그림 자료(옛날 물건에 해당하는 그림/오늘날 이에 해당하는 제품이나 물건에 대한 사진 자료 등)	• 칠판 앞에 의자를 가지고 와서 착석하며 주의를 집중할 수 있도록 한다.

절차

• 단계 1: 그림 자료 보며 이야기하기

① 박물관, 조상들, 옛날의 생활 등에 대한 전반적인 이야기를 한다.

② 박물관, 민속촌, 음식점 같은 옛날 물건을 볼 수 있는 곳에 대해 이야기한다.

예 아궁이 사진: "무엇을 하는 것일까?", "뭐라고 부를까?", "어떻게 사용했을까?" "지금은 무엇으로 바뀌었을까?", "전기밥솥으로 바뀌었네.", "뭐가 더 편리할까?"

예 지게: "이름이 무엇일까?", "어떻게 사용하는 것일까?", "지금은 자동차나 트럭, 또 바퀴가 달린 여러 가지 기구를 이용해서 짐을 옮기지.", "직접 본 적이 있니?" 그림을 보며 추측하기도 하고 예상이 맞았는지 정답을 확인한다.

• 단계 2: 함께 이야기한 사물에 대해 간단한 수수께끼로 기억하기

① 아동이 직접 본 경험 등에 대해 발표할 수 있도록 한다.

아동들의 반응	평가
• 옛날 물건에 대한 관심이 대단히 크고 경험을 이야기하며 즐거워하였다. 아동에 따라 정확한 명칭과 사용법에 대해서까지 잘 기억하고 이야기하였다. 또 대체로 관심을 기울이면서 명칭에 대해 배우고 대답하였다.	• 현대와 옛날에 대한 개념을 사물을 통해 다룰 수 있었다. 특히, 어떻게 사용하는 것인지 비슷한 기능을 하는 것이 무엇인지를 함께 이야기하였다. 옛날과 오늘날의 다른 점, 불편한 점, 좋은 점 등을 포괄적으로 학습하였다.

<8월/제4주/수요일/2교시/우리나라>

활동 96

날짜	활동	내용
○○○○년 ○월 ○일	얘들아 모여 봐!	배 위에, 등 위에

준비물	준비 조건
• 다양한 물건이 담긴 상자(책, 모자, 운동 화, 인형 등) 준비된 물건의 이름이 적힌 카드(각 카드에는 ○○를 배 위에, ○○를 등 위에 라고 적혀 있음)	• 발판을 깔고 그 위에 앉아 게임의 방법을 들을 수 있는 준비를 한다.

절차
• 단계 1: 게임 방법 설명 및 시연하기 ① 먼저 출발선에서 준비한다. ② 호루라기 소리에 맞추어 달려가 칠판에 붙은 카드를 떼어 낸다. ③ 카드의 내용을 읽고 수행한다. 예 개구리를 등 위에: 개구리 인형을 찾아 등 위에 올려놓고 떨어뜨리지 않도록 조심 하며 출발선으로 돌아온다. 예 방석을 배 위에: 방석을 찾아 배 위에 올려놓고 게걸음처럼 배를 올리고 다리와 팔을 짚고 돌아온다. • 단계 2: 본격적인 게임을 하기 전에 '배 위에', '등 위에'의 포즈로 걷는 연습하기 ① 아동이 자세를 잘 취하고 정확하게 수행할 수 있도록 돕는다. • 단계 3: 게임 시작, 스티커로 승부 가리기 ① 2명씩 경쟁하여 정확하게 카드의 내용대로 수행하고 빨리 돌아온 아동에게 스티커를 발부한다. ② 규칙을 어기면 스티커를 받을 수 없도록 한다.

아동들의 반응	평가
• 아동에 따라 자세를 취하고 유지하며 움직임에 어려움이 많았다. 그냥 엎드리거나 뛰거나 물건을 손으로 잡거나 하며 웃고 장난을 하기도 하였다. 비교적 정확하게 수행할 수 있는 아동의 경우에도 배 위로 걷는 포즈가 조금 어려운 듯했다. 물건을 떨어뜨리거나 하는 경우가 많았다.	• 주제와 연관된 사물을 고르는 것과 운동능력에 대한 훈련에 효과적이었다. 다소 자세를 취하기가 어려워 원활한 흐름에 어려움이 있다. 정확한 규칙을 알고 수행하기에는 좋은 프로그램이다.

9월

세계의 여러 나라

S	M	T	W	T	F	S
			1	2	3	4
5	6	7	8	9	10	11
12	13	14	15	16	17	18
19	20	21	22	23	24	25
26	27	28	29	30	31	

<9월/제1주/월요일/1교시/세계의 여러 나라>

활동 97

날짜	활동	내용
○○○○년 ○월 ○일	생각 놀이	나라마다 다른 말! 말! 말!

준비물	준비 조건
• 다른 나라의 글자들(한국어/영어/일본어/중국어) • 각 나라의 인사말	• 칠판 앞에 앉아 주의를 집중한다.

절차
• 단계 1: 나라마다 다른 말에 대하여 생각하여 말하기 ① 각 나라의 글자가 적힌 카드를 본다(한국어/영어/일본어/중국어). ② 어느 나라인지 생각해 본다. ③ 나라마다 말과 글이 다름을 인식한다. • 단계 2: 각 나라의 인사말 소개하기 ① 미국/일본/중국/프랑스/인도 등의 인사말을 배운다. ② 친구와 함께 마음에 드는 인사말로 인사를 나눈다.

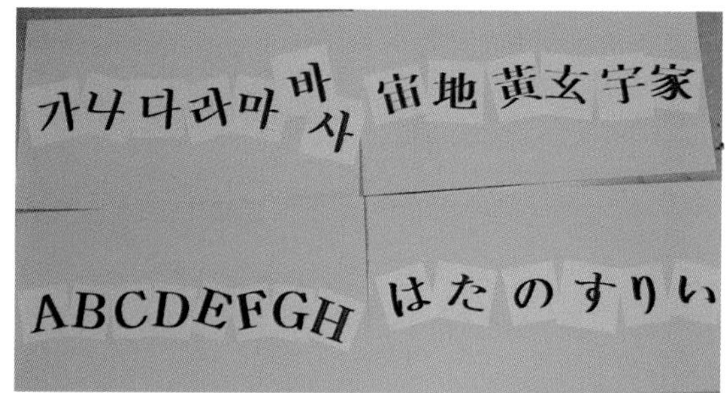

아동들의 반응	평가
• 각 나라의 인사말을 흥미로워했다. 많이 접해 보지 않은 나라일수록 관심을 보였다.	• 2002년 월드컵으로 인해 세계 여러 나라에 대해 관심이 많았고 참여도가 높았다.

<9월/제1주/월요일/2교시/세계의 여러 나라>

활동 98

날짜	활동	내용
○○○○년 ○월 ○일	얘들아 모여 봐!	글자 속에서 찾아보기

준비물	준비 조건
• 다양한 나라의 글자가 적혀 있는 종이	• 과제에 집중하여 순발력 있게 게임에 임하도록 돕는다.

절차
• 단계 1: 게임의 규칙 이해하기 ① 게임의 규칙을 잘 듣는다. ② 이해한 것을 교사와 친구들에게 설명해 준다. • 단계 2: 게임하기 ① 한글이 적혀 있는 카드를 칠판에 제시한다. ② 한 글자만 적힌 카드를 보여 주고 같은 글자를 카드판에서 빨리 찾는 사람이 이긴다. ③ 알파벳, 일본 문자, 중국 문자, 러시아 문자 등을 가지고 같은 방법으로 게임한다.

아동들의 반응	평가
• 약간의 긴장을 가지고 게임에 임했으며 빨리 찾으려고 하였다. • 다른 친구가 먼저 찾을 경우 안타까워하였다.	• 다른 나라의 문자를 접할 수 있는 좋은 기회가 되었다. • 게임 형식으로 진행되어 자연스럽게 접할 수 있는 기회가 되었다.

<9월/제1주/수요일/1교시/세계의 여러 나라>

활동 99

날짜	활동	내용
○○○○년 ○월 ○일	생각 놀이	세계 지도 속으로

준비물	준비 조건
• 세계 지도(일반적인 지도/간략한 지도)	• 칠판 앞에 앉아 주의를 집중하도록 한다.

절차

• 단계 1: 세계의 여러 나라에 대한 이야기 나누기

① 내가 알고 있는 나라: "무엇으로 유명한 나라인가? 내가 기억하는 것은 무엇인가?"라고 묻는다.

② 내가 가 본 나라: 여행 경험이 있는 아동이 나라 이름과 경험을 나눈다.

③ "지금 내가 살고 있는 대한민국과 가까운 나라는? 먼 나라는?"이라고 질문한다.

• 단계 2: 지도를 보며 보다 다양한 이야기 나누기

① 세계에 있는 나라의 다양함에 대하여 이야기를 나눈다.

② 나라마다 다른 인종과 언어, 습관에 대해 이야기를 나눈다.

③ 지도를 보며 바다와 육지에 대하여 이야기를 나눈다.

④ 추운 나라와 더운 나라에 대하여 이야기를 나눈다.

⑤ 세계와 연관된 개괄적 이야기를 나누는 시간을 가지며 아동들이 이미 알고 있는 개념에 대해 파악할 수 있도록 한다.

아동들의 반응	평가
• 친구가 가 본 나라를 이야기하자 부러워하며 자신도 어느 나라에 가고 싶다고 이야기하기도 하였다. • 주로 월드컵과 연관된 나라 이름을 이야기하며 즐거워하였다.	• 주제에 대한 서론을 충분히 이야기할 수 있었고, 대부분 아동의 관심사이었기에 다양한 활동의 전개가 이루어질 수 있었다.

<9월/제1주/수요일/2교시/세계의 여러 나라>

활동 100

날짜	활동	내용
○○○○년 ○월 ○일	얘들아 모여 봐!	세계의 국기 만들기

준비물	준비 조건
• 여러 나라의 국기가 그려진 도판(월드컵과 연관된 국기/기억하기에 좋은 국기/재미있는 그림의 국기 등) • 국기를 그릴 종이(직사각형이 그려져 있다)/그릴 도구(크레파스/연필/색연필 등)	• 책상 앞에 앉아 주의를 집중하도록 한다.

절차

- 단계 1: 국기를 감상하고 특징 말하기
  - ① 캐나다: "단풍잎처럼 생겼어요.", "빨간색이에요.", "친구 중에 ○○가 가 본 적이 있다고 해요."라고 말한다.
  - ② 미국: "별이 많아요.", "미국은 세계에서 제일 큰 나라래요."라고 말한다.
  - ③ 그 외 프랑스, 독일, 브라질, 사우디아라비아 등의 12국의 국기를 보여 준다.
- 단계 2: 색칠하기
  - ① 각자 아동이 그려 보고 싶은 국기를 2가지씩 선택한다.
  - ② 아동이 그리기 쉬운 것과 좀 더 어려운 것을 선택하도록 촉진한다.
  - ③ 밑그림을 그린 후 적절한 색을 선택하여 색칠하도록 한다.
- 단계 3: 감상하기
  - ① 아동들이 그린 국기를 감상하고 서로의 작품도 감상한다.
  - ② 비슷하게 잘 그렸는지에 대해 이야기하고 칭찬해 준다.

아동들의 반응	평가
• 국기에 대한 흥미와 호응이 대단하였다. 모양을 보며 무슨 나라일까 추측해 보기도 하고 선택하는 활동을 즐겁게 진행하였다. 다소 집중하기 어려웠던 아동이 국기에 대해 상당히 흥미를 나타내는 가운데 밑그림과 색칠을 잘하였다.	• 선명한 색감과 특징을 가진 국기를 보며 재미있게 묘사하였고, 각각의 나라들에 대해 알고 있는 사실에 대해 이야기하도록 하자 이전 수업이나 경험을 기억하여 많은 이야기를 나눌 수 있었다. 아동들은 자신들이 관심을 가지고 있는 나라의 국기가 어떻게 생겼는지 궁금해했고, 적극적으로 질문도 하여 활력 있는 수업이 되었다.

<9월/제2주/월요일/1교시/세계의 여러 나라>

활동 101

날짜	활동	내용
○○○○년 ○월 ○일	생각 놀이	이런 나라에 가고 싶어요/ 요리 선정

준비물	준비 조건
• 자신이 가고 싶은 나라에 관한 자료(사진/소개할 만한 이야기) • 투표 자료	• 자신이 준비한 내용을 자연스럽고 조리 있게 발표하도록 돕는다.

절차
• 단계 1: 추천하기 ① 준비한 자료로 자신이 가고 싶은 나라를 추천한다. ② 매너 있고 조리 있게 발표한다. ③ 다른 친구의 발표를 경청하고 궁금한 것은 질문한다. • 단계 2: 아동들이 준비한 나라에 관한 특징 알아보기 ① 그 나라의 유명한 것이 무엇인지 이야기한다. • 단계 3: 요리 투표하기 ① 각 나라의 유명한 요리를 소개한다. – 이탈리아–스파게티/중국–자장면/일본–우동 등 ② 어떤 요리를 선정할지 속으로 생각해 본다. ③ 1명씩 나와서 비밀 투표한다. ④ 결과를 공개하고 결과에 승복한다.

아동들의 반응	평가
• 자신이 준비한 자료는 신나게 발표하였으나 조리 있게 말하는 것에 도움이 필요했다. • 다른 친구들이 발표할 때 경청하고 질문하는 훈련이 필요하다. • 투표 후에 결과를 받아들이는 마음이 필요하다.	• 다른 나라에 대해 알아봄으로써 시야를 넓히는 기회가 되었다. • 우리가 즐겨 먹는 요리 중에는 다른 나라의 요리가 많음을 인식하는 기회가 되었다.

<9월/제2주/월요일/2교시/세계의 여러 나라>

활동 102

날짜	활동	내용
○○○○년 ○월 ○일	얘들아 모여 봐!	즐거운 여행기

준비물	준비 조건
• 다른 나라의 유명한 장소에 관한 사진 자료 (프랑스: 에펠탑/미국: 자유의 여신상, 디즈니랜드/중국: 만리장성 등)	• 여행하는 것처럼 다른 나라의 명소들을 알아보고 즐기는 시간을 갖는다.

절차
• 단계 1: 각 나라의 유명한 장소 알아보기 ① 사진을 제시한다. ② 어떤 나라인지 맞혀 본다. • 단계 2: 나라마다 유명한 장소와 그 특징에 대해 알아보기 ① 명소의 특징에 대해 이야기한다. ② 각자 어디에 가고 싶은지 이야기를 나누어 본다.

아동들의 반응	평가
• 사진을 보고 어디인지 금방 알아내는 아동들도 있었다. • 자신이 관심 있는 곳에는 반응을 보였으나 그렇지 않은 곳에 대해서는 관심이 제한되었다.	• 다양한 나라의 모습을 보는 것을 즐거워했다.

<9월/제2주/수요일/1교시/세계의 여러 나라>

활동 103

날짜	활동	내용
○○○○년 ○월 ○일	생각 놀이	나라를 대표하는 음식이 있어요

준비물	준비 조건
• 나라를 대표하는 음식에 대한 사진 자료(인도: 카레/이탈리아: 피자, 스파게티/미국: 햄버거/한국: 갈비찜, 삼계탕/독일: 소시지/일본: 초밥 등)	• 칠판 앞에 앉아 주의를 집중하도록 한다.

절차
• 단계 1: 우리가 평소에 자주 먹는 음식, 좋아하는 음식 등에 대해 이야기하고 나라와 연관시켜 보도록 유도하기 ① "김치는 우리나라 음식이지?", "좋아하는 우리나라의 음식을 더 말해 보자."라고 말한다. ② "햄버거는 어느 나라 음식일까?" 등으로 몇 가지 음식에 대해 어느 나라의 음식인지를 이야기한다. • 단계 2: 사진 자료를 보며 이야기 나누기 ① 피자 사진 보기–"어느 나라 음식일까?", "이탈리아는 어디에 있는 나라일까?", "이탈리아는 장화처럼 생긴 나라.", "월드컵에서 이탈리아와 우리나라의 경기를 보았니?" 등을 설명한다. ② 독일 나라–"어떤 음식이 유명할까?", "바로 우리가 좋아하는 소시지래.", "지난 시간에 독일 국기를 그려 본 친구가 누구였지?" 등을 말한다.

아동들의 반응	평가
• 나라에 대한 호응도가 크고 특히 좋아하는 음 식과 연관된 이야기를 재미있게 듣고 자신의 의견을 나누었다. 아동마다 "나는 우리나라 음식이 제일 좋아요.", "나는 피자가 좋아요.", "○○에서 먹어 봤어요." 등의 자신의 경험과 기호에 대해 자연스럽게 발표하였다.	• 아동들이 생각하고 상상할 수 있도록 보다 다양한 감각을 경험할 수 있는 자료를 준비하면 보다 효과적인 수업이 될 것이다(영상 자료 등).

<9월/제2주/수요일/2교시/세계의 여러 나라>

활동 104

날짜	활동	내용
○○○○년 ○월 ○일	얘들아 모여 봐!	즐거운 요리 〈스파게티〉

준비물	준비 조건
• 스파게티 재료(돼지고기/ 양파/양송이버섯/피망/케첩/식용유/스파게티 면 등–시간관계상 스파게티 면을 삶아서 준비함) • 요리 도구(휴대용 가스레인지/프라이팬/나무 주걱)	• 손을 깨끗이 씻는다. 각자 가져온 준비물을 꺼내 책상 앞에 앉아 주의를 집중한다.

절차
• 단계 1: 소개하기 ① 요리 투표로 결정된 스파게티 요리에 대해 이야기하고 기대감을 갖도록 한다. ② 아동들이 자연스럽게 경험을 나누도록 한다(누구와 어디서 먹어 봤는지 등에 대해). ③ 어느 나라를 대표하는 음식인지 기억해 보도록 한다. • 단계 2: 요리 진행하기 ① 피망, 양파, 양송이버섯 등을 적당하게 썬다. ② 프라이팬에 기름을 달군 후에 돼지고기를 볶는다. ③ 프라이팬에 썰어 놓은 야채를 넣고 함께 볶는다. ④ 어느 정도 볶아졌을 때 삶아 놓은 면을 넣고 볶는다. ⑤ 불을 끈 후에 토마토케첩과 소금을 넣어 맛을 낸다. ⑥ 그릇에 덜어 낸 후 시식한다.

아동들의 반응	평가
• 서로 도움을 주고받으며 요리 과정에 함께 할 수 있었다. 아동에 따라 이전에 먹어 본 경험을 이야기하였다.	• 자신이 가져온 재료가 무엇인지 직접 이야기할 수 있도록 하며 재료를 넣고 젓는 활동을 수행할 수 있도록 하여 자조기술 향상을 도울 수 있었다.

<9월/제3주/월요일/1교시/세계의 여러 나라>

활동 105

날짜	활동	내용
○○○○년 ○월 ○일	생각 놀이	이 나라에서는 이렇게……

준비물	준비 조건
• 나라마다 다른 인사말 (이스라엘/스페인/하와이/중국/인도/에스키모/한국 등)	• 나라마다 다른 인사말에 홍미를 갖고 임하도록 한다.

절차
• 단계 1: 나라마다 여러 가지 면에서 차이점이 있음을 설명하기 ① 나라마다 다른 말, 음식, 주거 환경 등의 차이점에 관해 이야기한다. ② 인사도 나라마다 다름을 이야기한다. • 단계 2: 세계 여러 나라의 인사 방법 알아보기 ① 이스라엘-서로 양팔을 펼쳐 어깨를 주무르며 “샬롬” ② 스페인-서로 정답게 껴안으며 “부에노스 디아스” ③ 하와이-한 사람은 상대방의 목, 다른 사람은 허리를 안고 왼쪽 뺨을 비비면서 “알로하” ④ 중국-양 팔꿈치를 잡고 허리를 굽히면서 “니하오마” ⑤ 인도-손 끝을 살짝 입에 대었다 떼면서 “살라모어” ⑥ 한국-허리 굽혀 “안녕하세요” ⑦ 에스키모-서로 코를 비비면서 “부댄니” 하면 “웅홍” 하며 큰 소리 내기 • 단계 3: 자신이 하고 싶은 인사말로 친구와 인사하기

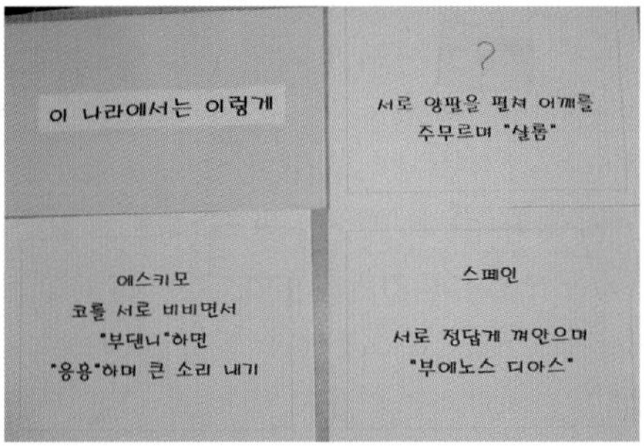

아동들의 반응	평가
• 다른 나라의 인사를 굉장히 홍미 있어 했다. 특히, 에스키모의 인사를 좋아했다. • 코를 비비는 것을 부끄러워하여 안 하려는 아동도 있었다.	• 다른 나라의 인사말을 경험해 보면서 인사도 나라마다 차이가 있음을 알아보는 좋은 시간이 되었다. • 인사를 통해 서로 친밀감을 갖게 되었다.

<9월/제3주/월요일/2교시/세계의 여러 나라>

활동 106

날짜	활동	내용
○○○○년 ○월 ○일	얘들아 모여 봐!	어떤 나라일까?

준비물	준비 조건
• 각 나라를 상징하는 키워드 –미국/일본/브라질/중국/이집트/호주/프랑스/이탈리아/독일/인도/네덜란드	• 키워드를 보고 순발력 있고 매너 있게 게임에 임하도록 분위기를 조성한다.

절차

- 단계 1: 게임의 규칙 듣고 이해하기
  - ① 제시되는 키워드를 보고 알맞은 나라 이름을 생각한다.
  - ② 가장 빨리 손을 든 사람에게 기회가 주어지며 자신의 차례가 되기 전에 답을 말해 버리면 기회가 주어지지 않는다.
  - ③ 기회가 주어진 아동은 답을 말하고 정답을 칠판에 쓴다.
- 단계 2: 게임하기
  - ① 각 나라에 관한 키워드를 제시한다.
    - –아마존강, 축구, 호나우두 → 브라질
    - –풍차, 히딩크의 나라, 튤립 → 네덜란드
    - –카이로, 피라미드, 미라, 나일강 → 이집트
    - –유럽, 베를린, 소시지 → 독일
    - –파리, 달팽이 요리, 개선문, 에펠탑 → 프랑스
    - –아시아, 베이징, 만리장성, 녹차, 탕수육, 크고 인구가 제일 많음 → 중국
    - –장화 모양, 피자, 로마, 스파게티 → 이탈리아
    - –유부초밥, 도쿄, 2002 월드컵, 생선을 많이 먹고 지진이 많음, 한국과 가까움 → 일본
    - –워싱턴, 자유여신상, 디즈니랜드, 햄버거, 핫도그, 코카콜라 → 미국
    - –아시아, 간디, 카레, 인구가 많음 → 인도
  - ② 답을 아는 아동을 손을 들고 기회가 주어지면 답을 말한다.
  - ③ 정답일 경우 칠판에 답을 쓴다.
  - ④ 글씨를 정확하게 쓰지 못하는 아동이 있으므로 나라 이름이 적힌 종이판을 칠판 붙여 놓는다.
- 단계 3: 나라를 대표하는 것들을 살펴보고 정리하기

아동들의 반응	평가
• 익숙한 나라인 경우 정답을 잘 맞혔다. • 손만 들고 기회가 주어지기 전에 답을 말하면 안 된다는 규칙을 잊고 답을 말해 기회가 상실되는 경우가 꽤 있었다.	• 다른 나라를 대표하는 것들을 통해 세계 여러 나라를 더 잘 이해할 수 있었다. • 월드컵으로 인해 월드컵 출전국을 잘 알고 있었다.

<9월/제3주/수요일/1교시/세계의 여러 나라>

활동 107

날짜	활동	내용
○○○○년 ○월 ○일	생각 놀이	나라를 대표하는 옷이 있어요

준비물	준비 조건
• 민속의상을 입은 각 나라 사람의 사진들(보다 사실적인 사진으로 준비함/나라의 배경이나 민속의 분위기를 함께 느낄 수 있는 사진)	• 칠판 앞에 앉아 주의를 집중하도록 한다.

절차
• 단계 1: 우리나라의 한복처럼 각 나라를 대표하는 의상이 있음을 이야기하고 도입하기 ① 미국의 인디언 의상: 가죽으로 만든 의상/머리 장식/목걸이 등에 대해 말한다. ② 터키 의상: 특이하게 생긴 바지에 대해 이야기하고 함께 웃기/어떤 색으로 만들었는지/'터키' 하면 떠오르는 이야기를 말한다. ③ 중국: 화려한 색감에 대해/우리나라와 가까운 위치임에 대해 말한다. ④ 일본: 한복과 비슷한 점이 있는가? 우리나라와 매우 가까움/일본에 대해 아는 점에 대하여 말한다. ⑤ 그 외 캐나다, 네덜란드 등의 6~7개국의 의상을 소개한다. • 단계 2: 기억하기 ① 교사가 각 아동이 특별히 관심을 기울였던 의상을 기억했다가 그 나라 중심으로 기억해 볼 수 있도록 한다. 특히, 사진 자료를 1장씩만 보여 주고 어떤 나라인지 이야기해 보도록 하거나 반대로 ○○나라의 의상을 고르도록 하기도 한다.

아동들의 반응	평가
• 다양하게 자신의 의견을 발표하였고 특징을 관찰하고 신기해하였다. 관심을 가지고 있는 나라의 의상이 나오면 서로 쳐다보며 웃음을 짓기도 하였다.	• 한두 가지라도 실제 의상을 준비하여 보다 사실적인 경험을 제공하는 것은 도움이 된다. 사진 자료만으로는 한계가 있다.

<9월/제3주/수요일/2교시/세계의 여러 나라>

활동 108

날짜	활동	내용
○○○○년 ○월 ○일	얘들아 모여 봐!	낙하산 만들기

준비물	준비 조건
• 낙하산 재료: 비닐(30×30cm), 실, 스카치테이프, 추(작은 장난감 모형, 플라스틱 조각 등), 가위 등	• 책상 앞에 앉아 주의를 집중하도록 한다.

절차
• 단계 1: 도입 및 만들기 시연하기 ① 완성품을 보여 주며 교사가 높은 곳에서 낙하산을 떨어뜨리는 시범을 보인다. ② 비닐을 책상 위에 펴서 표시된 지점에 실을 붙인다. ③ 실을 모아서 작은 추를 단다. • 단계 2: 아동 작업하기 ① 아동이 작업을 수행하는 것을 돕기 위해 비닐을 미리 오려서 준비하고 실을 붙일 지점을 표시해 둔다. ② 실을 붙이고 모아서 추를 단다. • 단계 3: 낙하산 날리기 ① 아동들이 자유롭게 자신이 만든 낙하산을 떨어뜨리고 놀이하도록 한다. ② 낙하산이 어떤 모양으로 떨어지는지 이야기한다. ③ 친구와 바꾸어 날려 보기도 한다.

아동들의 반응	평가
• 낙하산이 둥근 모양으로 실감 나게 떨어지자 환호성을 지르며 좋아하였다. 작업 중 실이 엉키자 작업의 어려움을 느끼는 아동도 있었다. 놀잇감을 만드는 것에 대한 관심이 매우 크다.	• 재료를 다루는 방법을 익히고 눈으로 익힌 작업을 따라 수행할 수 있는 훈련을 도울 수 있었다. 아동들이 좋아하는 주제를 발견할 수 있었다.

<9월/제4주/월요일/1교시/세계의 여러 나라>

활동 109

날짜	활동	내용
○○○○년 ○월 ○일	생각 놀이	각 나라의 위인들

준비물	준비 조건
• 자신이 되고 싶은 다른 나라의 위인에 관한 자료 1가지	• 칠판 앞에 앉아 집중한다. • 다른 친구가 발표할 때 경청하는 분위기를 만든다.

절차
• 단계 1: 위인이 어떤 사람인지 알기 ① 위인은 뛰어난 업적을 남긴 훌륭한 사람임을 이야기한다. ② 우리나라의 위인과 되고 싶은 위인에 대해 이야기를 나눈다. • 단계 2: 다른 나라의 위인에 관해 이야기하기 ① 다른 나라의 위인 중 알고 있는 사람 자유롭게 이야기한다. ② 각자 준비한 자료로 다른 나라의 위인 중 되고 싶은 사람에 관해 이야기한다. • 단계 3: 다른 사람의 발표를 경청하고 반응 보이기 ① 친구가 발표할 때 주시하여 경청한다. ② 궁금한 것을 질문한다.

아동들의 반응	평가
• 자신의 발표는 잘하였으나 다른 친구의 발표를 경청하고 적극적으로 반응을 보이거나 질문하는 등의 관심은 부족했다.	• 익히 알고 있는 우리나라의 위인뿐 아니라 다른 나라의 위인에 관해서도 사고를 넓혀 생각해 보는 기회가 되었다.

<9월/제4주/월요일/2교시/세계의 여러 나라>

활동 110

날짜	활동	내용
○○○○년 ○월 ○일	얘들아 모여 봐!	에펠탑 쌓기

준비물	준비 조건
• 블록 여러 개	• 경쟁, 협동 놀이를 하며 게임을 즐기도록 분위기를 조성한다.

절차

- 단계 1: 에펠탑 관찰하기
  ① 에펠탑 사진을 보여 주며 탑의 구조를 인식한다.
- 단계 2: 게임의 방법을 알기
  ① 게임의 방법을 듣고 인식한다.
- 단계 3: 게임하기
  ① 블록을 가지고 2명이 한 팀이 되어 탑을 쌓는다(쓰러지지 않게 높이 쌓아야 한다는 설명을 한다.).
  ② 일정 시간 동안 쌓고 가장 높이 쌓는 팀이 이기는 것으로 한다.
  ③ 승패를 가른다.

아동들의 반응	평가
• 경쟁 놀이가 가능하였다. • 마음이 급한 경우에 급히 쌓다가 쓰러지는 경우가 많았다. • 게임에서 지는 경우 안타까워하였다.	• 에펠탑을 매개로 하여 탑을 쌓는 재미있는 게임이 되었다. • 경쟁, 협동 놀이를 함께 경험할 수 있는 기회가 되었다.

<9월/제4주/수요일/1교시/세계의 여러 나라>

활동 111

날짜	활동	내용
○○○○년 ○월 ○일	생각 놀이	나라를 대표하는 노래가 있어요

준비물	준비 조건
• 나라의 국가/민요 테이프/카세트 플레이어 • 스마트폰 검색 대치 가능	• 책상 앞에 의자를 가져와 착석하고 주의 집중하도록 한다.

절차
• 단계 1: 도입하기 ① 나라마다 국가와 민요가 있음을 이야기한다. ② 우리나라의 애국가에 대해 이야기한다. 언제, 어디서 들어 보았는지 질문하고 대답하도록 한다. ③ 월드컵 경기 때 각 나라의 국가가 연주되는 것을 들어 본 적이 있는지 질문하고 대답하도록 한다. • 단계 2: 음악 감상하기 ① 준비된 테이프를 틀고 각 나라의 국가/민요를 소개한다. ② 어떤 느낌을 갖게 되는지 템포가 빠른지 느린지 무엇이 연상되는지에 대해 질문한다. ③ 특히, 아동들이 호감을 갖고 있는 궁금해하는 나라의 국가가 있는지 질문하고 들려준다. ④ 다 들은 후에는 아동들에게 어떤 노래가 가장 재미있었는지 무엇을 느끼게 했는지 질문한다.

아동들의 반응	평가
• 국가를 듣는 것에 호기심을 나타내었고 들은 후에 구체적으로 "노래가 빨라요.", "재미있어요." 등으로 이야기하였다. 아동에 따라 별다른 흥미를 느끼지 못하는 듯 다른 이야기를 하거나 관심을 집중하지 못하는 모습이 관찰되기도 하였다.	• 청각 자료를 통한 학습으로 들은 것에 대해 감상하고 느낌을 이야기하는 경험이 되었다. 특히, 자기의 의견과 생각을 다른 사람이 듣기 좋은 매너를 갖춰 이야기하는 훈련의 경험이 되었다.

<9월/제4주/수요일/2교시/세계의 여러 나라>

활동 112

날짜	활동	내용
○○○○년 ○월 ○일	얘들아 모여 봐!	세계 속의 우리(협동화)

준비물	준비 조건
• 지구본이 그려진 4절 종이(간단하게 색칠함)/아동의 사진/잡지 사진(세계의 유명 관광지/다양한 인종의 인물들 사진/신문 속의 사진 등)/가위/풀	• 준비물(자기 사진)을 꺼내 책상을 중심으로 앉고 설명을 들을 수 있도록 한다.

절차

• 단계 1: 작업 도입하기

① 지구의 그림을 보며 우리가 알고 있는 여러 나라에 대해 이야기한다. 수업과 연관하여 기억나는 몇 가지를 함께 나눈다.

② 다양한 잡지 사진을 꺼내 무엇인지, 알고 있는지 질문하고 오려서 붙여 본다.
(사진의 예: 자유의 여신상, 피사의 사탑, 나라의 음식 사진, 캥거루, 폭포 사진 등)

③ 지구본 안에 각자의 사진, 잡지 사진 등을 오려서 붙여 보도록 한다.

④ 가위를 사용해서 적당히 오리고 풀로 붙인다.

⑤ 어느 정도 진행이 되면 종료 시간을 알려 주고 마치도록 한다.

• 단계 2: 함께 완성된 그림 감상하기

① 누가 어떤 사진을 붙였는지 기억해 보고, 자신이 붙인 사진이 무엇인지 어느 곳인지 왜 선택하였는지를 질문하고 대답을 하도록 한다.

② 세계 곳곳에 신기하고 유명한 관광지와 문화가 많이 있음을 이야기해 준다.

아동들의 반응	평가
• 사진을 골라 무엇인지 이야기하고 선택하는 작업을 재미있게 진행하였다. 자신이 경험해 본 사항에 대해서는 더욱 자신감 있게 발표하였고 앞으로 어떤 나라에 여행을 가고 싶다는 등으로 이야기하기도 하였다.	• 가위와 풀을 다루는 속도가 적절하였다. 다소 작업에 적극적이지 못한 아동이 있어 적극적으로 참여하도록 유도하였으나 관심을 많이 나타내지는 않았다.

10월

자연의 세계

S	M	T	W	T	F	S
			1	2	3	4
5	6	7	8	9	10	11
12	13	14	15	16	17	18
19	20	21	22	23	24	25
26	27	28	29	30	31	

<10월/제1주/월요일/1교시/자연의 세계>

활동 113

날짜	활동	내용
○○○○년 ○월 ○일	생각 놀이	식물에 대하여

준비물	준비 조건
• 식물과 연관된 사지선다형 퀴즈 4문항 • 나무 그림	• 퀴즈를 끝까지 잘 듣고 규칙을 지켜 자신의 순서에 답을 이야기한다.

절차
• 단계 1: 식물에 관한 퀴즈를 풀며 식물의 개념 인지하기 ① 퀴즈를 푼다. 예 "식물이 아닌 것은?", "식물인 것은?" ② 식물과 동물의 차이점을 이야기한다. ③ 식물의 종류를 말한다. • 단계 2: 나무 그림 보며 식물의 구조 및 에너지 대사 이해하기 ① 나무의 구조 및 용어를 말한다. ② 식물에게 필요한 것을 생각하고 말한다. ③ 알고 있는 식물의 종류를 말한다.

아동들의 반응	평가
• 식물과 동물의 차이점에 관해 어느 정도는 인식하고 있었으나 명확하게 설명하는 것은 어려워했다. • 퀴즈를 풀어 갈수록 식물에 대해 이해하는 것이 관찰되었다.	• 동물과 비교하여 식물의 개념 형성에 효과적이었다. • 그림을 보며 나무(식물)의 구조와 에너지 대사를 비교적 쉽게 이해할 수 있었다.

<10월/제1주/월요일/2교시/자연의 세계>

활동 114

날짜	활동	내용
○○○○년 ○월 ○일	얘들아 모여 봐!	○× 게임

준비물	준비 조건
• 게임을 위한 질문지(돌은 식물이다 등) • ○× 기둥	• 질문의 내용에 집중하고 규칙에 따라 게임에 임한다. • 친구를 따라 하는 것이 아니라 스스로 생각하여 판단할 수 있도록 한다.

절차
• 단계 1: 게임의 규칙 이해하기 ① 게임의 규칙을 잘 듣는다. ② 이해한 것을 교사와 친구들에게 설명해 준다. • 단계 2: 문제를 이해하여 반응하기(○× 기둥에 서기) ① 문제를 끝까지 잘 듣는다. ② 다른 친구의 반응을 모방하지 않고 스스로 생각한다. ③ 생각한 대로 ○× 기둥으로 움직인다. • 단계 3: 결과 듣고 적절한 반응하기 ① 결과를 듣고 자신의 행동에 대해 반응한다.

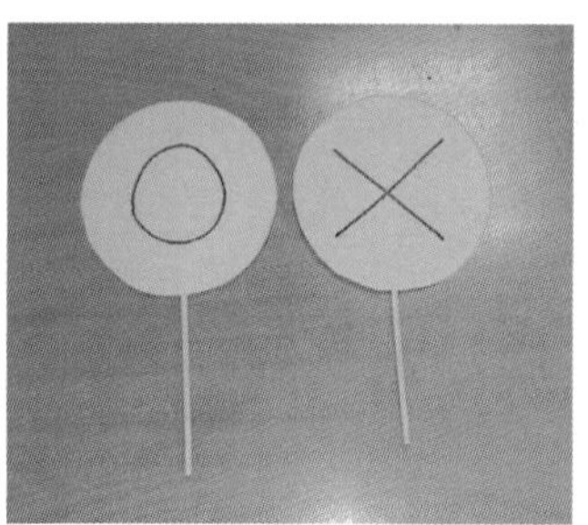

아동들의 반응	평가
• 많은 흥미를 보였으며 비교적 규칙에 따라 움직였다. • 난이도가 있는 문항일 경우 다른 친구들의 반응을 살펴 따라 하는 모습이 많았다.	• 스스로 생각하여 판단한 것을 행동으로 옮기는 면에서 좋은 활동이었다. • 친구의 행동을 따라 하는 경우가 많아 아쉬웠다.

<10월/제1주/수요일/1교시/자연의 세계>

활동 115

날짜	활동	내용
○○○○년 ○월 ○일	생각 놀이	꽃의 이름과 생김새 알기

준비물	준비 조건
• 사진 자료(다양한 꽃의 사진들)	• 칠판 앞에 앉아 주의를 집중하도록 한다.

절차

- 단계 1: 꽃의 이름과 특징에 대해 알아보기
  ① 이름의 특징, 모양과 색의 특징을 이야기하며 꽃이 뿌리, 줄기, 잎사귀, 꽃잎으로 이루어진 것과 암술, 수술에 대해서도 간략하게 설명한다.
  ② 아동들이 꽃 이름을 잘 익히고 이야기할 수 있도록 연습한 다음 간단한 게임을 진행해 본다.
  ③ 게임의 진행 시 초기에는 사진과 이름이 함께 있는 자료를 걸어 두고 도움을 준다.
  ④ 진행이 어느 정도 잘 이루어지면 자료를 보지 않고 게임을 해 보도록 한다.
- 단계 2: 기억하기
  ① 진행 후에 아동들이 기억할 수 있도록 질문하고 대답하도록 한다.
  예 "봄에 많이 피며 꽃잎이 노란 꽃은 무엇인가?", "저녁에는 잎이 모아져 있다가 아침에 활짝 피는 꽃은 무엇인가?" 등

아동들의 반응	평가
• 아동에 따라 집중하기 어려운 아동도 있었고, 대체적으로 경쟁 분위기가 조금 과하여 친구가 이야기하는 것을 막고 서로 이야기하려는 모습이 나타난다.	• 아동이 자료를 보고 특징을 기억하도록 하여 이후 게임에 활용해 보도록 하였다. 특징과 연관된 한두 가지 사항을 명확히 전달해 주고 이를 기억하도록 하는 것이 효과적이다.

<10월/제1주/수요일/2교시/자연의 세계>

활동 116

날짜	활동	내용
○○○○년 ○월 ○일	얘들아 모여 봐!	풀잎 바람개비 만들기/ 도토리 팽이

준비물	준비 조건
• 도토리 팽이: 도토리, 성냥개비, 송곳 • 풀잎 바람개비: 풀잎(길게 생긴 것으로 여러 장), 성냥개비, 수수깡	• 각자 가져온 준비물을 꺼내 책상 앞에 앉아 주의를 집중하도록 한다.

절차
• 단계 1: 활동 소개하기 ① 도토리 팽이와 풀잎 바람개비를 만드는 간단한 방법을 설명하고 시연한다. – 도토리 팽이: 교사의 도움을 받아 도토리에 송곳으로 구멍 뚫기/성냥개비를 적당히 잘라 끼우기/손가락으로 성냥개비를 잡고 돌려 보기 – 풀잎 바람개비: 잎사귀를 적당히 펴서 같은 길이로 오리기/잎사귀를 반으로 접고 가운데를 성냥개비로 고정하기/성냥개비 반대편을 수수깡에 끼우기 • 단계 2: 만들기 과정 설명하기 ① 교사가 서두르지 말고 스스로 진행하도록 보조적으로 도와준다. ② 만든 후에 여러 번 반복하여 움직일 수 있도록 한다.

아동들의 반응	평가
• 놀잇감을 스스로 만드는 것에 대해 대체적으로 열심을 나타내었다. 만들기 어렵다고 생각되는 부분에 있어 교사에게 도움을 요청했으나 준비된 잎사귀의 모양이 적당하지 않아 잘 돌아가지 않자 화를 내기도 하였다.	• 풀잎 바람개비의 경우 작동이 잘 되지 않아 성취감을 느끼기 어려워 다소 적절하지 않은 작업이었다. 작업에 비해 시간이 다소 부족하였다.

<10월/제2주/월요일/1교시/자연의 세계>

활동 117

날짜	활동	내용
○○○○년 ○월 ○일	생각 놀이	다른 나라의 식물들/ 요리 선정 투표

준비물	준비 조건
• 아동이 준비한 다른 나라의 식물 1가지 • 다른 나라의 식물에 관한 사진 자료 • 식물을 주재료로 한 요리 목록 3가지 (김치, 호박전, 샐러드)	• 칠판 앞에 앉아 주의집중을 한다. • 친구의 발표를 경청하고 자신이 준비한 자료를 조리 있게 발표한다.

절차
• 단계 1: 자신이 준비한 자료를 친구들에게 추천해 주기 ① 자신이 준비한 자료를 친구들에게 추천한다. ② 친구들의 발표 내용을 경청하여 듣고 반응을 보인다(질문……). • 단계 2: 다른 나라의 식물들에 대하여 설명하기 ① 사진 자료를 주시한다. ② 어떤 식물인지 맞혀 본다. ③ 많이 접해 보지 못한 다른 나라의 식물에 대한 이해의 폭을 넓힌다. • 단계 3: 자신의 의견을 비밀 투표를 통해 표현하며 결과를 받아들이기 ① 식물과 연관된 요리 목록을 듣고 어떤 것으로 투표할지 결정한다. ② 1명씩 나와서 다른 친구들이 보지 않게 자신이 하고 싶은 요리 아래에 자신의 이름 스티커를 붙인다. ③ 투표 결과를 보고 결과를 받아들인다. ④ 요리에 필요한 재료를 생각해 보고 하나씩 나누어서 준비하기로 한다.

아동들의 반응	평가
• 자신이 준비한 자료이기에 자랑스러워하며 발표를 했다. • 아직 다른 사람의 이야기에 지속적으로 경청하고 관심을 표현하는 것은 어려워 보인다. 중간중간에 끼어들거나 자신이 준비한 것을 이야기하는 경우가 있었다. • 비밀 투표에 대해 굉장한 호기심을 표현했으며 처음보다 결과를 긍정적으로 받아들이려고 한다.	• 실제로 준비한 자료를 가지고 이야기를 나누었기 때문에 아동들의 흥미가 높았다. • 다른 친구의 이야기에 관심을 갖고 지속적으로 관심을 표현하는 것이 필요하다. • 요리를 아동 스스로가 결정할 수 있으며 그것을 다수결로 정하는 원칙을 배우는 좋은 기회가 되는 것 같아 좋았다.

<10월/제2주/월요일/2교시/자연의 세계>

활동 118

날짜	활동	내용
○○○○년 ○월 ○일	얘들아 모여 봐!	기억력 게임

준비물	준비 조건
• 식물의 이름이 적힌 종이 (2가지/3가지/4가지가 적힌 종이 각각)	• 제시한 자료를 집중하여 보도록 촉진한다. • 규칙에 따라 자신의 순서에만 이야기하도록 한다.

절차
• 단계 1: 게임의 규칙 이해하기 ① 교사가 제시하는 게임의 규칙을 잘 듣고 이해하는 반응을 보인다. • 단계 2: 제시되는 자료를 보며 암기하기 ① 제시한 자료를 약 5초 동안 보며 암기한다. ② 자료가 시야에서 사라진 이후에도 외운 것을 말로 표현하지 않고 기다린다. • 단계 3: 암기한 것을 발표하기 ① 자신의 차례가 주어졌을 때 암기한 것을 발표한다. ② 다 암기하지 못했을 경우 기회가 다른 친구에게 이동한다. • 단계 4: 결과 듣고 평가해 보기 ① 결과 듣고 반응을 보인다. ② 목록이 점점 많아질수록 암기의 어려움을 이야기한다.

아동들의 반응	평가
• 목록이 2~3개일 경우 정반응률이 높았으나 점점 많아질수록 목록을 모두 기억하는 것을 어려워했다. • 난이도가 높아질수록 다른 친구의 반응을 모방하려고 했다. • 과제가 제시된 후 암기한 것을 잊어버릴까 봐 바로 발표하려고 조급해하는 모습이 관찰되었다.	• 아동들의 주의력 길이를 증가시킬 수 있는 좋은 기회가 된 것 같다. • 단기기억 훈련에 좋은 경험이 되었다.

<10월/제2주/수요일/1, 2교시/자연의 세계>

활동 119-120[4)]

날짜	활동	내용
○○○○년 ○월 ○일	생각 놀이/얘들아 모여 봐!	즐거운 요리 〈호박전〉

준비물	준비 조건
• 호박전 재료(호박, 계란물, 밀가루, 식용유) • 요리 도구(도마, 칼, 부침 젓가락, 거품기)	• 손을 깨끗이 씻는다. • 각자 가져온 준비물을 꺼내 책상 앞에 앉아 주의를 집중한다.

절차

- 단계 1: 소개하기
  - ① 요리 투표로 결정된 호박전 요리에 대해 이야기하고 기대감을 갖도록 한다.
  - ② 아동들이 자연스럽게 경험을 나누도록 한다(누구와 어디서 먹어 보았는지 등에 대해).
- 단계 2: 요리 진행하기
  - ① 호박을 적당한 두께로 썬다.
  - ② 계란물을 준비한다. 아동이 계란을 젓도록 한다.
  - ③ 밀가루를 그릇에 준비한다.
  - ④ 호박에 밀가루를 묻히고 계란물에 담갔다가 달궈진 프라이팬에 올려놓도록 한다.
  - ⑤ 접시에 담고 시식한다.
- 단계 3: 평가하기
  - ① 어떤 과정이 가장 재미있었는지 이야기한다.
  - ② 각자가, 또 다른 친구가 어떤 과정을 스스로 해 보았는지 이야기 나눈다.

아동들의 반응	평가
• 서로 도움을 주고받으며 요리 과정에 함께 할 수 있었다. 아동들 모두 맛에 대해 상당히 호감을 나타내며 시식하였다.	• 자신이 가져온 재료가 무엇인지 직접 이야기할 수 있도록 하며 주의할 점이 무엇인지, 왜 그렇게 해야 하는지를 이야기하므로 자신이 맡은 역할에 집중할 수 있도록 하였다.

4) 1~2교시 포함. 생각 놀이와 함께 놀이 병합 프로그램임.

<10월/제3주/월요일/1교시/자연의 세계>

활동 121

날짜	활동	내용
○○○○년 ○월 ○일	생각 놀이	몸에 좋은 식물

준비물	준비 조건
• 아동들이 준비한 몸에 좋은 식물에 관한 자료 1가지씩 • 몸에 좋은 식물(당근, 귤, 시금치 등)에 관한 자료와 영양소(비타민 A, C 등)	• 칠판 앞에 앉아 주의집중을 할 수 있도록 한다. • 준비한 자료를 조리 있게 발표하도록 한다.

절차
• 단계 1: 자신이 준비한 몸에 좋은 식물에 관한 자료를 친구들에게 추천하기 ① 준비한 사진을 친구들에게 보여 준다. ② 왜 몸에 좋은지 설명해 준다. • 단계 2: 식물이 몸에 좋다는 것과 어떻게 좋은 것인지 알기 ① 제시되는 자료를 보면서 어떤 식물인지 이야기해 본다. ② 몸에 어떻게 도움이 되는지 생각해 보고 이야기한다. ③ 식물에 많이 들어 있는 영양소를 알아본다.

아동들의 반응	평가
• 자신이 준비한 자료이기 때문에 더 관심을 갖고 발표했다. • 어떤 면에서 몸에 좋은지 조리 있게 이야기하는 것은 어려워했다. • 비타민 등의 영양소에 관해서는 새로워했다.	• 스스로 자료를 준비하면서 부모님과 함께 이야기해 보는 시간이 되어 유익한 것 같다. • 식물이 몸에 좋다는 것과 골고루 섭취해야 함을 인식하는 기회가 되었다.

<10월/제3주/월요일/2교시/자연의 세계>

활동 122

날짜	활동	내용
○○○○년 ○월 ○일	얘들아 모여 봐!	씨앗으로 꾸미기

준비물	준비 조건
• 스케치북, 풀, 스카치테이프, 여러 종류의 작은 씨앗(해바라기 등)	• 스케치북에 크레파스로 미리 간단한 그림을 그려 놓는다.

절차

- 단계 1: 만드는 방법 잘 듣고 이해하기
- 단계 2: 순서 기억해서 씨앗으로 꾸며 보기
  - ① 준비한 재료를 꺼낸다.
  - ② 씨앗을 그림의 선을 따라 풀, 스카치테이프를 이용하여 붙여 본다.
  - ③ 씨앗이 작을 경우 선에다 풀칠을 하고 그 위에 씨앗을 뿌린다.
  - ④ 친구들과 자신의 완성된 그림을 감상해 본다.

아동들의 반응	평가
• 교사의 시연이 없이도 순서를 기억하여 집중하여 만들었다. • 과제에 집중하였으며 하나의 과제를 완성하고 성취감을 느낄 수 있었다.	• 간단한 과제였기 때문에 교사의 시연이 없어도 완성이 가능했다. • 스스로 과제를 완성한 후의 성취감을 경험할 수 있었다.

<10월/제3주/수요일/1교시/자연의 세계>

활동 123

날짜	활동	내용
○○○○년 ○월 ○일	생각 놀이	나무 이름 대기/ 먹을 수 있는 식물

준비물	준비 조건
• 나무 사진과 이름이 적힌 먹을 수 있는 식물에 대한 그림 자료	• 칠판 앞에 앉아 주의를 집중하도록 한다.

절차
• 단계 1: 소개하기 ① 나무 사진을 보며 이름과 특징을 이야기하고 알고 있는 나무에 대해 발표한다. – 먹는 열매가 열리는 나무(배나무, 감나무 등)를 말한다. – 이름이 재미있는 나무(탱자나무, 뽕나무 등)를 말한다. – 그 외 특징을 가진 나무(하늘을 찌를 듯 높고 긴 나무, 예쁜 꽃이 달리는 나무, 길에서 볼 수 있는 나무 등)를 말한다. • 단계 2: 게임 진행하기(I am ground....) ① 아동이 사진과 이름을 보며 게임에 임하도록 해 주고, 점차 사진을 보지 않고 기억한 것으로 게임할 수 있도록 한다. ② 게임의 진행이 다소 어려운 아동은 교사가 보조 도움을 준다. ③ 게임을 진행할 때 박자, 리듬을 알고 손바닥 치기를 잘할 수 있도록 먼저 연습을 한다. • 단계 3: 먹을 수 있는 식물 말하기 ① 그림을 보며 우리가 흔히 먹는 식물들에 대해 이야기한다. – 시금치, 콩나물, 무, 배추, 호박, 당근, 파 등

아동들의 반응	평가
• 아동들은 나무 이름과 특징에 대해 정확하게 이해하고 흥미를 보였다. 처음에는 게임에 서툴렀으나 진행해 나가면서 점차 박자를 잘 맞추었다.	• 1주 후에 기억해 보도록 하였을 때 기억을 매우 잘하였고 특징을 잘 알고 있었다.

<10월/제3주/수요일/2교시/자연의 세계>

활동 124

날짜	활동	내용
○○○○년 ○월 ○일	얘들아 모여 봐!	나뭇잎 구성

준비물	준비 조건
• 다양한 모양의 나뭇잎/풀/스케치북/물감/칫솔	• 준비해 온 나뭇잎을 가지고 책상 앞에 앉아 주의를 집중하도록 한다.

절차

- 단계 1: 나뭇잎 구성 시연하기
  ① 나뭇잎 뒷면에 풀을 살짝 붙여 원하는 모양으로 스케치북에 붙인다.
  ② 원하는 물감을 풀고 칫솔에 묻힌다.
  ③ 칫솔을 잡고 다른 속으로 솔을 비벼 물감이 떨어지도록 한다.
  ④ 마른 뒤에 나뭇잎을 떼어낸다.
- 단계 2: 작업 과정 설명하기
  ① 나뭇잎을 적당량 선택한다.
  ② 좋아하는 색의 물감을 선택하고 물을 섞어 준비한다.
  ③ 칫솔로 물감을 뿌린다.
- 단계 3: 감상하기
  어떤 무늬가 만들어졌는지를 감상하고 친구의 작품도 구경한다.
  (건조에 시간이 걸리면 1주 후에 나뭇잎을 떼고 감상 시간을 갖는다.)

아동들의 반응	평가
• 나뭇잎을 서로 교환하고 나누어 가지도록 하자 즐겁게 수행하는 아동이 있었고, 반면 친구들에게 자신이 가져온 나뭇잎을 나누기 어려워하는 경우도 있었다.	• 아동들에게 물감을 줄 때 3~4가지 색으로 제한하여 선택하는 것에 시간을 소요하지 않도록 하였다. 손가락을 비벼서 물감을 튀게 하는 기법의 훈련이 다소 어려운 아동이 있어 반복하여 연습하도록 하였다.

<10월/제4주/월요일/1교시/자연의 세계>

활동 125

날짜	활동	내용
○○○○년 ○월 ○일	생각 놀이	식충식물

준비물	준비 조건
• 식충식물의 사진 자료 • 식충식물만의 특징에 관한 내용 차트	• 칠판 앞에 앉아 집중한다.

절차
• 단계 1: 동물과 비교되는 식물의 특징 알기 ① 동물과 비교되는 식물의 특징을 회상해서 이야기한다. ② 동물과 비슷한 특징을 가지고 있는 식물도 있음을 언급하여 흥미를 높인다. • 단계 2: 준비된 자료를 보며 이야기하기 ① 사진 자료를 보며 식충식물의 이름을 이야기해 본다. ② 식충식물의 특징을 이야기한다. ③ 식충식물이 동물의 특징을 가지고 있음을 이야기한다.

아동들의 반응	평가
• 처음 들어 보는 식충식물에 관해 매우 신기해하였다. • 한국에는 희귀한 것이기에 실물 자료 없이 사진 자료로만 진행되어 아쉬워했다.	• 식물과 동물의 특징을 비교해서 이해할 수 있는 기회가 되었다. • 특이한 식물에 관해 접해 볼 수 있는 좋은 기회가 되었다.

<10월/제4주/월요일/2교시/자연의 세계>

활동 126

날짜	활동	내용
○○○○년 ○월 ○일	얘들아 모여 봐!	식물로 염색하기

준비물	준비 조건
• 손수건 등의 면으로 된 옷감 조각 • 시금치 데친 물, 소다, 녹차 티백 등	• 과제에 집중하여 작업하도록 분위기를 조성한다.

절차
• 단계 1: 염색의 개념 알기 ① 각 아동들이 입고 있는 옷을 보며 염색에 대해 이야기해 보는 시간을 갖는다. ② 식물의 색을 이용하여 염색할 수 있음을 이해한다. • 단계 2: 방법과 순서 알기 ① 교사의 시연을 주시하여 만드는 방법과 순서를 파악한다. ② 식물에서 짜낸 물에다 소다를 섞는다. ③ 그 물에 준비한 옷감을 담근다. ④ 조금 후에 색깔의 변화를 관찰한다. • 단계 3: 식물의 색깔물로도 염색을 할 수 있음을 인식하기 ① 활동을 통해 식물의 색깔로 염색할 수 있음을 인식한다.

아동들의 반응	평가
• 스스로 염색을 할 수 있음을 신기해하며 적극적으로 활동에 임했다.	• 일상생활에서 많이 접하는 것들을 스스로 해 보는 좋은 경험이 된 것 같다.

<10월/제4주/수요일/1교시/자연의 세계>

활동 127

날짜	활동	내용
○○○○년 ○월 ○일	생각 놀이	무슨 무늬일까?

준비물	준비 조건
• 사진 자료(식물을 확대한 부분 사진/뒷면에는 전체 그림과 이름이 적힘)	• 칠판 앞에 앉아 주의를 집중하며 지난주에 배웠던 식물에 대해 이야기한다.

절차
• 단계 1: 추측하기 ① 사진 자료를 보여 주고 무엇인지 추측하도록 한다. – 옥수수의 확대 사진: "무슨 색이지?", "노란색이면 무엇일까?", "어떤 모양이 보이니?", "무엇일까?" 등으로 생각하여 맞혀 보자. – 팝콘의 확대 사진: "어떤 모양이지?", "무슨 색이지?", "이것은 우리가 간식으로 먹는 것이다.", "전자레인지에 튀겨서 먹기도 한다." 등으로 힌트를 준다. – 지푸라기 사진: "무엇에 쓰는 것일까?", "색을 보니까 나무일까?", "초콜릿일까?" 등 – 그 외 통나무 사진/과일의 확대 사진 등 • 단계 2: 확인하기 ① 정답을 확인하고 특징을 반복해서 말해 준다. ② 어떤 것들을 예상했었는지 누가 맞혔는지에 대해 이야기한다. ③ 확대 사진만을 보고 다시 한번 정확한 답을 말해 보도록 한다.

아동들의 반응	평가
• 다양한 추측을 많이 하였다. 비슷한 것, 전혀 무관한 것들을 이야기하였고, 답을 안 후에 왜 그렇게 생각했었는지 이야기해 보도록 하자 적절하게 대답하였다. 아동에 따라 자신이 맞힌 것에 대해 상당한 성취감을 나타내기도 하였다.	• 전체적인 주제와 연관된 생각 놀이로서 관찰력과 창의력을 동원하는 작업이 되었다.

<10월/제4주/수요일/2교시/자연의 세계>

활동 128

날짜	활동	내용
○○○○년 ○월 ○일	얘들아 모여 봐!	허수아비 만들기

준비물	준비 조건
• 허수아비 재료(종이컵/휴지 속대/수수깡/색종이/인형눈/색지/모래를 적당히 담은 우유팩/풀/가위 등)	• 각자 가져온 준비물을 꺼내 책상을 중심으로 자리를 잡고 착석하도록 한다.

절차
• 단계 1: 만드는 과정 설명하기 ① 종이컵에 색종이를 붙여 몸통을 예쁘게 꾸민다. ② 휴지 속대를 이등분하여 눈을 붙이고 코입을 그려 넣어 얼굴을 만든다. ③ 색종이로 고깔모자를 만들어 얼굴 위에 붙인다. ④ 몸통 종이컵에 수수깡을 통과시키고 머리 부분도 붙인다. ⑤ 모래를 담은 우유팩에 수수깡을 박아 고정시킨다. ⑥ 황토색지를 벼 모양으로 자연스럽게 오려 우유팩 주변에 붙인다. • 단계 2: 서로 돕기 ① 아동들이 서로를 도와줄 수 있는 기회를 갖도록 이끌면서 작업을 진행한다. ② 특히, 얼굴을 꾸미고 몸통을 만들 때 각자 좋은 생각들을 이야기하고 자유롭게 만들도록 한다.

아동들의 반응	평가
• 재료에 흥미를 나타내었고, 특히 얼굴과 몸통을 꾸미는 작업을 즐거워하였다. 서로 비교하여 보며 "○○는 넥타이를 했다.", "얼굴 표정이 화난 허수아비다." 등을 이야기하였다.	• 다양한 재료를 적절하게 다루는 작업을 경험하여 사용하는 재료의 특성을 파악할 수 있었다. 완성도 높은 작업을 통해 조형감각을 익힐 수 있다.

11월

동물의 세계

S	M	T	W	T	F	S
			1	2	3	4
5	6	7	8	9	10	11
12	13	14	15	16	17	18
19	20	21	22	23	24	25
26	27	28	29	30	31	

<11월/제1주/월요일/1교시/동물의 세계>

활동 129

날짜	활동	내용
○○○○년 ○월 ○일	생각 놀이	다양한 동물의 세계

준비물	준비 조건
• 동물과 연관된 사지선다형 퀴즈 4문항 • 동물의 분류표	• 퀴즈를 끝까지 잘 듣고 규칙을 지켜 자신의 순서에 답을 이야기한다.

절차
• 단계 1: 동물에 관한 퀴즈를 풀며 식물의 개념 인지하기 ① 퀴즈를 푼다. 예 "동물이 아닌 것은?", "동물인 것은?" ② 식물과 비교하여 동물의 개념을 익힌다. ③ 동물의 종류를 말한다. • 단계 2: 동물의 분류 개념을 이해하기 ① 포유류, 조류, 양서류, 파충류, 어류 등의 분류 조건을 이해한다. ② 동물의 이름을 듣고 어디에 포함되는지를 맞힌다.

아동들의 반응	평가
• 동물의 분류 개념에 대해 생소해하였으나 흥미로워했다. • 파충류와 같은 징그러운 동물에 관심을 보였다.	• 약간의 난이도가 있었으나 동물에도 그 특징에 따라 다양하게 분류될 수 있음을 알아볼 수 있는 좋은 기회가 되었다.

<11월/제1주/월요일/2교시/동물의 세계>

활동 130

날짜	활동	내용
○○○○년 ○월 ○일	얘들아 모여 봐!	동물 수수께끼

준비물	준비 조건
• 동물과 연관된 질문지 (털이 있고, 멍멍 소리를 냅니다./귀엽고, 홍당무를 좋아합니다./고양이는 꿀꿀 소리를 냅니다.)	• 질문의 내용에 집중하고 규칙에 따라 임한다.

절차
• 단계 1: 게임의 규칙 이해하기 ① 게임의 규칙을 잘 듣는다. ② 이해한 것을 교사와 친구들에게 설명해 준다. • 단계 2: 문제를 이해하여 반응하기(○ × 기둥에 서기) ① 문제를 끝까지 잘 듣는다. ② 다른 친구의 반응을 모방하지 않고 스스로 생각한다. ③ 생각한 대로 ○ × 기둥으로 움직인다. • 단계 3: 결과 듣고 적절한 반응하기 ① 결과를 듣고 자신의 행동에 대해 반응한다.

아동들의 반응	평가
• 많은 흥미를 보였으며 비교적 규칙에 따라 움직였다. • 난이도가 있는 문항일 경우 다른 친구들의 반응을 살펴 따라 하는 모습이 많았다.	• 스스로 생각하여 판단한 것을 행동으로 옮기는 면에서 좋은 활동이었다. • 친구의 행동을 따라 하는 경우에 많아 아쉬웠다.

<11월/제1주/수요일/1교시/동물의 세계>

활동 131

날짜	활동	내용
○○○○년 ○월 ○일	생각 놀이	어디에 살까요?

준비물	준비 조건
• 사진 자료(다양한 동물의 사진에 밸크로테이프를 붙여 준비함) • 사진을 붙일 종이판('육지에 살아요'/'바다에 살아요' 등의 문구가 붙어 있고, 꾸러미가 그려져 있으며 그 안에 동물 사진을 붙일 수 있도록 만듦)	• 칠판 앞에 앉아 주의를 집중하도록 한다. • 지난주에 배운 것을 기억하고 이야기한다.

절차
• 단계 1: 소개하기 ① 동물마다 사는 곳이 다르며 특징을 알고 있는 것에 대해 자연스럽게 이야기를 나눈다. – 육지에 사는 동물: 어떤 것들이 있는지 이야기하고 호랑이/코끼리/곤충 등의 사진을 붙이도록 한다. 한 아동씩 원하는 주제를 선정하여 직접 나와 붙인다. 또한 육지 중에서도 어디인지 이야기해 보도록 한다. – 물속에 사는 동물: 바다나 강에 사는 동물에 대해 이야기하고 사진을 골라 붙인다. 이때 강과 바다가 다른 점이 무엇인지 질문해 본다(예 "바닷물은 짜다.", "강물은 짜지 않다." 등). – 물속에서 살고 사람처럼 두 발로 걷기도 하는 동물, 동굴 속에서 사는 동물 등의 문제를 제시하고, 아동이 생각한 후 답을 골라 붙여 보도록 한다. • 단계 2: 기억하기 ① 다양한 내용으로 진행을 한 후 그림을 떼어내고 아동들이 기억해 볼 수 있도록 한다. ② 한두 가지씩 질문을 하고 대답하도록 한다.

아동들의 반응	평가
• 집중하여 문제를 잘 들었고 적극적으로 손을 들고 답을 말하였다. • 자신이 붙인 그림이 다른 답에도 사용될 경우 사진을 떼는 것을 허용하지 않고 고집하여 아동들 간 약간의 마찰이 있었다.	• 충분히 생각해 본 후에 답을 이야기하도록 하자 다양한 답을 유추해 내었고, 기억하는 것에 도움이 되었다.

<11월/제1주/수요일/2교시/동물의 세계>

활동 132

날짜	활동	내용
○○○○년 ○월 ○일	얘들아 모여 봐!	동물극장 만들기

준비물	준비 조건
• 동물극장 재료(종이컵 2개, 색종이, 풀, 가위, 동물 그림, 나무젓가락, 스카치테이프) • 예시용 완성품	• 각자 가져온 준비물을 꺼내 책상 앞에 앉아 주의를 집중하도록 한다.

절차

• 단계 1: 소개하기

① 동물극장 완성품을 보여 주며 어떻게 움직여 보는 것인지 시연한 후 과정을 보여 준다.

– 종이컵을 적당히 자르고 2개를 서로 맞붙인다.

– 나무젓가락을 양끝에 끼운다.

– 나무젓가락에 동물 그림을 오려 붙인다(이때 필름 모양의 동물 그림을 이용하면 재미있는 작업에 도움이 된다.).

– 종이컵을 색종이로 꾸미고 동물 극장 팻말을 만들어 붙여서 완성한다.

• 단계 2: 작업과정 설명하기

① 각자 아동이 만들 수 있도록 보조적으로 도와주고 다 완성된 후에는 작동해 볼 수 있도록 한다.

② 어떤 동물의 사진을 선택했는지 동물을 선택한 이유는 무엇인지를 이야기한다.

③ 특히, 아동이 자신의 작업을 스스로 진행하도록 해야 한다.

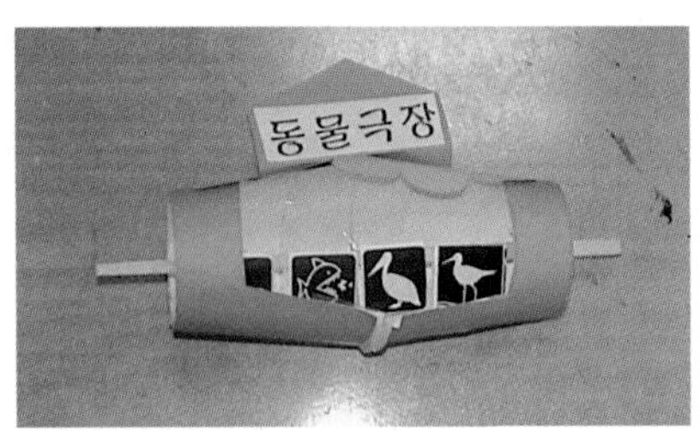

아동들의 반응	평가
• 동물극장이라는 주제에 흥미를 나타내었고, 움직이는 모양을 보며 신기해하였다. 다 완성된 후에는 서로 자랑하고 소중히 여기는 모습이 관찰되었다.	• 만들기 작업에 대해 아동들이 점차 자신감을 가지며 작업의 완성도가 높아지고 있다. 특히, 동물 사진을 선택하고 순서대로 방법을 기억하며 진행하는 과정에서 숙달되고 능숙한 모습이 관찰된다.

<11월/제2주/월요일/1교시/동물의 세계>

활동 133

날짜	활동	내용
○○○○년 ○월 ○일	생각 놀이	동물에 관한 음악 감상하기

준비물	준비 조건
• 동물을 주제로 한 클래식 음악 테이프(생상스의 〈동물의 사육제〉, 〈뻐꾸기 왈츠〉 등) • 스마트폰 검색	• 음악을 감상하는 적절한 태도에 대해 이야기한다.

절차

• 단계 1: 음악 감상법 소개하기
 ① 음악을 감상하는 적절한 태도를 알아본다.
  – 음악을 감상하는 것이 어떤 것인지 이야기를 나눈다.
  – 음악을 어떻게 감상하는 것이 좋을지 이야기를 나눈다.

• 단계 2: 감상하기
 ① 음악을 들어 본다.
  – 조용히 음악을 감상한다.
  – 어떤 동물을 표현한 것인지 상상하며 들어 본다.

• 단계 3: 몸으로 표현하기
 ① 어떤 동물을 표현한 것인지 나누어 보고 몸으로 표현한다.
  – 어떤 동물을 표현한 것인지 자신의 생각을 이야기해 본다.
  – 왜 그렇게 생각했는지 발표해 본다.
  예 "음악이 느려서 거북이가 엉금엉금 기어가는 것 같아요.", "쿵쾅쿵쾅 해서 코끼리 같아요." 등.
  – 결과를 들어 본다.
  – 자신의 몸으로 음악을 감상하고 느낀 것을 표현해 본다(거북이, 사자, 코끼리 등).

아동들의 반응	평가
• 처음에는 조용히 음악 감상하는 것을 어려워했다. • 음악이 나오자 관심을 갖고 주의를 집중했다. • 느낀 것을 몸으로 표현하는 것을 즐거워했다.	• 생각보다 아동들이 음악에 집중했다. • 동물의 특징을 음악으로 표현할 수 있다는 것을 알 수 있는 새로운 경험이 되었다. • 음악을 감상하고 끝나는 것이 아니라 자신의 몸으로 표현하게 되어 아동들의 참여도가 높았고 즐거워했다.

<11월/제2주/월요일/2교시/동물의 세계>

활동 134

날짜	활동	내용
○○○○년 ○월 ○일	얘들아 모여 봐!	동물 빙고게임

준비물	준비 조건
• 빙고판과 연필	• 게임에 적극적인 태도로 임하도록 돕는다. • 순발력이 필요한 게임의 특성을 이해하도록 한다.

절차
• 단계 1: 게임의 규칙 이해하기 ① 교사가 제시하는 게임의 규칙을 잘 듣고 이해하는 반응을 보인다. • 단계 2: 동물 이름 생각나는 대로 이야기하기 ① 자신이 알고 있는 동물의 이름을 자유롭게 이야기한다. ② 교사는 칠판에 적는다. • 단계 3: 자신의 빙고판 채우기 ① 자신의 빙고판을 채운다. ② 이때 다른 친구의 것을 보지 않으며 자신의 것도 다른 사람에게 보이지 않게 주의하도록 한다. • 단계 4: 빙고게임하기 ① 순서를 정한다. ② 돌아가며 동물 이름을 부르고 자신의 빙고판에 있을 경우 지워 나간다. ③ 자신의 빙고판에 다 채워졌을 경우 '빙고!'라고 외친다.

아동들의 반응	평가
• 빙고게임을 이해하는 아동도 있었으며 어려워하는 아동도 있었다. • 조금이라도 빨리 빙고를 외치고 싶어 초조해하는 아동도 있었다.	• 단순한 게임의 규칙을 파악하는 경험을 하였다. • 다른 친구의 반응을 살피는 순발력을 길러주는 좋은 게임이 되었다.

<11월/제2주/수요일/1교시/동물의 세계>

활동 135

날짜	활동	내용
○○○○년 ○월 ○일	생각 놀이	날아다녀요, 기어 다녀요

준비물	준비 조건
• 동물 극장 재료(종이컵 2개, 색종이, 풀, 가위, 다양한 동물 그림 화보, 나무젓가락, 스카치테이프) • 곤충 그림 • 예시용 완성품	• 각자 가져온 준비물을 꺼내 책상 앞에 앉아 주의를 집중하도록 한다.

절차

- 단계 1: 소개하기
  - ① 이전 작업 동물 극장 완성품을 보여 주며 어떻게 움직여 보는 것인지 시연한 후 다른 동물 극장 만들기 과정을 보여 준다(활동 132 참조).
  - ② 종이컵을 적당히 자르고 2개를 서로 맞붙인다.
  - ③ 나무젓가락을 양끝에 끼운다.
  - ④ 나무젓가락에 다양한 곤충 그림을 자르고 오려 붙인다.
  - ⑤ 종이컵을 색종이로 꾸미고 동물 극장 팻말을 만들어 붙여서 완성한다.
- 단계 2: 작동하기
  - ① 각자 아동이 만들 수 있도록 보조적으로 도와주고, 다 완성된 후에는 작동해 볼 수 있도록 한다.
  - ② 어떤 동물의 사진을 선택했는지 동물을 선택한 이유는 무엇인지를 이야기한다. 특히, 아동이 자신의 작업을 스스로 진행하도록 해야 한다.
- 단계 3: 설명하기
  - ① 만든 모양으로 '날아다녀요', '기어 다녀요'를 설명하도록 한다.

아동들의 반응	평가
• 2회의 활동을 통해 동물극장이라는 주제에 흥미를 나타내었고, 움직이는 모양을 보며 신기해하였다. 다 완성된 후에는 서로 자랑하고 소중히 여기는 모습이 관찰되었다. '날아다녀요', '기어 다녀요' 표현을 하며 한 아동이 동작을 표현하면서 모방하는 모습이 보였다. • 지난 활동과 비교하는 모습을 보였다.	• 반복된 만들기 작업에 대해 아동들이 훨씬 자신감을 표현하였고, 작업의 완성도가 높아졌다. 특히, 동물 사진을 선택하고 순서대로 방법을 기억하며 진행하는 과정에서 숙달되고 능숙한 모습이 관찰된다. 활동 중 날아가, 기어가의 개념을 유도하기 용이하였다.

<11월/제2주/수요일/2교시/동물의 세계>

활동 136

날짜	활동	내용
○○○○년 ○월 ○일	얘들아 모여 봐!	즐거운 요리 〈돈가스〉

준비물	준비 조건
• 돈가스 재료(돈가스용 돼지고기/밀가루/계란/빵가루/돈가스 소스) • 요리 도구(휴대용 가스레인지/튀김용 프라이팬/튀김 젓가락)	• 손을 깨끗이 씻는다. • 각자 가져온 준비물을 꺼내 책상 앞에 앉아 주의를 집중한다.

절차
• 단계 1: 소개하기 ① 요리 투표로 결정된 스파게티 요리에 대해 이야기하고 기대감을 갖도록 한다. ② 아동들이 자연스럽게 경험을 나누도록 한다(누구와 어디서 먹어 봤는지 등에 대해). • 단계 2: 요리 진행하기 ① 고기를 꺼내 준비한다. ② 고기에 밀가루, 계란물, 빵가루 순서로 옷을 입힌다. ③ 프라이팬에 식용유를 넣고 가열한 후 고기를 넣어 튀긴다. ④ 적당한 색으로 튀겨지면 꺼내고 접시에 옮겨 담은 후에 소스를 뿌린다. ⑤ 아동들에게 할 수 있는 역할을 적극적으로 맡아 하도록 유도한다. ⑥ 흥미를 가지고 요리에 임하도록 칭찬해 주고 촉진한다. ⑦ 가족이나 이웃들에게 대접하고 요리 과정을 설명하도록 한다.

아동들의 반응	평가
• 서로 도움을 주고받으며 요리 과정에 함께 할 수 있었다. 아동에 따라 이전에 먹어 본 경험을 이야기하였다.	• 자신이 가져온 재료가 무엇인지 직접 이야기할 수 있도록 하며 순서에 따라 과정을 진행하는 훈련에 효과적이었다.

<11월/제3주/월요일/1교시/동물의 세계>

활동 137

날짜	활동	내용
○○○○년 ○월 ○일	생각 놀이	곤충 탐험기

준비물	준비 조건
• 곤충의 구조에 관한 사진 • 여러 가지 곤충 사진 • 곤충에 관한 영상 자료(〈파브르 곤충기〉)	• 제시되는 자료에 집중하도록 한다.

절차
• 단계 1: 소개하기 ① 곤충의 개념에 대해 설명한다. – 준비된 사진과 영상 자료를 보며 곤충이 무엇인지 이해한다. – 우리 주변에서 흔히 볼 수 있는 곤충 이름을 발표한다. • 단계 2: 설명하기 ① 곤충의 구조와 특징에 대해 알아본다. – 곤충의 몸의 구조에 대해 안다. – 곤충의 특징을 살펴본다.

아동들의 반응	평가
• 곤충에 대한 사진과 영상 자료를 흥미 있어 했다.	• 대부분의 아동들이 곤충에 대해 막연하게 알고 있었는데 구체적으로 살펴볼 수 있는 좋은 기회가 되었다.

<11월/제3주/월요일/2교시/동물의 세계>

활동 138

날짜	활동	내용
○○○○년 ○월 ○일	얘들아 모여 봐!	나비처럼 날아 꿀 마시기

준비물	준비 조건
• 아동들이 좋아하는 음료수, 유리컵 2개, 굵은 빨대 여러 개, 시작 발판	• 규칙대로 경쟁 놀이와 협동 놀이를 할 수 있도록 한다.

절차

• 단계 1: 게임의 규칙 듣고 이해하기

• 단계 2: 게임하기

① 2명씩 시작 발판에 선다.

② 출발하기 전에 교사의 지시를 주의 깊게 듣는다.

예 "나비처럼 훨훨 날아 보세요.", "벌처럼 윙윙~" 등

③ 지시어대로 달려가 책상 위의 자신의 컵의 음료수를 마신다.

④ 빨리 들어오는 사람이 이긴다.

• 단계 3: 승패 알기

① 승패를 인식한다.

아동들의 반응	평가
• 게임을 즐거워하였고 가서 음료수를 마시는 것이 보상이 되었다. • 음료수를 더 마시고 싶어 오랫동안 마시다가 늦는 아동도 있었다.	• 교사의 지시를 잘 들어야 할 수 있는 게임이었기 때문에 경청하는 훈련에 도움이 되었다.

<11월/제3주/수요일/1교시/동물의 세계>

활동 139

날짜	활동	내용
○○○○년 ○월 ○일	생각 놀이	동물이 나에게 주는 것

준비물	준비 조건
• 동물 그림과 동물이 우리에게 주는 것에 대한 그림과 사진 자료(소-우유, 치즈, 고기, 가죽옷/양-스웨터, 겨울 코트/악어-악어백, 벨트/닭-치킨, 달걀 등) • 동물과 동물이 주는 것에 대한 선긋기 문제(앞에 나와서 문제를 푸는 시간을 가짐)	• 칠판 앞에 앉아 주의를 집중하도록 한다.

절차
• 단계 1: 소개하기 ① 동물과 동물이 우리에게 주는 것에 대해 이야기한다. ② 자유롭게 자신이 생각한 것을 이 야기하도록 한 후에 그림을 통해 함께 이야기한다. – 소: 우유, 가죽, 고기 등. 아동들은 우유와 젖소에 대해 질문하였다. – 양: 스웨터, 겨울코트 등. 아동은 양모이불도 있다고 이야기하였다. – 닭: 치킨, 달걀 등. 아동은 양념 통닭도 맞느냐고 이야기하여 웃었다. – 그 외 2~3가지 • 단계 2: 퀴즈 풀기 ① 제시된 문제를 보여 주고 자신이 문제를 선택하여 줄긋기를 한다. ② 문제는 이전에 이야기나 그림으로 나누었던 것을 응용한다.

아동들의 반응	평가
• 다양하게 자신의 의견을 발표하였고 내용 또한 적절한 것이었다. 동물이 우리에게 주는 좋은 점들을 잘 이해하고 기억할 수 있었다.	• 아동들에게 사전 조사를 해오도록 하여 더욱 다양한 예시를 통해 주제를 더욱 확대시켜 생각해 볼 수 있도록 하거나 가정에서 연관된 주제로 생각해 보는 시간을 갖도록 하는 것이 좋을 듯하다.

<11월/제3주/수요일/2교시/동물의 세계>

활동 140

날짜	활동	내용
○○○○년 ○월 ○일	얘들아 모여 봐!	고추잠자리 만들기

준비물	준비 조건
• 잠자리 재료(마른 홍고추, OHP 필름, 네임펜, 가위, 본드, 폼폼이, 인형눈 등)/낚싯줄(목걸이용)	• 각자 가져온 준비물을 꺼내 책상 앞에 앉아 주의를 집중하도록 한다.

절차

• 단계 1: 소개하기

① 완성품을 보여 주며 목에 걸어 보고 사용된 재료에 대해 이야기한 후 과정을 보여 준다.

- 폼폼이에 인형눈을 붙인다.
- OHP 필름에 잠자리 날개를 그리고 네임펜으로 무늬를 그린다.
- 홍고추에 날개와 얼굴을 붙인다.
- 낚싯줄을 잠자리 허리에 묶고 목걸이형으로 만든다.

• 단계 2: 순서 기억하기

① 아동들이 만들 수 있도록 한다. 이때 교사는 각 아동에게 지금 무엇을 만드는 과정인지 다음에는 어떤 것을 할 것인지 순서를 기억할 수 있도록 질문한다.

② 아동이 집중하여 진행하도록 주의를 환기시켜 주며 재료를 적절하게 다룰 수 있도록 조언해 준다.

③ 아동이 도움을 요청하면 보조해 준다.

아동들의 반응	평가
• 실제 고추를 사용하는 것에 흥미를 나타내었다. 재료를 다룰 때 접착제로 부착하는 과정 등도 교사의 도움을 받으며 수월하게 진행하였다.	• 전체적인 주제와 연관하여 곤충 만들기의 작업을 한 것이 효과적이었고 작업을 통한 성취감을 얻을 수 있었다.

<11월/제4주/월요일/1교시/동물의 세계>

활동 141

날짜	활동	내용
○○○○년 ○월 ○일	생각 놀이	신호로 이야기해요

준비물	준비 조건
• 벌, 개미, 파리 등의 영상 자료	• 칠판 앞에 앉아 집중한다.

절차

- 단계 1: 소개하기
  - ① 곤충의 의사소통 방식 알기
    - 사람과 비교되는 곤충의 의사소통 방법을 말한다.
    - 영상 자료를 보며 곤충은 춤을 추거나 특정 물질을 분비하여 의사소통함을 이야기한다.
- 단계 2: 설명하기
  - ① 준비된 자료를 보며 이야기한다(벌/개미).
    - 사진 자료를 보며 벌이 꿀을 발견했을 때 다른 벌들에게 알리기 위해 춤을 이야기한다.
    - 멀리 있는 꽃을 보았을 때–팔자춤/가까이 있는 꽃을 보았을 때–원형춤을 비교한다.
    - 개미는 '페로몬'이라는 물질을 분비하여 의사소통함을 이야기한다.

아동들의 반응	평가
• 곤충들의 의사소통 방법에 대해 신기해하였다.	• 비디오 자료를 통해 배운 것을 실제로 확인하게 되어 학습 효과가 높았다.

<11월/제4주/월요일/2교시/동물의 세계>

활동 142

날짜	활동	내용
○○○○년 ○월 ○일	얘들아 모여 봐!	소리 듣고 술래잡기

준비물	준비 조건
• 눈 가리기 위한 보자기	• 게임을 즐기도록 분위기를 조성한다.

절차
• 단계 1: 규칙 이해하기 ① 교사의 설명을 잘 듣고 게임의 규칙을 이해한다. • 단계 2: 게임하기 ① 술래를 정한다. ② 술래는 눈을 보자기로 가린다. ③ 다른 친구들은 교사가 제시하는 동물 소리를 내며 도망친다. ④ 술래는 소리를 듣고 친구를 잡는다. ⑤ 잡힌 사람이 술래가 된다.

아동들의 반응	평가
• 술래인 아동은 처음에는 눈을 가려 겁을 내기도 하고 행동이 둔했지만 점차 손을 더듬거리며 친구들을 잡으려고 했다. • 다른 친구들은 잡히지 않으려고 도망가기에 바빴고 동물 소리를 내는 것을 잊어버리곤 했다.	• 마음껏 뛰어다니며 즐길 수 있는 활동 시간이 되었다. • 아동들이 스릴을 느끼며 에너지를 발산할 수 있는 기회가 되었다.

<11월/제4주/수요일/1교시/동물의 세계>

활동 143

날짜	활동	내용
○○○○년 ○월 ○일	생각 놀이	넌 누구니?

준비물	준비 조건
• 동물의 사진과 이를 부분적으로 보여 줄 수 있는 종이판(부분적으로 도려내어 있는 종이판은 단계적으로 많이 보여 주는 것과 적게 보여 주는 것으로 준비함)	• 칠판 앞으로 의자를 가져와 착석하고 주의 집중하도록 한다.

절차

- 단계 1: 활동 소개하기
  - ① 진행 방법에 대해 설명한다.
  - ② 그림을 다 볼 수 없으며 부분적으로 볼 수 있기에 자세하게 관찰하고 예측하여 이야기하는 것에 대해 이해시킨다.
    - 박쥐 사진: 박쥐의 얼굴, 귀 부분이 보이도록 보여 준다. 아동들은 토끼, 사슴, 다람쥐 등이라고 대답한다. 좀 더 많이 오려진 종이로 보여 준다. 날개 쪽과 발, 얼굴까지 볼 수 있도록 한다. 정답을 맞힐 수 있도록 적당한 설명을 함께 해 준다.
    - 잠자리 사진: 잠자리의 날개만이 보이는 사진, 뒤이어서 꼬리와 얼굴 부분이 보이는 사진을 보여 준다.
    - 진돗개 다리 4개가 보이는 사진, 귀와 입 부분이 보이는 사진을 보여 준다.
    - 그 외 조개, 불가사리 등의 사진을 보여 준다.
- 단계 2: 추측하기
  - ① 아동들이 여러 가지 추측을 하면 왜 그렇게 생각했는지 이유를 물어보고 적절한 추측에 대해 칭찬해 준다.
  - ② 정답을 보여 준 후에는 누구의 추측이 맞았는지 이야기해 보고 정답에 대해 기억할 수 있도록 한다.

아동들의 반응	평가
• 부분 사진을 보며 다양한 추측을 하였다. 대체적으로 부분 사진을 보며 정답을 맞혀 칭찬을 받았다. 또한 친구가 대답한 것이 자신의 생각과 다를 때 '아니야 저건 ○○야'라고 이야기하며 자신의 의견을 적극적으로 나타내었다.	• 모든 사진을 진행한 후에 기억할 수 있도록 질문하자 자신이 맞추었던 동물에 대해서뿐 아니라 다른 동물에 대해 기억을 잘하였다.

<11월/제2주/수요일/2교시/동물의 세계>

활동 144

날짜	활동	내용
○○○○년 ○월 ○일	얘들아 모여 봐!	개구리 뛰뛰기

준비물	준비 조건
• 머리띠(벨크로테이프가 부착되어 벌레 그림을 붙일 수 있는 것/아동의 머리에 맞게 고무줄로 묶어 줌)/벌레 그림(벨크로테이프 부착)/시작점과 종료점을 표시하는 발판/벌레 그림을 붙여 놓을 수 있는 판	• 운동할 수 있는 편한 복장으로 준비하고 발판에 앉아 설명을 들을 수 있도록 한다.

절차
• 단계 1: 게임 방법에 대하여 설명하기 ① 개구리 뛰기의 시연과 연습: 아동들이 정확한 자세로 개구리 뛰기를 할 수 있도록 한다. ② 머리에 띠를 묶고 경쟁하여 달려가서 먹이를 잡은 후에 이마에 붙이고 돌아오는 것에 대한 설명을 해 준다. • 단계 2: 게임하기 ① 서로 적합한 아동들을 선발하여 게임을 하도록 한다. 이때 아동들이 정확한 방법을 기억하고 시도하도록 한다. ② 개구리 자세 잡기/출발선에 정확히 대기하기/먹이를 잡고 이마에 붙이기/개구리 뛰뛰기로 다시 돌아오기 등의 게임을 규칙에 맞게 하도록 돕는다. ③ 아동들이 과도히 흥분하거나 경쟁하면 게임을 쉬게 하거나 먹이 그림을 여유 있게 붙여 준다.

아동들의 반응	평가
• 머리띠로 장식한 자신들의 모습에 재미있어 했다. 진행한 후 먹이를 잡지 못한 아동이 먹이를 잡은 친구 먹이를 뺏어 잡고 놓아 주지 않아 진행에 어려움이 있었다.	• 적절한 경쟁 게임을 위해 좋은 아이템이었다. 아동이 자신이 이기는 것에 과도히 집중하여 게임에 지는 것에 대해 적절한 반응을 나타내지 못하고 다투려는 모습을 비디오 피드백을 통해 보여 주고 교육하였다.

12월

우주의 세계/겨울

S	M	T	W	T	F	S
			1	2	3	4
5	6	7	8	9	10	11
12	13	14	15	16	17	18
19	20	21	22	23	24	25
26	27	28	29	30	31	

<12월/제1주/월요일/1교시/우주의 세계/겨울>

활동 145

날짜	활동	내용
○○○○년 ○월 ○일	생각 놀이	우주의 신비

준비물	준비 조건
• 우주 사진(우리 은하계) • 여러 가지 행성 사진	• 자료를 보며 우주에 관해 상상해 보는 시간을 갖는다.

절차

• 단계 1: 우주에 대해 상상하기
① 우주의 크기에 관해 상상해 보도록 한다.
예 "우주는 얼마나 클까?"
② 지구의 크기와 비교하여 우주의 광대함을 생각해 본다.
예 "이 칠판이 우주라면 지구는 얼마만큼 클까?", "나와서 그려 보자."

• 단계 2: 우주에 있는 여러 가지 행성들을 알아보기
① 지구에 대해 상상해 본다.
– "나–유치원–서울–한국–아시아–지구–우주"로 거슬러 올라가며 상상한다.
② 태양계의 행성들을 알아본다.
③ 별과 성단들의 사진을 보며 감상한다.

아동들의 반응	평가
• 우주에 관해 많은 흥미를 갖고 있었으며 태양계와 행성들의 이름 정도는 거의 알고 있었다. • 우주의 광대함에 대해 제한적으로 알고 있었고 그 광대함을 알고 놀라는 반응이었다.	• 약간의 난이도가 있고 평소에 별로 접해 보지 않은 영역이었으나 예상 외로 아동들이 우주에 관한 사전 지식이 있었다. • 상상력을 키우는 좋은 활동이었다.

<12월/제1주/월요일/2교시/우주의 세계/겨울>

활동 146

날짜	활동	내용
○○○○년 ○월 ○일	얘들아 모여 봐!	겨울을 표현해요

준비물	준비 조건
• 겨울을 표현하는 문장이 담긴 카드 여러 장	• 제시되는 내용을 끝까지 다 듣고 움직이도록 한다.

절차

- 단계 1: 게임의 규칙 이해하기
  - ① 게임의 규칙을 잘 듣는다.
  - ② 이해한 것을 교사와 친구들에게 설명해 준다.
- 단계 2: 문장 제시하기
  - –추운 겨울날 곰이 두 손을 '호호' 불며 뛰어간다.
  - –하얀 눈이 펑펑 내리는 밤 눈사람이 우뚝 서 있다.
  - –해가 쨍쨍 내리 쬐어서 눈사람이 녹고 있다.
  - –뱀이 나무 옆에서 꼬리를 돌돌 말고 겨울잠을 자고 있다.
  - –한 아저씨가 주머니에 손을 넣고 걸어가다가 얼음판에 넘어져 엉덩방아를 찧었다.
  - –친구 2명이 눈싸움을 하고 있다.
  - –할머니가 김이 모락모락 나는 어묵 국물을 '호호' 불면서 잡수신다.
- 단계 3: 들은 문장을 몸으로 표현하기
- 단계 4: 다른 친구의 표현 방식을 보고 느낌을 이야기하기

아동들의 반응	평가
• 형용사나 의성어, 의태어가 많이 포함된 복합 문장이 있어 어려울 것으로 예상되었으나 의외로 정확하게 표현했다. • 굉장히 재미있어 했으나 성급하게 문장을 다 읽기도 전에 표현하려 하였다.	• 여러 가지 다양한 형용사와 의성어를 익힐 수 있는 좋은 게임이었다. • 게임 형식으로 진행하여 아동들이 편하게 다가갈 수 있었고 재미있어 했다. • 평소에 소극적인 아동들도 친구와 어우러져 함께 즐기는 몸짓 놀이가 되었다.

<12월/제1주/수요일/1교시/우주의 세계/겨울>

활동 147

날짜	활동	내용
○○○○년 ○월 ○일	생각 놀이	겨울이 좋은 이유 (놀이/먹거리)

준비물	준비 조건
• 겨울의 먹거리와 놀이에 대한 그림 자료 (스케이트/눈썰매/연날리기/눈싸움 등과 군고구마, 국밥 등) • 자신이 가장 좋아하는 겨울의 먹거리나 놀이를 기록하는 종이	• 칠판 앞에 앉아 집중할 수 있도록 한다.

절차
• 단계 1: 겨울의 일반적인 특징과 놀이나 먹거리에 대한 경험 생각하고 나누기 • 단계 2: 그림 자료를 보며 이야기하기 ① 연날리기: "연을 날려 본 적이 있니?", "어떤 방법으로 연을 날리는 걸까?", "바람이 세게 불면 더 높이 날아간다.", "연날리기를 할 수 있는 장소는 어디일까?"라고 말한다. ② 군고구마/군밤: "어디서 팔까?", "언제 먹어 봤니?", "좋아하는 사람은 누구니?"라고 말한다. ③ 눈썰매: "눈썰매를 타 본 적이 있니?", "발이 꽁꽁 얼었지만 재미있었다.", "처음엔 무서웠지만 정말 신나게 탔다.", "눈썰매와 썰매는 어떻게 다를까?", "누구와 눈썰매장에 갔었니?"라고 말한다. ④ 스케이트: "중심을 잘 잡아야 한다.", "연습을 많이 해야 잘 탈 수 있게 된다."라고 말한다. ⑤ 눈사람: "눈사람을 만들어 본 적이 있니?", "어떻게 만드는 것일까?", "누구와 만들었니?", "며칠 후에 어떻게 되었니?", "눈, 코, 입은 무엇으로 만들어 붙였니?"라고 말한다. • 단계 3: 생각 말하기 ① 함께 나누었던 이야기를 중심으로 1명씩 앞으로 나와 준비된 종이에 자신이 가장 좋아하는 겨울 놀이나 먹거리를 적고 친구들에게 이야기한다. ② "내가 가장 좋아하는 겨울놀이는 ○○야!", "나는 ○○를 정말 좋아해.", "작년 겨울에 먹었는데 정말 맛있었어."라고 말한다.

아동들의 반응	평가
• 눈사람, 눈싸움에 대한 이야기가 가장 먼저 나왔다. 그림 자료를 보며 자신이 경험해 본 놀이가 무엇인지 이야기하고 경험이 없는 것은 무엇인지 구분하여 볼 수 있었다. • 자신이 경험해 본 것에 대해 경쟁하는 이야기하는 분위기였다. 교사에게 호응을 구하고 싶어 여러 번 반복하여 이야기하였다. 자신의 기호에 맞지 않는 것을 친구가 좋아한다고 하면 '재미없다'거나 '나는 싫어'라는 반응을 나타내었다.	• 서로의 이야기를 듣고 들은 이야기에 대해 적절한 반응을 하는 훈련이 더욱 필요하다. 대체적으로 친구에게 자기의 생각을 나누는 훈련에 비해 친구가 나에게 호응하도록 이끄는 기술은 부족하다. • 놀이 경험에 대해 구체적으로 이야기한 후에 자신감을 얻는 것을 볼 수 있었다.

<12월/제1주/수요일/2교시/우주의 세계/겨울>

활동 148

날짜	활동	내용
○○○○년 ○월 ○일	얘들아 모여 봐!	별나라 연필꽂이

준비물	준비 조건
• 페트병/글라스데코 물감(스테인드글라스 물감) • 가위/칼/양초/성냥/신문지	• 책상을 중심으로 자리를 정해 착석한다. • 가지고 온 페트병과 글라스데코 물감을 준비한다.

절차

- 단계 1: 만드는 방법에 대한 설명 및 시연하기
  - ① 신문지를 책상 위에 깔고 물감이 묻지 않도록 한다.
  - ② 페트병의 윗부분을 적당히 잘라낸다.
  - ③ 칼로 칼집을 낸 후 가위로 자른다.
  - ④ 촛불을 사용해서 적당히 구부려 모양을 만든다.
  - ⑤ 글라스데코 물감을 사용해 그림을 그린다.
- 단계 2: 아동이 작업하기
  - ① 교사가 페트병을 잘라 준다.
  - ② 별나라와 연관된 주제를 생각해 보고 그려 보도록 한다.
  - ③ 물감이 마르기 전에 만져서는 안 된다는 것을 설명해 주고 물감이 흐르지 않도록 살짝 짜내어 그리도록 한다.
  - ④ 아동이 원하면 마르기 전에 휴지로 닦아 내고 수정하여 그릴 수 있도록 하고, 아동이 물감 사용이 능숙하지는 못하므로 마른 후에 교사가 아세톤으로 정리해 준다.
- 단계 3: 감상 및 건조하기
  - ① 무엇을 그렸는지 어떤 것이 그럴듯하게 잘 그려진 것이 무엇인지 이야기한다.
  - ② 그대로 건조시킨다.

아동들의 반응	평가
• 새로운 재료의 사용에 대해 아동들이 흥미로워했다. 여러 색을 다양하게 사용해 보려고 시도했다. • 별, 달, 해, 토성, 지구, 로켓 등을 그리겠다고 이야기하였다. 아동에 따라 주제에 맞지 않는 과일이나 사물의 이름을 말하기도 하였다.	• 페트병을 자르거나 구부리는 것 등은 위험하여 교사가 진행하였으나 전반에 진행되는 작업 과정이 길어서 아동의 참여도가 다소 떨어질 수 있다. 자르고 구부리는 작업은 미리 교사가 준비해 놓고 아동들은 물감을 사용하는 연습만을 코팅지나 종이 위에 반복해 보고 페트병에 그려 넣도록 하는 방법도 고려해 볼 만하다.

<12월/제2주/월요일/1교시/우주의 세계/겨울>

활동 149

날짜	활동	내용
○○○○년 ○월 ○일	생각 놀이	계절에 어울리는 음식/ 요리 선정 투표

준비물	준비 조건
• 계절에 어울리는 음식 목록 • 투표용 요리 목록	• 칠판에 앉아 주의를 집중한다.

절차
• 단계 1: 활동 소개하기 ① 계절마다 어울리는 음식이 있음을 알아본다(여름/겨울). – 뚜렷한 대비가 있는 여름과 겨울의 어울리는 음식에 관해 이야기를 나눈다. – 제시되는 요리 목록을 보고 각각 어울리는 판에 붙인다. 예 여름–팥빙수, 냉면 등/겨울–붕어빵, 호빵, 어묵 국물 등 • 단계 2: 결정하기 ① 자신의 의견을 비밀 투표를 통해 표현하며 결과를 받아들인다. – 요리 목록을 듣고 어떤 것으로 투표할지 결정한다. – 1명씩 나와서 다른 친구들이 보지 않게 자신이 하고 싶은 요리 아래에 자신의 이름 스티커를 붙인다. – 투표 결과를 보고 결과를 받아들인다. – 요리에 필요한 재료를 생각해 보고 하나씩 나누어서 준비하기로 한다.

아동들의 반응	평가
• 의외로 계절에 어울리는 음식을 생각해서 이야기하는 것을 어려워했다. • 겨울에 어울리는 음식의 경우 현재 주변에서 많이 볼 수 있는 것이기에 쉬웠다. • 이제는 요리 투표 시 필요한 준비물을 생각해 내고 자신이 가져오고 싶은 것을 잘 이야기한다.	• 음식으로 계절을 구분해 본 좋은 시도였다. • 계절을 구분할 수 있는 것이 날씨나 의복뿐만 아니라 음식으로도 구분할 수 있음을 인식할 수 있었다.

<12월/제2주/월요일/2교시/우주의 세계/겨울>

활동 150

날짜	활동	내용
○○○○년 ○월 ○일	얘들아 모여 봐!	크리스마스카드 만들기

준비물	준비 조건
• 색지, 흰 종이, 풀, 반짝이 풀, 솜, 물감, 파스텔, 색연필 등	• 창의성을 가지고 꾸며 보는 시간을 갖는다.

절차
• 단계 1: 크리스마스에 대해 이야기하기 ① 크리스마스의 분위기를 이야기한다. • 단계 2: 만드는 순서 알기 ① 만드는 방법에 대한 간단한 설명을 듣는다. • 단계 3: 만들어 보기 ① 주어진 자료로 카드를 만든다. ② 누구에게 보낼지 정한다. ③ 카드 안의 내용을 쓴다.

아동들의 반응	평가
• 여러 가지 자료를 사용하여 창의적으로 꾸밀 수 있었다. • 글씨를 쓸 수 있는 아동들이기에 직접 자신이 하고 싶은 말을 카드에 기록하였다. • 카드를 만들어 봄으로써 크리스마스의 기분을 느낄 수 있었고, 고마웠던 사람들에 대해 생각해 보고 표현할 수 있는 기회가 되었다.	• 주어진 자료로 나름대로의 기호와 창의성으로 작품을 만들어 볼 수 있는 기회가 되었다. • 스스로 하나의 작품을 완성하는 것을 통해 성취감을 느끼며 자신감을 가질 수 있었다.

<12월/제2주/수요일/1교시/우주의 세계/겨울>

활동 151

날짜	활동	내용
○○○○년 ○월 ○일	생각 놀이	몸으로 표현해요

준비물	준비 조건
• 문자 카드(앞뒤 면에 벨크로테이프 부착)–흙, 바람, 나무, 꽃, 태풍, 눈 등의 자연 • 카드는 글자가 보이지 않도록 칠판에 붙여 둔다.	• 칠판 앞에 의자를 정렬해서 착석한다.

절차

- 단계 1: 방법에 대하여 설명하기
  ① 기회를 얻은 아동은 앞으로 나와 카드 1장을 선택하고 카드에 적힌 자연물을 몸짓으로 표현한다.
  ② 다른 친구들은 더 좋은 생각을 하여 새로운 몸짓으로 똑같은 자연물을 표현한다.
- 단계 2: 지시에 따라 표현하기
  예 나무
  ① 나무가 점점 자라 우뚝 서 있는 모양: 몸을 웅크리고 있다가 서서히 일어나면서 팔을 하늘 위로 뻗고 부동자세를 취한다.
  ② 한쪽 팔은 하늘 위로 또 다른 팔은 팔꿈치를 접고 위로 뻗는다.
  "자! 어떤 몸짓이 더 나무 같나요?", "○○가 만든 나무는 소나무 같다.", "○○가 표현한 나무는 너무 움직여서 나무 같지가 않아."
  예 태풍
  ① 입으로 바람 부는 듯 쉬익 쉭 소리를 내며 이쪽저쪽으로 움직이고 팔을 휘젓는다.
  ② 지나가는 사람이 태풍이 불자 옷을 여며 쥐고 바람을 피해 간신히 걸어가는 모습을 흉내 낸다.
  "태풍이 불면 우리가 길을 걸어가기가 힘들죠? 바람이 불면 몸이 날아갈 것 같잖아요. 태풍이 오면 비가 오기도 하죠. ○○가 표현한 태풍은 정말 그럴듯하네요. 바람이 이리저리 세차게 부는 것 같네요."
- 단계 3: 연습하도록 안내하기
  ① 다음 주에 몸짓을 이용한 퀴즈를 풀게 됨을 공고하고 집에서 엄마와 연습해 보도록 한다.

아동들의 반응	평가
• 서로의 몸짓을 보거나 웃고 재미있어 했다. 흙을 표현하는 아동이 어울리지 않는 몸짓을 하고 있다고 생각한 아동이 얼른 제자리에서 벌떡 일어나 바닥에 엎드려 '이렇게 해야지' 하자 모두 다 흉내를 내며 웃었다. 교사가 제시해 주지 않았을 때의 몸짓과 약간의 제시를 해 주었을 때의 몸짓에 차이가 있었다.	• 주제를 듣고 스스로 특징을 생각하고 묘사하는 기술의 훈련을 통해 발표력과 창의적인 표현력을 기를 수 있었다. 몸짓으로 표현하는 것에 자신을 몰두하는 연습이 더욱 필요하다. • 필요하다면 약간의 소도구를 이용하여 표현하도록 도울 수 있다(예: 나뭇잎, 열매, 우산 등).

<12월/제2주/수요일/2교시/우주의 세계/겨울>

활동 152

날짜	활동	내용
○○○○년 ○월 ○일	얘들아 모여 봐!	즐거운 요리 〈라면〉

준비물	준비 조건
• 투표를 통해 정한 요리 〈신라면〉 • 요리 재료: 라면/식수/그 외 조리 기구	• 손을 깨끗이 씻고 와서 착석한다. • 준비해 온 재료를 꺼낸다.

절차

• 단계 1: 활동 소개하기

① 요리의 방법에 대해 이야기한다.

• 단계 2: 진행하기

① 물을 끓인다.

② 라면과 스프를 넣는다.

③ 시간을 보고 적당한 때에 불을 끈다.

④ 그릇에 덜고 시식한다.

⑤ 집에서 자주 접하게 되는 요리이므로 직접 할 수 있는 역할을 주고 잘 수행하도록 격려한다.

예 "무슨 라면을 좋아하니?", "라면을 먹을 때 무슨 반찬을 먹니?", "우리 집에서는 달걀을 풀어 넣어요.", "우리는 달걀을 넣지 않아요.", "우리 아빠는 파를 넣으세요.", "그러면 더 맛있어요.", "맵지 않은 라면이 좋아요." 등

아동들의 반응	평가
• 요리에 대해 매우 즐거워하였으나 이미 자주 접하는 요리여서인지 호기심을 나타내지 않았다. 봉지를 뜯는 과정을 모두 교사에게 맡기고 스스로 하는 것을 어려워했다.	• 보다 다양한 자조기술의 경험과 훈련을 고려한 다양한 프로그램을 제시해야 할 것을 고려하게 된다. 도구를 사용하고 다루는 방법을 익히는 것과 성취감을 높일 수 있는 주제 선정이 중요하다.

<12월/제3주/월요일/1교시/우주의 세계/겨울>

활동 153

날짜	활동	내용
○○○○년 ○월 ○일	생각 놀이	세계의 성탄절

준비물	준비 조건
• 성탄절을 상징하는 것(크리스마스트리, 산타 할아버지, 카드, 선물 등) • 다른 나라의 성탄절에 관한 자료	• 제시되는 자료에 관심을 갖고 주시한다.

절차
• 단계 1: 크리스마스에 관해 이야기 나누기 ① '크리스마스' 하면 떠오르는 것에 관해 이야기를 나눈다. ② 크리스마스의 의미에 관해 이야기한다. – 예수님이 태어나신 날 • 단계 2: 다른 나라의 성탄절에 대해 알아보기 ① 다른 나라(특히, 서양)에서는 성탄절을 어떻게 보내는지 이야기한다. 예 "칠면조 고기를 먹는다.", "크리스마스트리에 양말을 걸어 놓는다.", "산타 할아버지가 선물을 놓고 가신다." 등 ② 우리나라도 요즘은 다른 나라처럼 성탄절을 즐긴다는 것을 이야기한다. • 단계 3: 성탄절의 포부에 관해 이야기 나누기 ① 성탄절에 어떻게 보내고 싶은지 친구들에게 발표해 보는 시간을 갖는다. ② 다른 친구들의 이야기를 경청한다.

아동들의 반응	평가
• 성탄절의 의미를 잘 알고 있었다. • 성탄절에 무엇을 할 것이지 미리 계획을 세우며 즐거워하였다. • 우리나라와는 다른, 세계의 풍습 등을 새로워하였다.	• 우리나라와는 조금 다른 서양의 성탄절의 모습을 생각해 보는 새로운 시간이었다. • 성탄절을 기대하고 전망해 보는 시간이 되었다.

<12월/제3주/월요일/2교시/우주의 세계/겨울>

활동 154

날짜	활동	내용
○○○○년 ○월 ○일	얘들아 모여 봐!	예쁜 달력 만들기

준비물	준비 조건
• 색지, 골판지, 가위, 풀, 색연필, 매직, 날짜가 적힌 종이, 기타 여러 가지 꾸밀 재료들	• 창의성을 가지고 꾸며 보는 시간을 갖는다.

절차

- 단계 1: 만드는 방법 알기
  - ① 교사가 만드는 방법에 대해 소개해 준다.
  - ② 아동들은 스스로의 계획을 세운다.
- 단계 2: 예쁜 달력 꾸며 보기
  - ① 재료를 받는다.
  - ② 나름대로의 창의성으로 달력을 꾸며 본다.
  - ③ 친구가 만든 달력을 감상한다.
  - ④ 달력에 기념일이 있는 경우 표시해 본다.
- 단계 3: 정리하기
  - ① 만든 작품을 감상한다.
  - ② 만드는 방법을 회상해 본다.

아동들의 반응	평가
• 달력의 구성 요소 등을 잘 알고 있었다. • 여러 가지 재료로 꾸며 보며 즐거워하였다.	• 주어진 재료로 각자 꾸며 보는 시간이 되어 창의성의 습득에 도움이 되었다.

<12월/제3주/수요일/1교시/우주의 세계/겨울>

활동 155

날짜	활동	내용
○○○○년 ○월 ○일	생각 놀이	몸으로 푸는 퀴즈

준비물	준비 조건
• 〈몸으로 표현해요〉에 사용한 단어 카드 • 점수판/단어 카드는 뒷면이 보이도록 칠판에 부착해 둔다.	• 칠판 앞에 의자를 가지고 와서 착석하고 집중할 수 있도록 한다.

절차

• 단계 1: 퀴즈 방법 설명하기

① 한 아동이 카드를 골라 몸짓으로 표현한다.

② 다른 아동들은 몸짓을 보고 단어를 맞히며 맞히게 되면 문제를 낸 아동과 맞힌 아동이 스마일 스티커를 받게 된다.

• 단계 2: 몸짓으로 표현하기

예 태풍

호명된 아동은 앞으로 나온다. 카드를 뒤집어서 자신만 확인한다.

몸짓으로 표현한다. 바람 부는 소리, 팔을 휘젓는다. 이리저리 돌아다닌다.

보고 있던 아동이 "바람!", "공기!"라고 말한다.

교사는 약간의 부연 설명으로 맞힐 수 있는 분위기를 만들어 준다.

"바람도 세게 부는 거네."/"이쪽저쪽에서 바람이 불고 비도 오는 것 같은데." 등

• 단계 3: 점수 매기기

① 스티커를 세어 보고 가장 많은 스티커를 받은 아동을 칭찬해 준다.

② 다른 아동들에게도 가장 잘 표현한 것, 또는 정답을 맞혔던 것을 다시 말해 주고 칭찬해 준다.

③ 진행과정 중에 고의적으로 틀린 답을 말하거나 진행에 방해가 될 정도로 웃거나 또는 정답을 공개해 버리거나 하는 아동의 스티커를 떼어 내어 다른 아동에게 붙여 준다.

아동들의 반응	평가
• 지난주에 몸짓으로 표현했던 여러 가지 것들을 기억해 보도록 하자 능숙하게 기억하고 몸짓으로 나타내어 보기도 하였다. 아동에 따라서 표현을 적절하게 하여 친구들이 맞힐 수 있도록 제시를 잘 해 주었다. 정답을 읽어버리거나 친구들이 볼 수 있도록 공개하기도 하여 진행을 잘하지 못하는 아동도 있었다. 재미있는 표현이 있으면 서로 웃고 역할을 바꾸어서 해 보았다.	• 문제를 선택하고 자신이 결정한 사항에 대해 끝까지 표현하도록 하는 가운데 의사소통의 새로운 방법을 배울 수 있었다. 언어로 표현할 때와 몸짓으로 표현할 때의 차이점, 어려운 점 등을 알 수 있었다.

<12월/제3주/수요일/2교시/우주의 세계/겨울>

활동 156

날짜	활동	내용
○○○○년 ○월 ○일	얘들아 모여 봐!	먹물로 자연을 표현해요

준비물	준비 조건
• 화선지/한국화 붓/먹물/벼루/먹/신문지/앞치마 등	• 책상 앞에 정돈하고 앉아 주의를 집중하도록 한다. • 각자 준비물을 꺼낸다.

절차

• 단계 1: 먹물로 그리는 방법과 재료의 이름, 그림의 주제에 대한 설명(주제는 자연, 우주)하기

예 "어디서 사왔어요?", "○○는 그림물감 붓을 가지고 왔네요.", "먹물로 그릴 때는 이렇게 생긴 붓으로 하는 거래요.", "오늘은 자연과 우주에 대해서 그릴 거예요.", "먹물이 튀지 않도록 조심해야 해요.", "이건 벼루고 이건 먹이에요.", "벼루에 물을 붓고 먹으로 갈아요."

• 단계 2: 시연 보여 주기

① 산, 강, 나무, 집, 배 등으로 이루어진 그림을 보여 준다.

② 화성, 별, 로켓, 해 등으로 이루어진 그림을 보여 준다.

• 단계 3: 아동들이 수행하기

① 주제와 연관되어 무엇을 그릴지 생각해 보고 그려 나간다.

② 아동이 원할 때에 화선지를 바꾸어 새로 그리도록 한다.

• 단계 4: 건조 및 감상하기

① 자신이 그린 그림에 대해 이야기한다.

예 "무엇을 그렸는가?", "먹물로 그려 보니 어떤 느낌이 드는가?", "물감하고 무엇이 다른가?", "친구의 그림을 보고 칭찬해 주자.", "무엇을 칭찬해 줄까?"

아동들의 반응	평가
• 재료에 대해 관심을 나타내고 흥미로워했다. 나무, 산, 강 등을 거침없이 그리고 만족스러워했다. 친구의 그림을 보며 "야! 너도 이거 그려!"라고 이야기하기도 하였고, 한 아동은 그림물감 붓으로 그리겠다고 여러 번 이야기하다가 고집을 버리고 붓으로 바꾸어 그렸다.	• 새로운 주제와 방법을 사용한 그림의 표현이 즐거움을 느끼게 해 주었다. 먹물의 굵고 진한 표현으로 만족감이 컸고, 보다 자연스럽고 적극적인 표현을 이끌 수 있었다.

<12월/제4주/월요일/1교시/우주의 세계/겨울>

활동 157

날짜	활동	내용
○○○○년 ○월 ○일	생각 놀이	한 해 동안 즐거웠던 일

준비물	준비 조건
• 한 해를 돌아보며 즐거웠던 경험에 관한 자료들(사진, 물건 등)	• 칠판 앞에 앉아 집중한다.

절차
• 단계 1: 현재의 시즌 인식하기 ① 한 해가 끝나가고 있음을 이야기한다. ② 올 한 해 동안 기억에 남고 즐거웠던 일들에 대해 생각해 보도록 기회를 준다. • 단계 2: 준비한 자료로 친구들에게 소개하기 ① 각자 준비한 자료를 보여 주며 한 해 동안 즐거웠던 일들을 소개한다. ② 친구가 발표하는 내용을 경청한다. ③ 친구의 발표에 대해 피드백을 보인다. -질문을 하거나 관심을 표현하는 말을 한다. • 단계 3: 한 해를 정리하고 다음 한 해를 생각하기 ① 교사와 함께 초록반에서 즐거웠던 공동의 일화들을 정리해 본다. ② 내년의 포부 등을 이야기해 본다.

아동들의 반응	평가
• 한 해 동안 즐거웠던 일을 회상하며 아동들도 즐거워하였다. 특히, 관련된 사진이나 자료를 보며 더 생생한 회상을 할 수 있었고 함께 즐거워하는 시간이 되었다. • 12월이 한 해를 마무리하고 새로운 한 해를 준비하는 시기임을 인식하는 새로운 시간이 되었다. • 한 해를 미리 전망해 보며 즐거워하였다.	• 한 해를 돌아보는 꼭 필요한 시간이었고, 아동들에게도 의미 있는 시간이었다. • 회상할 만한 자료가 있어 풍성한 시간이 되었다.

<12월/제4주/월요일/2교시/우주의 세계/겨울>

활동 158

날짜	활동	내용
○○○○년 ○월 ○일	얘들아 모여 봐!	친구에게 선물을……

준비물	준비 조건
• 친구에게 줄 선물 1가지	• 친구와 선물을 나누며 우정을 표현하는 종업식을 가진다.

절차
• 단계 1: 선물 교환하기 ① 준비한 선물을 꺼낸다. ② 눈을 감고 친구들의 이름이 적힌 쪽지 중에서 하나를 선택한다. ③ 친구에게 선물을 준다. • 단계 2: 종업식 ① 한 해 동안 초록반 수업을 하면서 느낀 점을 나눈다. ② 친구에게 하고 싶은 말을 돌아가며 한다. ③ 교사에게 하고 싶은 말을 나눈다. ④ 교사도 친구들에게 격려의 인사를 나눈다.

아동들의 반응	평가
• 선물을 주고 싶어 하는 아동이 1명으로 몰릴까 봐 투표를 통해 결정하게 되어 의견 차이가 없었다. • 선물을 준비하고 받으며 서로에게 즐거움이 되었다. • 종업식이라는 것을 생소해하였으며 별로 실감이 나지 않는 듯한 반응이었다.	• 친구들과 교사와 수업을 마무리하는 공식적인 시간을 갖는 좋은 시간이 되었다. • 정성껏 준비한 선물을 나누며 친구들과의 우정을 나누는 시간이 되었다.

<12월/제4주/수요일/1교시/우주의 세계/겨울>

활동 159

날짜	활동	내용
○○○○년 ○월 ○일	생각 놀이	산타캠프[5]

준비물	준비 조건
• 캠프 장비, 리조트 그림, 가스레인지, 밥솥, '음식을 함께 해 먹어요, 함께 잠자요' 사진 • 캠프에 참석한 친척, 친구 가족사진	• 리조트 거실 앞에 앉아 집중한다.

절차

• 단계 1: 캠프에 대하여 말하기

① 캠프에 도착했다고 말한다.

② 캠프의 이름을 산타캠프라고 한다.

③ 참가한 친척이나 친구 가족에 대하여 말한다.

④ 사진을 사용하여 이름을 익힌다.

⑤ 다른 캠프와 다른 점을 말한다(산타, 선물, 눈썰매, 콘도, 조리기구, 이불 등).

• 단계 2: 친구들에게 준비한 자료로 캠프 소개하기

① 각자 준비한 캠프 물품을 사용하여 예상되는 프로그램을 말한다.

② 친구가 발표하는 내용을 경청한다.

– 산타할아버지가 선물을 주는 과정, 크리스마스트리 장식, 선물 풀어 보기, 눈썰매 타기, 스키 타기 같은 특별한 활동에 대하여 설명하도록 한다.

– 화려한 장식, 조명을 경험했다고 말하게 한다.

③ 친구의 발표에 대해 피드백을 보인다.

– 질문을 하거나 관심을 표현하는 말을 한다.

• 단계 3: 실제 산타캠프를 가정하고, 시연하기

① 교사와 함께 산타캠프를 가정하여, 짐 꾸리기, 캠프 장비, 선물 포장하기 등의 활동을 마임을 통해 연상하게 한다.

② 캠프에 참가한 후 활동 사진을 찾아 트리에 꾸민다.

아동들의 반응	평가
• 캠프를 기대하고, 요란하게 생각을 말했다. • 언어발달이 어려운 자폐아동도 분위기에 휩싸여 고조된 감정을 보였다. • '나도! 나도!' 하면서 마임을 하고자 하였다. • 캠프 장비(배낭, 옷, 버너 등)에 관심을 가졌다.	• 다양한 캠프에 대하여 자극을 줄 필요가 있다는 것을 깨달았다. • 시연을 위해 실제 답사를 하고, 사진을 준비할 필요성을 느꼈다. • 분위기에 따라 어려운 학습도 얼마든지 도울 수 있음을 알았다.

5) 실제로 산타캠프를 실시한 내용이다. 한화리조트에서 소집단 아동과 형제, 엄마, 아빠, 가족, 친척, 이웃 등이 떠들썩하게 참여하여, 눈썰매를 타고, 밤에 모여 크리스마스트리를 꾸미고, 선물 교환하는 프로그램을 병행하였다.

<12월/제4주/수요일/2교시/우주의 세계/겨울>

활동 160

날짜	활동	내용
○○○○년 ○월 ○일	얘들아 모여 봐!	엄마 사랑해요

준비물	준비 조건
• 편지지, 편지봉투, 스케치북, 크레파스	• 상과 식탁에 편안하게 앉고, 도우미는 아동 뒤에 앉는다.

절차

• 단계 1: 엄마에게 하고 싶은 말 쓰기
  ① 준비한 종이, 카드, 스케치북에 엄마에게 하고 싶은 말을 쓴다.
  ② 도움이 필요한 아동의 경우 미리 윤곽선으로 시각적 단서를 마련해 온다.
  ③ 도우미의 도움을 받아 "엄마 사랑해요"라고 쓴다.
  ④ 왜냐하면 엄마가 예뻐해 주셔서, 맛있는 음식을 주셔서, 여행을 함께 해 주셔서 등의 이유를 말하게 하여 긴 문장을 사용하도록 촉진한다.

• 단계 2: 엄마에게 "사랑해요"라고 말하며, 마음 전하기
  ① 편지, 카드를 엄마에게 드린다.
  ② 편지, 카드를 읽는다.
  ③ 엄마를 안아드린다.
  ④ 기쁨을 나눈다.
  ⑤ "엄마도 사랑해"라고 엄마에게 말하게 한다.

• 단계 3: 편지나 카드를 실제 우체통에 붙이고 오랫동안 기억하기
  ① 우체통에 붙인다.
  ② 주소, 전화번호, 받는 사람(엄마), 보내는 사람(아동) 등 편지의 요소를 갖춘다.
  ③ 그림이나 카드도 봉투에 넣는다.
  ④ 집에서 편지를 받는 경험을 하도록 하고, 앨범에 보관한다.
  ⑤ 캠프 사진과 함께 보관하게 하고, 자주 꺼내 보도록 하여 경험한 내용을 반복하여 말하게 한다.

아동들의 반응	평가
• 아동들이 흥분을 감추지 못했다. 시끌벅적한 분위기를 좋아하였고, 편지 쓰기, 카드 쓰기 과정을 즐겼다. 엄마에게 편지를 읽어 주고, 안아 주는 과정에 기뻐하였다. 엄마가 눈물을 흘리면서 감동해할 때 눈물을 닦아 주기도 하였다. • 편지를 집으로 보낼 것이라는 말에 "정말요? 집으로 와요?"라고 묻는 아동도 있었다. 언어발달이 어려운 아동의 경우에도 친구 말을 모방하면서 좋아하였다.	• 상호작용이 필요한 장면을 자주 만들어야 할 듯하다. 가족, 친척, 이웃과 있을 때 사뭇 다른 아동들의 모습이 보인다. 캠프나 여행 분위기는 아동과 가족의 정서를 이완시킬 수 있다. 마음을 느낌 있게 표현하는 기술을 훈련하는 것이 중요하다. • 장기 기억활동에 좋은 프로그램이다. 실제 참여한 내용을 바탕으로 즐기도록 유도해야 한다.

자폐장애 조기개입

Yes!

부록

자폐스펙트럼장애(DSM-5) 진단기준*

* Reprinted with permission from the Diagnosis and Statistical of Manual of Mental Disorders, Fifth Edition, (Copyright 2013). American Psychiatric Association.
한국어판: DSM-5 정신질환의 진단 및 통계편람(제5판), (주)학지사, 2015.

진단기준 **299.00(F84.0)**

A. 다양한 분야에 걸쳐 나타나는 사회적 의사소통 및 사회적 상호작용의 지속적인 결함으로 현재 또는 과거력상 다음과 같은 특징으로 나타난다(예시들은 실례이며 증상을 총망라한 것이 아님. 본문을 참조하시오).

1. 사회적–감정적 상호성의 결함(예: 비정상적인 사회적 접근과 정상적인 대화의 실패, 흥미나 감정공유의 감소, 사회적 상호작용의 시작 및 반응의 실패)
2. 사회적 상호작용을 위한 비언어적인 의사소통 행동의 결함(예: 언어적・비언어적 의사소통의 불완전한 통합, 비정상적인 눈맞춤과 몸짓 언어, 몸짓의 이해와 사용의 결함, 얼굴 표정과 비언어적 의사소통의 전반적 결핍)
3. 관계 발전, 유지 및 관계에 대한 이해의 결함(예: 다양한 사회적 상황에 적합한 적응적 행동의 어려움, 상상 놀이를 공유하거나 친구 사귀기가 어려움, 동료들에 대한 관심 결여)

현재의 심각도를 명시할 것:
심각도는 사회적 의사소통 손상과 제한적이고 반복적인 행동 양상에 기초하여 평가한다(〈표 2〉를 참조하시오).

B. 제한적이고 반복적인 행동이나 흥미, 활동이 현재 또는 과거력상 다음 항목들 가운데 적어도 두 가지 이상 나타난다(예시들은 실례이며 증상을 총망라하는 것이 아님. 본문을 참조하시오).

1. 상동적이거나 반복적인 운동성 동작, 물건 사용 또는 말하기(예: 단순 운동상동증, 장난감 정렬하기, 또는 물체 튕기기, 반향어, 특이한 문구 사용)
2. 동일성에 대한 고집, 일상적인 것에 대한 융통성 없는 집착, 또는 의례적인 인사, 같은 길로만 다니기, 매일 같은 음식 먹기)
3. 강도나 초점에 있어서 비정상적으로 극도로 제한되고 고정된 흥미(예: 특이한 물체에 대한 강한 애착 또는 집착, 과도하게 국한되거나 고집스러운 흥미)
4. 감각 정보에 대한 과잉 또는 과소 반응, 또는 환경의 감각영역에 대한 특이한 관심(예: 통증/온도에 대한 명백한 무관심, 특정 소리나 감촉에 대한 부정적 반응, 과도한 냄새 맡기 또는 물체만지기, 빛이나 움직임에 대한 시각적 매료)

진단기준	299.00(F84.0)

현재의 심각도를 명시할 것:
심각도는 사회적 의사소통 손상과 반복적인 행동 양상에 기초하여 평가한다(〈표 2〉를 참조하시오).

C. 증상은 반드시 초기 발달 시기부터 나타나야 한다(그러나 사회적 요구가 개인의 제한된 능력을 넘어서기 전까지는 증상이 완전히 나타나지 않을 수 있고, 나중에는 학습된 전략에 의해 증상이 감춰질 수 있다).

D. 이러한 증상은 지적 장애(지적 발달장애) 또는 전반적 발달지연으로 더 잘 설명되지 않는다. 지적 장애와 자폐스펙트럼장애는 자주 동반된다. 자폐스펙트럼장애와 지적 장애를 함께 진단하기 위해서는 사회적 의사소통이 전반적인 발달수준에 기대되는 것보다 저하되어야 한다.

주의점: DSM-5의 진단기준상 자폐성장애, 아스퍼거장애 또는 달리 분류되지 않는 광범위성 발달장애로 진단된 경우에서는 자폐스펙트럼장애의 진단이 내려져야 한다. 사회적 의사소통에 뚜렷한 결함이 있으나 자폐스펙트럼장애의 다른 진단 항목을 만족하지 않는 경우에는 사회적(실용적) 의사소통장애로 평가해야 한다.

다음의 경우 명시할 것:
지적 손상을 동반하는 경우 또는 동반하지 않는 경우
언어 손상을 동반하는 경우 또는 동반하지 않는 경우
알려진 의학적 · 유전적 상태 또는 환경적 요인과 연관된 경우

(**부호화 시 주의점:** 관련된 의학적 또는 유전적 상태를 식별하기 위해 추가적인 부호를 사용하시오)

다른 신경발달, 정신 또는 행동장애와 연관된 경우
(**부호화 시 주의점:** 관련된 신경발달, 정신 또는 행동장애를 식별하기 위해 추가적인 부호를 사용하시오)

긴장증 동반(정의에 대해서는 다른 정신질환과 관련이 있는 긴장증의 기준을 참조하시오)(**부호화 시 주의점:** 공존 긴장증이 있는 경우에는 자폐스펙트럼장애와 관련이 있는 긴장증에 대한 추가적인 부호 293.89[F06.1]을 사용할 것)

〈표 2〉 자폐스펙트럼장애의 심각도 수준

심각도 수준	사회적 의사소통	제한적이고 반복적인 행동
3단계–'상당히 많은 지원을 필요로 하는 수준'	언어적 · 비언어적 사회적 의서소통 기술에 심각한 결함이 있고, 이로 인해 심각한 기능상의 손상이 야기된다. 사회적 상호작용을 맺는 데 극도로 제한적이며, 사회적 접근에 대해 최소한의 반응을 보인다. 예를 들어, 이해할 수 있는 말이 극소수의 단어뿐인 사람으로서, 좀처럼 상호작용을 시작하지 않으며, 만일 상호작용을 하더라도 오직 필요를 충족하기 위해 이상한 방식으로 접근을 하며, 매우 직접적인 사회적 접근에만 반응한다.	융통성 없는 행동, 변화에 대처하는 데 극심한 어려움, 다른 제한적이고 반복적인 행동이 모든 분야에서 기능을 하는 데 뚜렷한 방해를 한다. 집중 또는 행동 변화에 극심한 고통과 어려움이 있다.
2단계–'많은 지원을 필요로 하는 수준'	언어적 · 비언어적 사회적 의사소통 기술의 뚜렷한 결함, 지원을 해도 명백한 사회적 손상이 있으며, 사회적 의사소통의 시작이 제한되어 있고, 사회적 접근에 대해 감소된 혹은 비정상적인 반응을 보인다. 예를 들어, 단순한 문장 정도만 말할 수 있는 사람으로서, 상호작용이 편협한 특정 관심사에만 제한되어 있고, 기이한 비언어적 의사소통이 뚜렷하게 나타난다.	융통성 없는 행동, 변화에 대처하는 데 극심한 어려움, 다른 제한적이고 반복적인 행동이 우연히 관찰한 사람도 알 수 있을 정도로 자주 나타나며, 다양한 분야의 기능을 방해한다. 집중 또는 행동 변화에 고통과 어려움이 있다.
1단계–'지원이 필요한 수준'	자원이 없을 때에는 사회적 의사소통의 결함이 분명한 손상을 야기한다. 사회적 상호작용을 시작하는 데 어려움이 있으며, 사회적 접근에 대한 비전형적인 반응이나 성공적이지 않은 반응을 보인다. 사회적 상호작용에 대한 흥미가 감소된 것처럼 보일 수 있다. 예를 들어, 완전한 문장을 말할 수 있는 사람으로서 의사소통에 참여하지만, 다른 사람들과 대화를 주고받는 데에는 실패할 수 있으며, 친구를 만들기 위한 시도는 괴상하고 대개 실패한다.	융통성 없는 행동이 한 가지 또는 그 이상의 분야의 기능을 확연히 방해한다. 활동 전환이 어렵다. 조직력과 계획력의 문제는 독립을 방해한다.

기록절차(Recording Process)

알려진 의학적, 유전적 상태나 환경적 요인과 연관이 있는 자폐스펙트럼장애 또는 다른 신경발달장애나 정신질환 또는 행동장애와 연관이 있는 자폐스펙트럼장애인 경우에는 특정 상태나 장애 또는 요인과 연관된 자폐스펙트럼장애라고 기록한다(예: 레트증후군과 연관된 자폐스펙트럼장애), 심각도는 〈표 2〉에 나온 두 가지의 정신병리 영역에 각각 필요한 지원 등급에 따라 기록해야 한다(예: '사회적 의사소통 결함에 대해 매우 상당한 지원을 필요로 하며, 제한적이고 반복적인 행동에 대해 상당한 지원을 필요로 하는 정도'). '지적 손상을 동반하는 경우' 또는 '지적 손상을 동반하지 않는 경우'에 대한 세부 진단은 그다음에 기록해야 한다. 그 뒤에 언어 손상에 대한 세부 진단을 기록한다(예: '언어 손상을 동반하는 경우-이해 가능한 말하기의 부재' 또는 '언어 손상을 동반하는 경우-문구 말하기'). 만약 긴장증이 존재할 경우, '자폐스펙트럼장애와 연관된 긴장증'이라고 따로 기록해야 한다.

명시자(Specifiers)

심각도에 대한 명시자(〈표 2〉를 참조하시오)는 현재의 증후군(1단계 이하의 수준일 수 있음)을 간결하게 기술하기 위해 사용될 수 있으며, 이는 심각도가 상황에 따라 달라질 수 있고 시간에 따라서 변동된다는 것을 인식하게 해 준다. 사회적 의사소통의 어려움과 제한적이고 반복된 행동에 대해 심각도는 분리되어 평가되어야 한다. 심각도의 범주는 서비스에 대한 적합성이나 서비스 공급을 결정하기 위해 사용되어서는 안 된다. 심각도는 오직 개인적 수준, 우선순위와 목표에 대한 논의를 통해 개발되어야 한다.

'지적 손상을 동반하는 경우 또는 동반하지 않는 경우'라는 명시자에 대해 살펴보면, 자폐스펙트럼장애 아동이나 성인의 지적인 측면(보통 균일하지 않음)을 이해하는 것은 진단적 특징을 해석하는 데 있어 필수적이다. 언어적 기술과 비언어적 기술에 대한 분리된 평가가 필수적이다(예: 제한된 언어를 보이는 개인의 잠재능력을 측정하기 위해 시간제한이 없는 비언어적 검사시행).

'언어 손상을 동반하는 경우 또는 동반하지 않는 경우'에 대한 명시자를 사용하기 위해서는 언어 기능의 현 수준에 대한 평가 및 기술이 이루어져야 한다. '언어 손상을 동반하는 경우'에 대한 명시의 기술의 예로는 알아들을 수 없는 말(비언어적), 한 단어 수준, 또는 문구 말하기가 포함된다. '언어 손상을 동반하지 않는 경우'에서 개인의 언어수준은 완전한 문장을 구사할 수 있는 경우나 유창한 언어를 구사하는 경우라고 추가적으로 기술할 수 있다. 자폐스펙트럼장애에서 수용성 언어는 표현성 언어의 발달에 비해 뒤쳐질 수 있기 때문에, 수용성 언어기술과 표현성 언어기술은 반드시 분리해야 한다.

'알려진 의학적 또는 유전적 상태 또는 환경적 요인과 연관된 경우'라는 명시자는 알려진 유전 장애(예: 레트증후군, 취약 X증후군, 다운증후군), 의학적 장애(예: 뇌전증) 또는 환경적 노출의 과거력(예: 발프로에이트, 태아알코올 증후군, 극소 저체중 출생)이 있는 경우에 사용할 수 있다.

추가적인 신경발달, 정신 또는 행동적 상태에 대해서도 언급해야 한다(예: ADHD, 발달성 협응장애, 파괴적 행동, 충동조절 또는 품행장애, 불안장애, 우울 또는 양극성장애, 틱장애 또는 뚜렛장애, 자해, 섭식장애, 배설장애 또는 수면장애).

진단적 특징(Diagnostic Feature)

자폐스펙트럼장애의 필수적인 특징은 상호 간의 사회적 의사소통과 사회적 상호작용의 지속적인 손상(진단기준 A), 제한적이고 반복적인 양식의 행동, 관심 분야 또는 활동이다(진단기준 B). 이러한 증상들은 아동기 초기부터 나타나며 일상의 기능에 있어 제한이나 손상을 일으킨다(진단기준 C, D). 기능적 손상이 명확히 나타나는 시기는 개인의 특징과 개인이 처한 환경에 따라 다르다. 핵심적인 진단적 특징은 발달시기에 분명히 나타나지만, 개입, 보상, 현재의 지원을 통해 적어도 몇 가지 방면에서는 문제를 감출 수 있다. 장애의 발현 역시 자폐상태의 심각도, 발달 단계, 연령에 따라 매우 달라서 스펙트럼이라는 용어를 사용한다. 자폐스펙트럼장애는 과거에 조기 유아자폐증, 아동기 자폐, 캐너 자폐(Kanner's autism), 고기능 자폐, 비전형적 자폐, 달리 분류되지 않는 전반적 발달장애, 아동기 붕괴성장애, 아스퍼거장애로 불렀던 장애들을 아우르는 진단이다.

진단기준 A에 명시된 의사소통과 사회적 상호작용의 손상은 광범위하고 지속적이다. 진단은 임상의 관찰, 보호자의 과거 정보 그리고 가능하다면 자기보고 등의 다양한 출처의 자료가 기반이 되었을 때 가장 타당하고 신뢰할 수 있다. 사회적 의사소통에서 언어적, 비언어적 결함은 치료 경력 및 현재의 지원과 같은 요인뿐 아니라 개인의 연령, 지적 수준, 언어능력과 같은 여러 요인에 따라 다양하게 나타난다. 많은 경우에서 언어결함을 가지고 있으며, 그 범위는 말을 전혀 못하는 경우에서부터 언어 지연, 말에 대한 이해력 부족, 반향언어, 또는 부자연스럽고 지나치게 문자 그대로인 언어에 이르고 있다. 형식적 언어기술(예: 어휘, 문법)이 손상되지 않았다고 하더라도 상호적인 사회적 의사소통에서 사용하는 언어는 손상되어 있다.

사회적-감정적 상호성(즉, 타인과 관계를 맺고 생각과 감정을 공유하는 능력)의 결핍은 이 장애가 있는 어린 아동에서부터 분명하게 드러난다. 이들은 사회적 상호작용을 거의 또는 전혀 시작하지 않으며, 감정을 공유하지 않고, 타인의 행동을 모방하는 행동도 저하되어 있거나 나타나지 않는다. 이들의 언어는 대개 일방적이며, 사회적 상호성이 결여되어 있고, 견해를 밝히거나 감정을 공유하거나 대화를 나누기보다는 요구를 하는 용도로 사용된다. 지적 손상이나 언어 지연이 없는 성인의 경우, 사회적-감정적 상호성의 결함은 복잡한 사회적 신호(예: 대화에 언제 참여할지, 무엇을 말해서는 안 되는지)를 처리하고 반응하는 문제에서 극명하게 나타난다. 사회적 도전에 대한 보상 전략이 발달한 일부 성인의 경우에도 새로운 상황이나 지원이 없는 상황에서는 어려움을 겪고, 무엇이 사람들의 사회적인 직관인지 의식하며 계산해야 하는 노력과 불안으로 인해 고통을 받는다.

사회적 상호작용을 위한 비언어적 의사소통 행동의 결함은 눈 마주침이 없거나 적고 이상하며(문화규범에 관련된), 몸짓, 얼굴표정, 신체정위, 말하는 억양의 특이함으로 나타난다. 자폐스펙트럼장애의 초기 양상은 합동주시의 손상으로, 타인과 관심사를 공유하기 위해 물건을 가리키거나 보여 주고 가져오는 행동, 또는 다른 사람이 손가락으로 가리키거나 바라보고 있는 것을 함께 바라보는 행동이 나타나지 않는다. 몇 가지의 기능적 몸짓을 학습할 수는 있으나 레퍼토리가 적고, 의사소통을 하는 데 있어서 표현적 몸짓을 자발적으로 사용하지 못한다. 유창한 언어를 구사하는 성인 중에는 말과 함께 조화로운 비언어적 의사소통을 사용하는 데 어려움이 있어서 이상하고 경직되거나 과장된 '몸짓 언어'를 사용한다는 인상을 주는 경우도 있다. 손상은 개인적 방식에 따라 상대적으로 미묘하게 나타날 수 있으나(예: 어떤 사람은 말할 때 상대적으로 원활한 눈 마주침을 보일 수 있다), 사회적 의사소통을 위해 눈 마주침, 몸짓, 자세, 운율, 표정 등을 통합하는 능력은 매우 빈약하다.

관계를 발전, 지속시키고 이해하는 능력의 결함은 연령과 성별, 문화적 기준에 근거하여 평가해야 한다. 사회적 흥미가 부재, 감소되어 있거나 비전형적인 양상으로 나타날 수 있으며, 타인에 대한 거부, 수동성 그리고 공격적이거나 피괴적으로 보일 수 있는 부적절한 접근을 보일 수 있다. 이러한 어려움은 특히 어린 아동에서 분명히 나타나는데, 이들은 종종 사회적 놀이나 모방(예: 연령에 적합한 유연한 가상 놀이) 공유가 결여되어 있으며, 이후에는 매우 고정된 규칙을 따르는 놀이만 고집한다. 성인의 경우에는 어떠한 행동이 한 가지 상황에서는 적절하지만 다른 상황에서는 그렇지 않다는 것을 이해하는 데 어려움을 겪거나(예: 구직 면접 시 격식 없는 행동), 의사소통을 위해 언어를 다른 방식으로 사용하는 곳(예: 역설, 악의 없는 거짓말)을 이해하는 데도 어려움을 겪을 수 있다. 혼자 하는 활동이나 자신보다 연령이 어리거나 더 많은 사람들과의 교류를 선호한다. 우정이 무엇을 수반하는지에 대한 완전한 또는 현실적인 생각이 없음에도 우정을 쌓고자 하는 욕구를 보이는 경우가 빈번하다(예: 일방적 우정 또는 오로지 특별한 관심사만 공유하는 우정). 형제, 동료, 보호자와의 관계 또한 (상호성의 측면에서) 중요하게 고려해야 한다.

또한 자폐스펙트럼장애는 제한적이고 반복적인 양식의 행동, 흥미 또는 활동으로 정의되는데(진단기준 B), 연령과 능력, 개입, 그리고 현재의 지원에 따라 다양한 정도로 나타난다. 상동적이거나 반복적인 행동에는 단순운동 상동증(예: 손 퍼덕거리기, 손가락 끝으로 가볍게 튕기기), 물체의 반복적 사용(예: 동전 돌리기, 장난감 나열하기), 그리고 반복적인 언어(예: 반향어, 들었던 말을 즉각 또는 뒤늦게 앵무새처럼 따라 하기, 자신에 대해 '너'라고 칭하기, 단어, 문구 또는 운율의 상동적 사용) 등이 포함된다. 일상에 대한 과도한 고수와 제한적인 행동 양식은 변화에 대한 저항(예: 좋아하는 음식의 포장 변화와 같은 사소한 변화와 같은 고통, 규칙에 대한 고수를 강조함, 경직된 사고)이나 의례적인 방식의 언어적 · 비언어적 행동(예: 반복적인 질문, 주변을 서성임)으로 나타날 수 있다. 자폐스펙트럼장애의 고도로 제한적이고 고정된 흥미는 그 강도나 초점이 비정상적으로 나타나는 경향이 있다(예: 냄비에 강한 애착을 보이는 유아, 진공청소기에 몰입된 아동, 시간표를 작성하는 데 많은 시간을 보내는 성인). 강한 흥미와 통상적인 방법의 고수는 과반응성 또는 저반응성 감각 입력과 연관이 있으며, 이는 특정 소리나 질감에 대한 과도한 반응, 과도하게 물건의 냄새를 맡거나 만지기, 빛이나 회전하는 물체에 대한 매료, 때로는 통증, 열감 또는 한랭에 대한 명백한 무관심으로 나타난다. 미각, 후각, 촉각 또는 음식의 외형에 대한 과도한 반응이나 의례적 행동 또는 과도한 편식이 흔하며, 이는 자폐스펙트럼장애를 나타내는 특징일 수 있다.

자폐스펙트럼장애가 있는 많은 성인 중 지적 손상이나 언어 손상이 동반되지 않은 경우에는 대중들 앞에서 반복적인 행동을 억제하는 법을 배운다. 특별한 흥미는 즐거움이나 동기부여의 원천이 될 수 있고, 교육을 받거나 고용될 수 있는 방안을 제시해 준다. 비록 현시점에서는 더 이상 증상이 나타나지 않는다 하더라도 아동기 혹은 과거의 일부 시기 동안 반복적인 양식의 행동, 흥미 또는 활동이 나타났다면 진단기준에 부합할 수 있다.

진단기준 D는 임상적으로 뚜렷한 사회적-직업적 또는 현재 다른 중요한 기능영역의 손상을 야기할 것을 요구하고 있다. 진단기준 E에서는 사회적 의사소통의 결함을 명시하고 있는데, 종종 지적 장애(지적 발달장애)와 동반된다고 하더라도 사회적 의사소통의 결함이 발달 단계를 기반으로 예상보다 훨씬 어려움이 커야 한다.

보호자의 면담, 설문지, 임상의의 관찰평가, 타당성이 우수한 표준화된 행동진단 도구를 사용할 수 있으며, 이를 통해 시간의 흐름과 임상의들 간에 진단적 신뢰도를 개선시킬 수 있다.

진단을 뒷받침하는 부수적 특징(Associated Features Supporting Diagnosis)

자폐스펙트럼장애의 많은 경우에서 지적 손상 혹은 언어 손상 역시 가지고 있다(예: 대화에 느리게 반응, 언어표현에 비해 뒤떨어지는 언어이해력). 평균 혹은 높은 지능을 가진 경우에도 고르지 못한 능력을 보인다. 지적기능과 적응기능 기술 간의 차이는 대개 큰 편이다. 기이한 걸음걸이, 서투름, 기타 비정상적 운동징후(예: 까치발로 걷기)를 포함하는 운동결함도 자주 나타난다. 자해(예: 머리 박기, 손목 물기)가 나타날 수 있고, 파괴적/저항적 행동은 지적 장애와 같은 다른 장애에 비해 자폐스펙트럼장애의 아동, 청소년에서 좀 더 흔하다. 자폐스펙트럼장애 청소년이나 성인의 경우에는 불안해지고 우울해지기 쉽다. 일부의 경우에는 긴장성 유사운동(느리고 얼어붙은 것 같은 중간 동작)이 생기지만, 이는 일반적으로 긴장성 삽화의 수준은 아니다. 그러나 자폐스펙트럼장애 환자의 경우 운동 증상의 뚜렷한 악화를 경험하고, 함구증, 자세 취하기, 찡그리기, 납굴증과 같은 증상을 보이는 완전한 긴장성 삽화를 보이는 경우가 있을 수 있다. 긴장증이 동반될 수 있는 위험은 청소년기에 가장 높다.

유병률(Prevalence)

최근에 미국과 다른 나라에서 보고된 자폐스펙트럼장애의 빈도는 인구의 1%에 달하며, 이는 아동이나 성인 표본에서 비슷하게 측정된다. 이런 높은 비율이 역치하 사례들을 포함하는 DSM-IV 진단기준의 확장, 증가된 인식, 연구방법의 차이를 반영하는지, 아니면 실제로 자폐스펙트럼장애의 빈도 증가를 반영하는지는 불분명하다.

발달과 경과(Development and Course)

자폐스펙트럼장애의 발병 연령이나 양상에도 주목해야 한다. 증상은 보통 생후 2년 내에 인식되나(생후 12~24개월), 만약 발달지연이 심각하다면 생후 12개월 이전에, 증상이 미묘한 경우에는 24개월 이후에 인식될 수도 있다. 발병 양상에 대한 내용에는 초기 발달지연에 대한 정보나 사회적·언어적 기술의 소실 등이 포함될 수 있다. 만약 기술이 소실된 경우에는, 부모 혹은 보호자가 사회적 행동이나 언어기술이 점진적 또는 상대적으로 급격하게 약화되었는지에 대한 정보를 제공할 수 있다. 일반적으로 이러한 양상은 생후 12개월에서 24개월 사이에 나타나며, 최소 2년가량 정상적 발달 후에도 드물게 나타나는 발달적 퇴행(과거에 아동기 붕괴성 장애로 기술되었음)과는 구별된다.

자폐스펙트럼장애의 행동적 특징은 아동기 초기에 처음으로 명확해지며, 일부의 경우에는 생후 첫해에 사회적 상호작용에 대한 흥미 결핍으로 나타난다. 자폐스펙트럼장애가 있는 일부 아동은 발달 정체 또는 퇴행을 경험하는데, 사회적 행동이나 언어 사용의 점진적 또는 상대적인 급격한 악화가 동반되며, 이는 대개 생해 첫 2년 동안 나타난다. 이러한 소실은 다른 장애에서는 드물게 나타나므로 자폐스펙트럼장애에 대한 유용한 '위험 신호'가 될 수 있다. 사회적 의사소통을 벗어나는 기술의 소실(예: 자기관리, 용변 가리기, 운동기술의 소실)이 있거나 2세 이후에 발병한 경우(이 장애의 감별진단에 있는 '레트증후군'을 참조하시오)에는 드물고 광범위한 의학적 조사가 필요하다.

자폐스펙트럼장애의 첫 번째 증상으로는 언어발달의 지연이 흔히 나타나며, 종종 사회적 관심의 결핍이나 특이한 사회적 상호작용(예: 사람들을 쳐다보려는 시도를 하지 않은 채 손으로 잡아당기는 것), 이상한 놀이 방식(예: 장난감을 가지고 다니지만 가지고 놀지는 않음), 특이한 의사소통 방식(예: 알파벳을 알고 있지만 자기이름에 반응하지는 않음)이 동반된다. 청력 소실을 의심해 볼 수 있으나 대개의 경우에는 배제된다. 생후 2년 동안 이상하고 반복적인 행동과 전형적인 놀이 행동의 부재가 더욱 분명해진다. 일반적인 발달 경과를 보이는 많은 수의 아동이 특정한 선호가 강하고 반복을 즐기기 때문에(예: 같은 음식을 먹기, 같은 비디오를 여러 번 반복해서 보기), 학령전기 아동에서 자폐스펙트럼장애의 진단과 연관된 제한적이고 반복적인 행동을 구별하는 것은 어려울 수 있다. 임상적인 구분은 행동의 유형, 빈도와 강도를 기준으로 한다(예: 매일 수 시간에 걸쳐 물건을 줄 세우고 하나라도 흐트러지면 고통스러워하는 아이).

자폐스펙트럼장애는 퇴행성 질환이 아니며, 삶을 살면서 계속 배우고 보완해야 하는 장애이다. 증상은 대개 아동기 초기와 초기 학령기에 가장 두드러지며, 아동기 후기에는 최소 몇 가지 영역에서 발달개선을 보인다(예: 사회적 상호작용에 대한 흥미 증가). 소수의 경우에는 청소년기에 행동적 퇴행을 보이는 반면, 대부분의 경우에는 행동의 호전을 보인다. 자폐스펙트럼장애가 있는 환자의 소수만이 성인기에 독립적인 생활과 직업활동이 가능하다. 이들은 우수한 언어능력과 지적 능력을 갖고 있는 경향이 있으며, 그들의 특별한 흥미와 기술에 적합한 일자리를 찾을 수 있다. 일반적으로 손상의 수준이 낮은 경우에는 독립적인 기능을 더 잘할 수 있다. 그러나 이러한 환자들도 사회적으로 순진하고 취약한 상태로 남을 수 있고, 도움 없이는 실제적인 요구를 조직화하는 데 어려움을 감추기 위해 보상 전략과 대응 기제를 사용하지만, 사회적으로 수용되는 모습을 유지하기 위한 노력과 스트레스로 인해 고통을 받는다. 자폐스펙트럼장애의 노년에 관해서는 거의 알려진 바가 없다.

일부 환자들은 성인기에 처음으로 진단받은 경우가 있는데, 이는 아마도 가족 중 아이가 자폐 진단을 받았거나, 직장이나 가정에서의 관계가 무너지면서 촉발되는 경우다. 이런 사례에서는 세부적인 발달력에 대한 정보를 얻는 것이 어려울 수 있으며 자가보고도 어려울 수 있음을 고려하는 것이 중요하다. 임상 관찰에서 진단기준에 부합하고, 아동기에 적절한 사회적 기술과 의사소통 기술이 있었다는 증거가 없다면, 자폐스펙트럼장애의 진단을 내릴 수 있다. 예를 들어, 아동기 동안 일상적이고 지속적인 상호적 교우관계가 있었고, 적절한 비언어적 의사소통 기술을 획득했다는 부모나 다른 친척의 보고가 있다면 자폐스펙트럼장애의 진단을 배제할 수 있다. 그러나 발달력에 대한 정보가 없는 경우에는 배제할 수 없다.

자폐스펙트럼장애를 정의하는 사회적 · 의사소통적 손상과 제한적이고 반복적인 행동의 발현은 발달 시기에 명확히 나타난다. 그 이후에는 현재의 지원과 더불어 개입, 보상을 통해 최소 몇 가지 맥락에서는 이러한 어려움을 감출 수 있다. 그러나 현재의 사회적 · 직업적, 또는 다른 중요한 기능상의 영역에 손상을 초래하는 증상은 충분히 남아 있다.

위험 및 예후인자(Risk and Prognostic Factors)

자폐스펙트럼장애 내에서 나타나는 결과 중 가장 잘 확립된 예후인자는 지적 장애와 언어 손상(예: 5세가 되었을 때 기능적 언어가 가능한 것은 좋은 예후의 징후이다). 그리고 추가적인 정신건강 문제의 동반 유무이다. 동반질환으로서 뇌전증은 지적 장애 및 언어능력 저하와 연관이 있다.

환경적 부모의 고령, 출생 시 저체중 또는 태아기의 발프로에이트 노출 등과 같은 다양한 비특이적 위험인자가 자폐스펙트럼장애의 위험원인이 된다.

유전적 · 생리적 쌍생아 일치율에 근거한 자폐스펙트럼장애의 유전성은 37%에서 90% 이상이다. 무려 15% 정도의 자폐스펙트럼장애가 이 장애와 연관된 특정 유전자의 복제수 변이나 돌연변이와 같은 유전적 변이와 연관되어 있다고 알려져 있다. 그러나 자폐스펙트럼장애가 유전적 변이와 연관이 있다고 하더라도, 완전한 침투율을 보이지는 않는다. 나머지 경우의 위험은 아마도 상대적으로 적은 영향을 미치는 수백 개의 유전자에 의한 다 유전성의 특징을 갖는 것으로 보인다.

문화와 관련된 진단적 쟁점(Culture-Related Diagnostic Issues)

사회적 상호작용, 비언어적 의사소통, 관계의 표준에 대한 문화적 차이는 존재하지만, 자폐스펙트럼장애 환자는 사회적 맥락에 기초한 표준에서 뚜렷한 손상을 보인다. 문화, 사회경제적 요인이 장애가 인지되거나 진단되는 연령에 영향을 미칠 수 있다. 예를 들어, 미국에서는 아프리카계 미국인 아동에서 자폐스펙트럼장애의 진단이 늦거나 적게 진단될 수 있다.

성별과 관련된 진단적 쟁점(Gender-Related Diagnostic Issues)

자폐스펙트럼장애는 여성에 비해 남성에서 네 배 이상 더 자주 진단된다. 임상표

본에 따르면, 여성에서는 지적 장애가 동반되기 쉬운 경향이 있으며, 이는 지적 손상이나 언어 지연이 동반되지 않은 여성의 경우에는 사회적 어려움과 의사소통 문제가 미묘하게 발현되기 때문에 자폐스펙트럼장애가 과소 인식될 수 있다는 것을 시사한다.

자폐스펙트럼장애의 기능적 결과(Functional Consequences of Autism Spectrum Disorder)

자폐스펙트럼장애가 있는 어린 아동의 경우 사회적, 의사소통 능력의 결핍은 학습, 특히 사회적 상호작용이나 또래들과 함께 하는 환경을 통해 학습하는 것을 방해할 수 있다. 가정에서는 감각 과민성뿐만 아니라 규칙적으로 하는 일과에 대한 고집과 변화에 대한 혐오가 식사나 수면을 방해할 수 있고, 정기적인 관리(예: 이발, 치아 관리)를 극도로 어렵게 만들 수 있다. 적응적 기술은 일반적으로 측정된 지능에 비해 낮은 수준이다. 계획, 조직화, 변화에 대한 대처능력의 어려움은 학업성취에 부정적인 영향을 끼치며, 이는 평균 이상의 지능을 가진 학생에게서도 나타날 수 있다. 성인기 동안에도 지속적으로 경직되어 있고 새로움에 적응하기 어렵기 때문에 독립하는 데 어려움을 겪을 수 있다.

자폐스펙트럼장애 환자 중, 심지어 지적 장애가 없는 경우에도 독립적인 생활과 돈벌이가 되는 직장생활과 같은 평가로 측정되는 성인의 정신사회적 기능은 좋지 못하다. 노년에서의 기능적 결과는 알려진 바가 없지만 사회적 고립과 의사소통의 문제(예: 도움 추구 행동의 감소)는 노년기의 건강에 영향을 끼칠 수 있다.

감별진단(Differential Diagnosis)

레트증후군 사회적 상호작용의 파탄이 레트증후군의 퇴행기(일반적으로 1~4세 사이)에 관찰될 수 있다. 따라서 이환된 상당수의 어린 여아에서 자폐스펙트럼장애의 진단기준을 충족하는 양상을 보일 수 있다. 그러나 이 시기가 지나면 대부분의 레트증후군 환자는 사회적 의사소통 기술을 향상시키며, 자폐적 특징들은 더 이상 주요 관심사가 되지 않는다. 따라서 자폐스펙트럼장애의 진단은 모든 진단기준에 부합했을 때에만 내리도록 고려해야 한다.

선택적 함구증 선택적 함구증은 전형적으로 초기 발달 시기에 장애를 보이지 않는다. 이환된 아동은 대개 특정 상황에서는 적절한 의사소통 기술을 보인다. 아동이 함구증을 보이는 상황에서도 사회적 상호성의 손상과 제한되거나 반복적인 행동 양상은 나타나지 않는다.

언어장애와 사회적(실용적) 의사소통장애 언어장애의 일부 형태에서 의사소통의 문제와 이차적인 사회적 어려움이 있을 수 있다. 그러나 특정 언어장애에서는 대개 비정상적인 비언어적 의사소통과는 연관이 없으며, 제한적이고 반복적인 행동, 관심, 활동 양상도 나타나지 않는다. 사회적 의사소통과 사회적 상호성에 손상을 보이지만 제한적이고 반복적인 행동이나 관심을 보이지 않을 때에는 자폐스펙트럼장애 대신 사회적(실용적) 의사소통장애의 진단을 대신할 수 있는데, 과거 또는 현재의 제한적이고 반복적인 행동에 대해 신중히 물어보아야 한다.

자폐스펙트럼장애를 동반하지 않는 지적 장애(지적 발달장애) 매우 어린 아동에서는 자폐스펙트럼장애를 동반하지 않는 지적 장애와 자폐스펙트럼장애를 구별하는 것이 어려울 수 있다. 언어나 상징적 기술이 발달하지 않은 지적 장애의 경우에는 반복적인 행동이 자주 나타나기 때문에 감별진단이 어렵다. 지적 장애가 있는 경우에 사회적 의사소통과 상호작용이 개인의 비언어적 기술(예: 미세 운동 기술, 비언어적 문제해결)의 발달수준에 비해 상당한 손상이 있을 때 자폐스펙트럼장애의 진단이 적절할 수 있다. 그와 반대로, 사회적 의사소통 기술과 다른 지적 기술 사이에 눈에 띄는 차이가 없을 때에는 지적 장애로 진단하는 것이 적절하다.

상동증적 운동장애 운동상동증은 자폐스펙트럼장애의 진단적 특징이므로, 반복적인 행동이 자폐스펙트럼장애로 잘 설명된다면 상동증적 운동장애 추가 진단은 내리지 않는다. 그러나 상동증이 자해를 야기하여 치료의 초점이 된다면 두 진단 모두 적절할 수 있다.

주의력결핍 과잉행동장애(ADHD) 주의력의 이상(과도하게 집중되거나 쉽게 산만해짐)은 자폐스펙트럼장애의 경우에 흔히 나타나며, 과잉행동 역시 마찬가지이다. 주의력의 어려움이나 과잉행동이 비슷한 정신연령을 지닌 경우에 보이는 일반적인 정도를 초과하여 나타났을 때, ADHD 진단을 고려해야 한다.

조현병 아동기에 발병하는 조현병은 대개 정상 또는 거의 정상에 근접한 발달 시기 후에 나타난다. 전구기에는 사회성의 손상, 비특이적인 흥미와 믿음이 나타나며, 이러한 증상은 자폐스펙트럼장애에서 나타나는 사회적 결핍과 혼동될 수 있다.

조현병을 정의하는 특징인 환각과 망상은 자폐스펙트럼장애의 특징이 아니다. 그러나 임상의는 자폐스펙트럼장애 환자가 조현병의 핵심적 특징에 대한 질문을 구체적으로 해석할 가능성을 반드시 고려해야 한다(예: "아무도 없는데 어떤 소리가 들린 적이 있나요?", "네, 라디오에서요.").

동반이환(Comorbidity)

자폐스펙트럼장애는 지적 손상 및 구조적 언어장애(적절한 문법으로 문장을 이해하거나 구성하지 못함)와 흔히 연관되며, 이 경우에 적용되는 적절한 항목이 있는 경우 명시자를 기록해야 한다. 자폐스펙트럼장애를 겪는 많은 수의 사람은 이 장애의 진단기준의 일부를 포함되지 않는 정신과적 증상을 가지고 있다(자폐스펙트럼장애 환자의 약 70%가 한 가지의 동반된 정신질환을 가지고 있으며, 40%에서는 두 가지 이상의 동반된 정신질환을 갖는다). ADHD와 자폐스펙트럼장애의 진단기준을 모두 충족한다면 두 진단을 모두 내려야 한다. 이러한 원칙은 자폐스펙트럼장애와 동반하는 발달성 협응장애, 불안장애, 우울장애 그리고 다른 동반 진단들에도 적용된다. 말을 할 수 없거나 언어 결함을 가지고 있는 경우에는 수면이나 식이 변화, 도전적 행동의 증가와 같은 관찰 가능한 징후에 의해 불안이나 우울을 평가할 수 있다. 특정 영역의 학습 어려움(읽기 · 쓰기능력과 산술능력)이 흔하며, 발달성 협응장애도 마찬가지이다. 자폐스펙트럼장애에서 흔하게 동반되는 의학적 상태에서는 '알려진 의학적 · 유전적 상태 또는 환경적 후천적 요인과 연관된 경우'라는 명시를 해야 한다. 이러한 의학적 상태로는 뇌전증, 수면 문제, 변비가 있다. 회피적/제한적 음식섭취장애는 자폐스펙트럼장애에서 상당히 자주 나타나는 특징이며, 극도의 편식이 지속될 수 있다.

참고문헌

강부혜(1985). 자폐아동의 심리적 기능 발달 및 그 평가에 관한 일 연구. 이화여자대학교 대학원 석사학위논문(미간행).

곽금주(2002). **아동심리평가와 검사**. 서울: 학지사.

권준수, 김재진, 남궁기, 박원명, 신민섭, 유범희, 윤진상, 이상익, 이승환, 이영식, 이헌정, 임효덕 역(2015). **정신질환의 진단 및 통계 편람(제5판)**. 서울: 학지사.

김삼섭(2016). **특수교육심리학**. 서울: 시그마프레스.

김수경, 윤현숙(2009). 읽기과제에서 시간 경과에 따른 주의력 결핍 과잉행동장애 아동의 뇌파 변화. **유아특수교육연구, 9**(3), 83-101.

김은영, 이소현, 유은영, 송신영(2007). **장애영유아 통합교육 및 통합보육 내실화 방안 연구**. 서울: 육아정책개발센터.

김진경(2007). 동영상 활동스케줄이 자폐범주성 아동의 자발성 향상에 미치는 효과. 연세대학교 대학원 박사학위논문.

김진희, 김건희 역(2011). **가족기반의 실제**. 서울: 학지사.

김태련, 박랑규(1995). **소아기 자폐증 평정척도**. 서울: 특수교육.

김혜리, 정명숙, 박선미, 박영신, 이현진 역(2002). **자폐증과 아스퍼거 증후군 아동–치료자와 부모를 위한 지침서–**. 서울: 시그마프레스.

노안영(2002). **101가지 주제로 알아보는 상담심리**. 서울: 학지사.

노충래 역(2003). **학대와 방임피해아동의 치료–0세에서 18세까지–**. 학지사.

단국대학교 특수교육연구소 편(1992). 사례연구방법. 서울: 특수교육.

박현옥, 이정은, 노진아, 권현수, 서선진, 윤현숙 역(2010). 특수교육개론. 서울: 학지사.

방명애, 박현옥, 김은경, 이효정(2018). 자폐성장애학생 교육. 서울: 학지사.

방명애, 이효신 역(2007). 유아기 정서 및 행동장애. 서울: 시그마프레스.

법제처(2020). 발달장애인 권리보장 및 지원에 관한 법률. 법제처.

법제처(2020). 장애인 등에 대한 특수교육법. 법제처.

서경희, 윤점룡, 윤치연, 이상복, 이상훈, 이효신(2001). 발달장애의 진단과 평가. 대구: 대구대학교 출판부.

성현란, 이현진, 김혜리, 박영신, 박선미, 유연옥, 손영숙(2002). 인지발달. 서울: 학지사.

신경심리연구회(1998). 신경심리평가. 고려의학사.

양명희(2016). 행동수정이론에 기초한 행동지원. 서울: 학지사.

양명희, 황명숙 역(2007). 얘들아! 천천히 행동하고 주의집중하는 것을 배워 보자. 서울: 학지사.

윤점룡, 이상훈, 문현미, 서은정, 김민동, 문장원, 이효신, 윤치연, 김미경, 정대영, 조재규, 박계신(2017). 정서 및 행동장애아 교육(3판). 서울: 학지사.

윤현숙 역(2005). 발달장애 영유아를 위한 말 가르치기. 서울: 정담미디어.

윤현숙(1991). 반응성애착장애의 발달 및 병리특성에 관한 일 연구. 이화여자대학교 교육대학원 석사학위논문.

윤현숙(1995). 발달접근과 기능접근 병합을 통한 자폐장애 프로그램 개발의 일 연구. 재활재단 논문집.

윤현숙(1998). 계열화된 사진앨범을 이용한 자기관리중재가 자폐아동의 자립적인 일상생활행동에 미치는 효과에 대한 연구. 이화여자대학교 교육대학원 석사학위논문.

윤현숙(2000). 자폐스펙트럼장애의 조기발견을 위한 부모용 행동지표개발. 연세대학교 대학원 박사학위논문.

윤현숙(2006). 선택하기 기법이 자폐중학생의 여가기술 과제수행 및 과제이탈에 미치는 영향. 대한작업치료학회지, 14(2), 27-38.

윤현숙(2008). 고확률 기법을 통한 구조훈련이 고기능 자폐아동의 과제수행 및 문제행동에 미치는 효과. 인문논총, 13, 57-78.

윤현숙(2010). 자폐스펙트럼장애의 조기판별을 위한 부모용 행동지표의 효용성–CHAT 검사를 중심으로. 유아특수교육연구, 10(1), 107-120.

윤현숙(2011). 고반응 요구전략을 통한 구조화된 자료제시가 고기능 자폐성 장애아동의 과제집중행동 및 문제행동에 미치는 효과. 자폐성장애연구, 11(3), 115-130.

윤현숙(2015). 긍정적 행동지원의 개요. 문제행동중재전문가 양성과정, 17-29. 경기도 교육청 특수교육과.

윤현숙(2019). 행동치료 바로 알기–긍정적 행동지원을 처음 시작하는 어린이집 교사, 부모형제, 학부생을 위한 입문서–. 서울: 학지사.

윤현숙(2019). 매주 하루! 체험활동을 통한 정서행동장애 조기개입. 서울: 학지사.

윤현숙, 곽금주(2004). 친숙한 사진을 활용한 AAC 중재가 자폐아의 활동선택하기 및 언어발달, 문제행동감소에 미치는 효과. 인간발달연구, 11(2), 41-58.

윤현숙, 곽금주(2005). 비디오피드백 반응대가 훈련의 병행을 통한 사회성 기술 훈련이 학령 전 아스퍼거 장애아동의 사회성 발달에 미치는 효과. 인간발달연구, 12(2), 23-41.

윤현숙, 곽금주(2006). 부모직접교수가 자폐성영아의 지시 따르기 및 문제행동, 부모의 양육행동에 미치는 효과. 인간발달연구, 13(2), 37-54.

윤현숙, 윤선영(2014). 3단계 지시 따르기에 의한 수용언어촉진이 아스퍼거 아동의 반응시간에 미치는 효과. 한국융합학회논문지, 5(4), 137-146.

윤현숙, 장기연 역(2003). 재활치료사(작업, 심리, 언어, 특수교육, 행동수정)를 위한 놀이 작업치료. 서울: 정담미디어.

윤현숙, 정보인(2002). 자폐스펙트럼장애의 조기발견을 위한 부모용 행동지표 개발. 정서행동장애연구, 17(3), 25-55.

윤현숙, 조경자, 김수희(2004). 비디오피드백 부모교육이 자폐장애아의 언어 및 상호작용에 미치는 효과. 대한재활의학회지, 28(1), 31-40.

윤현숙, 최진숙, 김태련, 홍강의(1992). 반응성애착장애아동과 전반적 발달장애아동의 발달 및 정신병리학적 특징의 비교연구. 소아, 청소년 정신의학, 3(1), 3-13.

이성봉, 김은경, 박혜숙, 양문봉, 정경미, 최진혁(2019). 응용행동분석. 서울: 학지사.

이소현 역(2005). 자폐범주성 장애. 서울: 학지사.

이소현, 박은혜, 김영태(2000). 교육 및 임상현장 적용을 위한 단일대상연구. 서울: 학지사.

이정윤, 박중규 역(2002). 불안하고 걱정 많은 아이, 어떻게 도와줄까? 서울: 시그마프레스.

이주현 역(2016). 자폐증 · 아스퍼거 증후군 아동을 위한 사회성 이야기 158. 서울: 학지사.

이효신 역(2014). 교사를 위한 응용행동분석. 서울: 학지사.

임윤정, 유은영, 윤현숙, 정민예(2008). 자폐범주성 아동의 적응행동과 감각처리 요인과의 상관관계. 정서행동장애연구, 24(1), 111-131.

장서경, 윤현숙(2012). 비디오프롬팅을 활용한 중재가 저기능 자폐성장애 고등학생의 조립작업에 미치는 영향. 자폐성장애연구, 12(2), 59-77.

정보인(2005). 어린이 문제행동지도. 서울: 중앙적성출판사.

정보인(2011). 동영상으로 보는 응용행동분석 치료: 중증 장애 아동 치료 사례집. 강원: 청람.

정보인, 윤현숙(2000). 0~5세 발달단계별 놀이프로그램. 서울: 교육과학사.

정보인, 윤현숙(2005). The Effect of Stop Request Compliance of Children with Autism to

Instructional Requests in the Regular Classroom. **정서행동장애연구, 21**(2), 19-37.

정보인, 윤현숙, 유은영(2001). 중증정신지체 아동에 있어서 강화제 술래잡기 게임이 과제 수행 향상에 미치는 영향. **연세대학교 보건과학논집, 11**, 23-28.

정보인, 홍강의, 이상복(1998). **자폐아 조기치료, 교육용 학습교재**. 서울: 특수교육.

정유진, 윤현숙(2014). 자폐스펙트럼장애아동의 의사소통 기술 향상에 관한 단일대상연구의 문헌분석. **특수교육, 13**(1), 219-244.

조복희, 도현심, 유가효(2010). **인간발달**. 경기: 교문사.

조현근(2013). 장애영유아 가족지원을 위한 개별화가족지원계획(IFSP) 적용 탐색연구. 단국대학교 대학원 박사학위논문.

주영희(1997). 즉각반향어의 기능적 활용이 자폐아동의 변별과제 습득 및 일반화에 미치는 효과 연구. 이화여자대학교 대학원 석사학위논문.

최미영, 윤현숙(2011). 자폐성장애아동의 통합교육에 대한 예비초등교사의 인식. **자폐성장애연구, 11**(2), 77-95.

최병휘 역(2006). **사회불안증의 인지행동치료**. 서울: 시그마프레스.

최진희, 김은경, 윤현숙, 이인순, 이정숙 역(1996). **장애유아를 위한 캐롤라이나 교육과정**. 서울: 대한사회복지개발원.

하가영(2000). 기능적 읽기활동을 통한 AAC 훈련이 비구어 뇌성마비 아동의 의사소통 능력에 미치는 습득 및 일반화 효과. 이화여자대학교 대학원 석사학위논문.

하혜숙, 김태호, 김인규, 이호준, 임은미 역(2011). **다문화 상담–이론과 실제–**. 서울: 학지사.

한국영아발달조기개입협회(2018). 한국장애 및 위험군 영아의 현황, 문제점 및 조기개입 방안. 서울.

한국영유아아동정신건강학회(2015). 영유아 자폐스펙트럼장애의 조기선별에 관한 다학문적 이해. 서울.

한국특수아동조기교육연구회(2005). 한일 조기 발달지원 10년의 실천과 과제. 서울.

홍준표(2009). **응용행동분석**. 서울: 학지사.

Halliwell, M. (2003). *Supporting Children with Special Educational Needs*. David Fulton Publishers: UK.

Howard, V. F., Williams, B. F., Port, P. D., & Lepper, C. (2001). *Very Young Children with Special Needs*. Merrill Prentice Hall: NY.

찾아보기

저자 소개

윤현숙(Yoon Hyeon Sook)은

이화여자대학교 특수교육과를 졸업하고, 동 대학 교육대학원에서 「반응성애착장애와 자폐장애의 발달 및 병리에 대한 차이 연구」로 석사학위를 취득하고, 서울대학병원 소아정신과 주간치료실 특수교사를 역임하였다. 10여 년간 서울아동발달임상연구소에서 실제 정서행동장애, 자폐성장애 아동의 조기개입, 장애 청소년 교육, 부모교육 등에 매진하였다. 2000년 연세대학교 재활학과에서 '자폐스펙트럼장애 조기개입을 위한 부모용 행동지표'를 개발하여 박사학위를 취득하였고, 서울대학교 심리학과에서 박사 후 과정을 통해 각종 심리검사 개발과정과 가족지원을 위한 프로그램 개발 등에 참여하였다. 저서 및 역서로는 『발달장애 영유아를 위한 말 가르치기』, 『0~5세 발달단계별 놀이』, 『놀이작업치료』, 『특수교육개론』, 『정서행동장애 조기개입』, 『행동치료 바로 알기』 등이 있으며, 장애 영유아를 위한 개입 및 중재기술을 주제로 연구활동을 진행하고 있다.

2005년 3월 건양대학교 특수교육과 강단에 선 이후 2020년 현재까지 특수교육의 심리학적 기초, 정서행동장애, 자폐성장애, 긍정적 행동지원, 의사소통장애, 특수아상담 및 가족지원, 특수교육과 관련 서비스를 가르치고 있다. 최근에는 아동보육학과의 정서행동장애, 연계 전공의 장애의 이해 등의 강의를 통해 정서행동장애 및 자폐성장애의 조기발견 및 조기개입, 통합교육, 통합보육 등을 강조하고 있다.

교내 봉사로는 각종 대학평가 등에 참여하였고, 건양대학교 중등특수교육과 학과장, 장애학생지원센터장, 국제교육원장 등의 보직을 통해 봉사하고 있다. 〈우리 아이가 달라졌어요〉(SBS TV), 〈감성교육〉(EBS TV), 〈내일은 푸른 하늘〉(KBS 제3라디오) 등에 출연하여 자폐장애, 조기개입 등을 알리고 장애인식 개선, 가족지원 등 재능기부 활동에 힘쓰고 있다.

선생님과 엄마가 함께 하는 놀이 기반 소집단 프로그램

자폐장애 조기개입 YES!

Early Intervention for Children with Autism Spectrum Disorders

2020년 6월 5일 1판 1쇄 인쇄
2020년 6월 10일 1판 1쇄 발행

지은이 • 윤현숙
펴낸이 • 김진환
펴낸곳 • ㈜ 학지사
04031 서울특별시 마포구 양화로 15길 20 마인드월드빌딩
대표전화 • 02-330-5114 팩스 • 02-324-2345
등록번호 • 제313-2006-000265호

홈페이지 • http://www.hakjisa.co.kr
페이스북 • https://www.facebook.com/hakjisa

ISBN 978-89-997-2115-1 93370

정가 25,000원

이 도서의 국립중앙도서관 출판시도서목록(CIP)은 서지정보유통지원시스템 홈페이지(http://seoji.nl.go.kr)와 국가자료공동목록시스템(http://www.nl.go.kr/kolisnet)에서 이용하실 수 있습니다.
(CIP 제어번호: CIP2020020282)